高齢者の財産管理　モデル契約書式集
－ホームロイヤー契約・家族信託・死後事務委任等－

編集　第二東京弁護士会
　　　高齢者・障がい者総合支援センター 運営委員会

新日本法規

発刊にあたって

　このたび、第二東京弁護士会の高齢者・障がい者総合支援センター（通称「ゆとり〜な」）運営委員会の有志が執筆・編集し『高齢者の財産管理　モデル契約書式集―ホームロイヤー契約・家族信託・死後事務委任等―』を刊行することになりました。

　1997年4月、第二東京弁護士会は、全国の弁護士会に先駆けて、高齢者財産管理センター（「ゆとり〜な」の旧称）を開設して以来、高齢者の財産管理に関わり、知識とノウハウを蓄積してまいりました。

　その間2000年には法定後見制度が始まり、2006年4月には高齢者虐待防止法（高齢者虐待の防止、高齢者の養護者に対する支援等に関する法律）が施行され、2012年10月には障害者虐待防止法（障害者虐待の防止、障害者の養護者に対する支援等に関する法律）が施行される中で、高齢者・障がい者の財産管理をめぐる制度と家庭裁判所の運用はめまぐるしく変化し、近年では後見人の不祥事問題にも対応が求められるようになりました。

　第二東京弁護士会では、高齢者・障がい者の方々のニーズに合った、より安心・安全な財産管理を実現するため、昨年、弁護士会が審査・監督することを特徴とするホームロイヤー制度を創設しました。

　本書は、「ゆとり〜な」の歴史の中で培ってきた知識・経験から生まれたものであり、当会の弁護士のみならず、高齢者・障がい者の財産管理に関わる全ての職種の皆様の必ずやお役に立てるものと確信いたします。

　2018年8月

第二東京弁護士会
会長　笠井　直人

は　し　が　き

　超高齢社会を迎え、高齢者の財産管理の重要性が高まっています。一人暮らしや高齢者のみの世帯では将来の財産管理への備えが、また認知症の高齢者については現在の管理が喫緊の課題になります。「老後」を支える高齢者の財産は、適切かつ安全に管理されなければなりません。また、財産の主体である高齢者自身の意思に基づいた、高齢者自身の生活をより充実したものとする管理でなくてはなりません。

　このような要請を踏まえ、私たち第二東京弁護士会では、「ゆとり〜な」（高齢者・障がい者総合支援センター）の財産管理制度（1997年設立）を発展させて、全国に先駆けてホームロイヤー制度を創設し、2017年10月よりその運用を開始しました。

　ホームロイヤー制度とは、高齢者の方々を、元気なときから、判断能力が低下し、亡くなるまで、また亡くなった後についても、包括的・継続的に支援していく「かかりつけ弁護士」の制度です。

　ホームロイヤーの業務は、定期的な見守り、法律相談を含む日常生活上の様々な悩みごとの相談、医療・介護サービスの手配を含む生活支援、財産管理、任意後見、信託の組成、受託者の支援・監督、死後事務、遺言作成・保管・執行など多岐に亘り、高齢者の快適なシニアライフをトータルにサポートします。

　また法定後見とは異なり、依頼者が元気なうちに、誰をホームロイヤーとするか、また何を依頼するか（財産管理の方針やサービスの内容）を、自らの意思で決めることができるので、ホームロイヤー契約は、「家族・親族に頼らない老い支度」の方策の一つとして、今後広く普及していくことが見込まれます。

　ところで、高齢者の財産管理の手法としては、財産管理契約、任意後見契約、法定後見、家族信託など様々な手法があります。また、死後の事務処理も高齢者にとって事前に対処しておきたい課題です。これらの制度の利用においては、契約書や申立書をはじめとして、各種目録や同意書、事情説明書、報告書、陳述書など、それぞれの場面に応じた多くの文書を作成しなければなりません。しかし、それらの契約書等について、横断的・網羅的に取り上げて解説している書籍は少ないように思われます。

　そこで、私たちは、財産管理制度に始まる豊富な経験をもとに、ホームロイヤー契約（見守り、財産管理契約、任意後見契約）、法定後見、家族信託、死後事務委任に関する契約書や附属書類の書式及び記載例を集約した本書を著すことにしました。本書の主たる読者は、財産管理の受任者等となったり助言をする弁護士・司法書士・税理士等の専門職を想定していますが、家族など専門職以外の受任者、あるいは依頼者となられる高齢者ご自身の「備え」としても利用できるよう、平易な表現に努めています。

契約書等は、「より適切、より安全」な管理のために、原則として受任者等に対する監督機関を置くことを提言しています。しかし、職種や地域によっては組織的な監督機関を設けることが困難な場合もあることを考慮して、監督機関を置かない書式もご用意しました。

　本書が、高齢者の財産管理を担う方々のお役に立てることができれば、ひいては高齢者の方々の安心で豊かな生活の実現に資することができれば、著者としてこの上ない喜びです。

　最後になりましたが、本書ができあがるまでには、企画の段階から新日本法規出版の中井彰紀さんに大変お世話になりました。この場を借りて御礼申し上げます。

2018年8月

編集委員一同

編集・執筆者一覧

編集　第二東京弁護士会
　　　高齢者・障がい者総合支援センター　運営委員会

＜編集委員＞（修習期順）
　額田　洋一
　間瀬　まゆ子
　小川　典子
　淺井　研
　齋喜　隆宏

＜執筆者＞（修習期順・五十音順）

間瀬　まゆ子	採澤　友香
早瀬　薫	荒井　祐人
古屋　有実子	石川　郁亮
小川　典子	齋喜　隆宏
山川　典孝	関　正樹
林　信行	多田　晋作
大澤　美穂子	蒋　永治
山田　さくら	秋間　康彦
淺井　研	土井　真由美
荒木　美智子	奈良　正哉
小堀　惇	

略　語　表

＜法令の表記＞

　根拠となる法令の略記例及び略語は次のとおりです（〔　〕は本文中の略語を示します。）。

　　家事事件手続法第120条第1項第1号＝家事120①一

介保	介護保険法	〔後見登記法〕	後見登記等に関する法律
家事	家事事件手続法	信託	信託法
家事規	家事事件手続規則	信託業	信託業法
旧信託	公益信託ニ関スル法律	任意後見	任意後見契約に関する法律
金融兼営	金融機関の信託業務の兼営等に関する法律	不登	不動産登記法
刑	刑法	民	民法

＜判例の表記＞

　根拠となる判例の略記例及び出典の略称は次のとおりです。

　　東京高裁平成21年12月21日判決、判例タイムズ1328号134頁
　　＝東京高判平21・12・21判タ1328・134

判時	判例時報	民集	最高裁判所民事判例集
判タ	判例タイムズ	金法	金融法務事情

※「家族信託」という用語は、一般社団法人　家族信託普及協会の登録商標です。

目　次

ページ

総　論 1

第1章　財産状況の把握

〔財産の調査〕 13

〔基本契約書〕 21

◆財産調査委任契約書（アウトライン） 22
　条項例 23

〔契約締結時に作成する文書〕 28

○代理権目録 28
○委任状 29

〔関係文書〕 30

○結果報告書（財産目録） 30
○預り証 31

第2章　ホームロイヤー契約（見守り）

〔基本契約書〕 35

◆ホームロイヤー契約書（見守り）（アウトライン） 35
◆ホームロイヤー契約書（見守り）※監督機関を置かない場合（アウトライン） 36
　条項例 38

〔関係文書〕 48

○ライフプランノート 48
○ホームロイヤー契約（見守り）報告書【契約締結・契約終了】 49

○ホームロイヤー契約（見守り）報告書【預り金　受領・定期・清算】………… 50
　○金銭出納帳……………………………………………………………………………… 51
　○業務日誌………………………………………………………………………………… 52
　○合意解約書……………………………………………………………………………… 53

第3章　ホームロイヤー契約（見守り及び財産管理）

〔基本契約書〕……………………………………………………………………………… 57
　◆ホームロイヤー契約書（見守り及び財産管理）（アウトライン）……… 59
　◆ホームロイヤー契約書（見守り及び財産管理）※監督機関を置かない場合（アウトライン）……………………………………………………… 60
　条項例 ……………………………………………………………………………………… 62

〔契約締結時に作成する文書〕………………………………………………………… 85
　○代理権目録（包括型）………………………………………………………………… 85
　○代理権目録（詳細型（特に不動産賃貸業の場合））……………………………… 86
　○同意を要する旨の特約目録…………………………………………………………… 91
　○死後事務目録…………………………………………………………………………… 92

〔関係文書〕………………………………………………………………………………… 93
　○ライフプランノート…………………………………………………………………… 93
　○要保護状態に関する意見照会書……………………………………………………… 93
　○要保護状態に関する通知・報告書…………………………………………………… 94
　○ホームロイヤー（見守り及び財産管理）報告書【初回】………………………… 95
　○ホームロイヤー（見守り及び財産管理）報告書【定期】………………………… 96
　○ホームロイヤー（見守り及び財産管理）報告書【終了】……………………… 101
　○収支計算書…………………………………………………………………………… 102
　○個別同意事項に関する届出書……………………………………………………… 102
　○個別同意事項に関する結果報告書………………………………………………… 104
　○ホームロイヤー契約（見守り及び財産管理）の変更契約書・報告書………… 105
　○解除に関する事前届出書…………………………………………………………… 106

○解除通知書 …………………………………………………………… 107
○合意解約書 …………………………………………………………… 108
○金銭出納帳 …………………………………………………………… 109

第4章　ホームロイヤー契約（任意後見）

〔基本契約書〕……………………………………………………………… 113
◆ホームロイヤー契約書（任意後見）《将来型》（アウトライン）……… 117
◆ホームロイヤー契約書（見守り・財産管理及び任意後見）《移行型》（アウトライン）………………………………………………… 118
　条項例 ………………………………………………………………… 121

〔契約締結時に作成する文書〕………………………………………… 134
○代理権目録 …………………………………………………………… 134
○同意を要する旨の特約目録 ………………………………………… 135
○代理権の共同行使の特約目録 ……………………………………… 136

〔関係文書〕……………………………………………………………… 137
○ライフプランノート ………………………………………………… 137
○登記申請書（変更の登記）…………………………………………… 138
○登記申請書（終了の登記）…………………………………………… 140
○任意後見登記事項証明書（監督人選任前）………………………… 141
○任意後見登記事項証明書（監督人選任後）………………………… 145
○任意後見監督人選任申立書 ………………………………………… 147
　・申立事情説明書 …………………………………………………… 152
　・任意後見受任者事情説明書 ……………………………………… 158
　・親族関係図 ………………………………………………………… 161
　・財産目録 …………………………………………………………… 161
　・収支状況報告書 …………………………………………………… 164
　・診断書 ……………………………………………………………… 165
○任意後見監督人の辞任許可申立書 ………………………………… 167
○任意後見監督人の解任申立書 ……………………………………… 170
○審判前の保全処分申立書 …………………………………………… 174
○任意後見人の解任申立書 …………………………………………… 177

- ○審判前の保全処分申立書 ……………………………………………… 181
- ○任意後見契約の解除についての許可申立書 ………………………… 185
- ○解除通知書 ……………………………………………………………… 188

第5章　家族信託契約

〔基本契約書〕……………………………………………………………… 191

◆家族信託契約書（アウトライン）……………………………………… 197
　条項例 ………………………………………………………………… 198

〔契約締結時に作成する文書〕…………………………………………… 231
- ○信託財産目録 …………………………………………………………… 231

〔関係文書〕………………………………………………………………… 233

〈家族信託契約期間中に作成する文書〉………………………………… 233
- ○預金出納帳 ……………………………………………………………… 233
- ○現金出納帳 ……………………………………………………………… 233
- ○信託財産目録 …………………………………………………………… 235
- ○収支計算書 ……………………………………………………………… 237
- ○信託事務報告書 ………………………………………………………… 238

〈家族信託契約終了時に作成する文書〉………………………………… 240
- ○最終計算書　兼　清算に関する承諾書 ……………………………… 240
- ○信託帳簿等の作成保存カレンダー …………………………………… 243

第6章　死後事務委任契約

〔基本契約書〕……………………………………………………………… 247

◆死後事務委任契約書（アウトライン）………………………………… 249
　条項例 ………………………………………………………………… 250

〔関係文書〕……………………………………………………………… 260
　○遺言公正証書の中に死後事務に関する条項を入れる場合①……………… 260
　○遺言公正証書の中に死後事務に関する条項を入れる場合②……………… 261

第7章　成年後見の申立て

〔申立書〕…………………………………………………………………… 265
　◆後見・保佐・補助開始申立書……………………………………………… 265

〔申立時に作成する文書〕………………………………………………… 269
　○申立事情説明書……………………………………………………………… 270
　○親族関係図…………………………………………………………………… 274
　○後見人等候補者事情説明書………………………………………………… 275
　○財産目録……………………………………………………………………… 278
　○収支状況報告書……………………………………………………………… 279

〔関係文書〕………………………………………………………………… 281
〈初回報告〉…………………………………………………………………… 281
　◎財産目録（初回報告用）…………………………………………………… 282
　◎年間収支予定表……………………………………………………………… 285
〈定期報告〉…………………………………………………………………… 286
　◎後見等事務報告書…………………………………………………………… 287
　◎財産目録（定期報告用）…………………………………………………… 291
　◎監督事務報告書（監督人の場合）………………………………………… 294
　○居住用不動産処分の許可の申立て………………………………………… 296
　○特別代理人選任申立て……………………………………………………… 298
　○臨時保佐人・臨時補助人の選任の申立て………………………………… 299
　○報酬付与の申立て…………………………………………………………… 300
　○報酬付与申立事情説明書…………………………………………………… 302
　○成年後見人等の辞任許可・選任の申立て………………………………… 306

- ○後見等開始の審判の取消しの申立て ……………………………… 308
- ○代理権付与の申立て ……………………………………………… 310
- ○成年被後見人に宛てた郵便物等の回送嘱託の申立て ………………… 314
- ○成年被後見人に宛てた郵便物等の回送嘱託の取消し・変更の申立て ………… 317
- ○成年被後見人の死亡後の死体の火葬又は埋葬に関する契約の締結その他相続財産の保存に必要な行為についての許可の申立て ……………… 319
- ○引継書 ……………………………………………………………… 322

〈付　録〉　ライフプランノート

- ○基礎情報に関するライフプランノート ……………………………… 328
- ○財産管理に関するライフプランノート ……………………………… 335
- ○生活支援、リビングウィル、死後の事務等に関するライフプランノート …… 339
- ○遺言に関するライフプランノート …………………………………… 343
- ○親なき後の財産管理等に関するライフプランノート ………………… 345

1 高齢化社会の現状

(1) 高齢化の状況

2017（平成29）年の日本人の平均寿命は女性87.26歳、男性81.09歳という世界トップクラスの水準であり、男女いずれも過去最高を更新しています（2018年7月20日厚生労働省発表「平成29年簡易生命表」）。

そして、2017（平成29）年10月1日現在、日本の総人口は1億2,671万人、65歳以上の高齢者人口は3,515万人となり、総人口に占める高齢者の割合は27.7％となっています。内閣府作成の「平成30年版高齢社会白書」によれば、高齢者人口は、2025年には3,677万人に達し、その後も高齢者人口は増加傾向が続き、2042年に3,935万人でピークを迎え、その後は減少に転じると推計されています。一方で、少子化が進み、総人口は減少しています。今後、総人口に占める高齢者の割合は上昇を続け、2036年に33.3％で3人に1人となるといわれています。

(2) 高齢者の家族形態

高齢化社会における高齢者の家族形態の特徴として、子どもと同居する高齢者が減少し、一人暮らしの高齢者や高齢者の夫婦のみの世帯が増加しています。1990（平成2）年に、子どもと同居する高齢者は高齢者全体の59.7％であったのに対し、2015（平成27）年においては39.0％となっており、子どもと同居する割合が減少しています。同年における65歳一人暮らしの単独世帯は、高齢者全体の18.0％（1990年は11.2％）、夫婦のみの世帯は38.9％（1990年は25.7％）と増加し、合計で56.9％に達しています。高齢化が進むに連れ、一人暮らし及び夫婦のみの世帯が増加する傾向は今後も変わらないでしょう。

(3) 高齢者の健康

平均寿命とは別の尺度として、日常生活に制限のない期間、「健康寿命」というものがあります。2013（平成25）年時点の健康寿命は、男性が71.19年、女性が74.21年です。健康寿命も、平均寿命同様に延びてはいますが、平均寿命と比較すると小さい延びとなっています。

介護保険制度における要介護又は要支援の認定を受けた人は、年々増加し、2014（平成26）年度末で591.8万人です。年齢別にみると、65歳～74歳の高齢者（被保険者）のうち1.4％が要支援の認定を、3.0％が要介護の認定を受けています。75歳以上になると、この割合はずっと高くなり、9.0％が要支援の認定を、23.5％が要介護の認定を受けています。高齢者の中でも75歳以上になると、健康寿命を超え、日常生活に制限が

生じ、要介護等の認定を受ける割合が高いことがわかります。

　認知症という観点からみると、2012（平成24）年の認知症高齢者数は462万人であり、65歳以上の高齢者の約7人に1人でした。2025年には、約5人に1人になる（675万人〜730万人）との推計もあります。

　誰しもが健康なまま年をとりたいと願いますが、高齢者となり、年を重ねるに連れ、自立した生活へ支障が生じてくることは避けられません。高齢者の資産を狙った振り込め詐欺などの特殊詐欺の被害や、高齢者の消費者被害なども社会問題化し、深刻です。認知症や日常生活等に支障がある高齢者を支え、支援していくことが、喫緊の課題となっています。

　一方で、成年後見制度（成年後見・保佐・補助・任意後見）の利用者数の合計は、2015（平成27）年12月末時点で19万1,335人（内閣府作成の「成年後見制度の現状」）と、年々増加傾向にあるものの、依然として、認知症高齢者の一部しか利用していない現状が浮き彫りとなっています。

　超高齢化社会の到来を迎え、成年後見制度の利用促進、高齢者の財産管理制度等の更なる充実が求められています。一人暮らし及び夫婦のみの世帯が増加し、高齢者の健康状態の変化（急激に変化することもあれば、徐々に変化することもあります。）にも対応して支援していくためには、後見制度利用開始前から行う高齢者の見守り契約や財産管理委任契約、死亡した後に行う事務を委任する死後事務委任契約等の活用が考えられます。高齢者のニーズによっては、資産運用を積極的に行う信託契約の活用についても検討が必要となります。

2　高齢者の財産管理に関する法制度、諸契約の概要

（1）　高齢者の財産管理に関する法制度、諸契約の概要

　高齢者の財産管理に関する法制度、諸契約の概要を、以下にフローチャート形式で示します。

○高齢者の財産管理に関する法制度、諸契約の概要

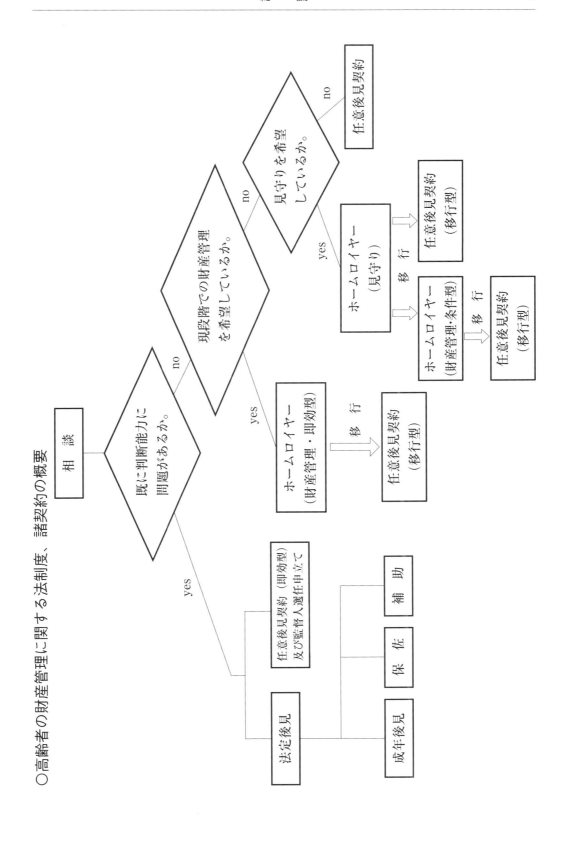

既に本人の判断能力が低下している場合には、法定後見制度を利用します。法定後見制度には、「成年後見」「保佐」「補助」の3類型があり、判断能力の程度に応じて類型が決まります。本人の判断能力低下の程度が軽い場合は、即効型の任意後見契約の利用も考えられます。即効型の任意後見契約では、契約後直ちに、本人又は受任者が家庭裁判所に任意後見監督人の選任を申し立てます。

　本人の判断能力に問題がない場合には、本人の希望・事情に応じて、どのような契約が適切かを検討します。

　本人が専門家による財産管理を希望する場合には、財産管理委任契約を利用します。判断能力に問題がない場合であっても、日常生活動作や外出が制限され、財産管理が十分できない、あるいは財産管理を第三者に委ねたいと希望する高齢者も多くいます。また、財産管理委任契約と同時に任意後見契約（移行型）を締結しておけば、将来、本人の判断能力が低下した場合であっても、引き続き財産管理委任契約の受任者が任意後見人として本人の財産を管理することになり、本人も安心です。任意後見契約の効力を生じさせるためには、家庭裁判所に任意後見監督人の選任を申し立てる必要があります。

　本人の健康状態に問題なく、何かあった時の支援や定期的な相談を専門家に希望する場合には、見守りに関する契約を利用します。財産管理が必要ない場合でも、法律専門家に財産の管理方法や施設への入所準備などについて定期的に相談したい、緊急入院した場合に入院費やその他の支払などを支援してほしい、などの要望に対応します。見守り契約と同時に財産管理委任契約を締結することも可能です。財産管理委任契約は、契約と同時に効力を発生させることも、条件付きで効力を発生させることもできます。また、任意後見契約（移行型）を同時に契約することもできます。例えば、見守り契約と同時に、条件付きの財産管理委任契約と任意後見契約（移行型）を締結しておけば、本人が元気な間は見守り契約を続け、本人の外出が困難となり財産管理が十分できなくなった後は財産管理契約受任者として財産管理を行い、本人の判断能力が低下した後は任意後見人として本人の財産を管理することになります。本人がどのような状況になったとしても、継続して支援する体制が整います。

　本人が、当面の財産管理や見守りを必要としない場合でも、任意後見契約のみを利用することができます。任意後見契約を締結することで、今は必要なくても将来判断能力が低下したときに後見人になってもらう人をあらかじめ決めておけば、事実上連絡を取り合うなどして将来スムーズに任意後見に移行することができます。

　後見制度における後見人等の業務は本人の死亡とともに終了し、財産管理契約も本

人死亡時に終了します。死後事務委任契約を利用したり、遺言を作成して任意後見契約の受任者等を遺言執行者に指定することで、本人が亡くなった後の財産の処理等についても、本人の希望に沿って、適切に執り行うことができます。

本人が、積極的に資産の運用をしたい、資産運用を第三者に委ねたい、死亡後の財産管理方法を定めたい等と希望する場合には、信託契約の利用を検討します。

(2) ホームロイヤー契約

ホームロイヤー契約とは、見守り契約、財産管理委任契約、任意後見契約を通じて、法律専門家である弁護士が、後見開始前から継続的かつ総合的に高齢者の日常生活を支援する契約の総称です。かかりつけの医師が「ホームドクター」と呼ばれているように、「ホームロイヤー」という言葉には、個人の相談に対応し、個人のかかりつけの弁護士という意味が込められています。

ホームロイヤー契約を結び、見守り、財産管理、任意後見契約、死後事務委任契約、遺言執行者としての指定を行うことで、より計画的・継続的な財産管理の支援と、死後の適切な処理を実現することができます。

高齢者の財産管理の相談を受けていると、背景に、本人と親族、あるいは親族同士の人間関係に問題があるという事例に多く遭遇します。高齢者本人が元気なうちはよいのですが、本人の自立した生活が制限され、介護が必要な段階になってくると、財産管理をめぐって紛争が生じる現実があります。本人の生活よりも、将来の相続を見据えて親族間で対立することもあります。高齢者の財産管理をめぐる紛争を防止するためには、本人が元気なうちに、財産管理ができなくなったり判断能力が低下したりといった場合に備え、あらかじめ財産管理方法を定めておくという準備が必要です。ホームロイヤー契約は、こういった紛争の未然防止の意義も有しています。

本書の執筆・編集を担当した弁護士が所属する第二東京弁護士会では、1997（平成9）年4月全国の弁護士会に先駆けて、高齢者財産管理センター「ゆとり～な」を発足させ、高齢者等を対象とする専門相談（来館相談、電話相談、出張相談）、財産管理を行う弁護士を斡旋する財産管理支援業務などを行ってきました。

その後、2000（平成12）年に成年後見制度が法制化され、2005（平成17）年に高齢者虐待の防止、高齢者の養護者に対する支援等に関する法律が成立した中で、多くの弁護士が高齢者の財産管理に関わってきました。

高齢者における支援においては、自治体・社会福祉協議会や、医療・介護・福祉関係機関との連携や協力関係が不可欠ですが、これを個々の弁護士が行うことには困難が予想されます。

そこで、「ゆとり～な」が上記協力関係構築のための連絡・調整等を行い、個々のケースにおいても担当弁護士を斡旋することによって、本人の利益及び適切な業務の実現を図ってきました。
　2017（平成29）年には、第二東京弁護士会のホームロイヤー制度が正式に発足し、「ゆとり～な」を通じてホームロイヤー契約を締結した弁護士に対して、定期的な活動報告を求め、必要な助言を行うなど、その活動を指導・支援しています。「ゆとり～な」では、高齢者が住み慣れた地域や住まいで尊厳ある自立した生活を送ることができるように、支援を続けています。

3　高齢者の財産管理の注意点
（1）　高齢者の意思尊重
　法定後見制度、任意後見制度、ホームロイヤー契約など、高齢者の財産管理における様々な制度・契約いずれにおいても、本人の意思尊重の観点から財産管理を行うことが大切です。
　法定後見制度を申し立てる際（特に保佐や補助）、あるいは、ホームロイヤー契約を締結する際には、本人の意思確認を慎重に行う必要があります。家庭裁判所においても、保佐開始や補助開始に当たっては、本人の意思確認の手続を行っています。
　後見人や受任者として、実際に財産管理を行う場合にも、本人の意思を尊重し、本人の意向を汲み取って財産管理を行う必要があります。高齢者の財産管理において、本人と親族、親族間の対立が背景に存在したり、親族が財産管理について要望したりすることもありますが、親族の意向で不動産を処分するなど親族の意向のみで財産管理方法を決めることはできません。あくまで本人の意向、本人の利益となるかを考える必要があります。

（2）　高齢者の財産管理開始時における注意点
　成年後見、保佐、補助の開始申立て、あるいはホームロイヤー契約に当たっては、本人の判断能力の有無・程度を把握する必要があります。法定後見の申立てを行う場合には、裁判所の書式の診断書が必要となりますので、診断書を取得する過程で把握することができます。ホームロイヤー契約等を締結する際は、診断書は必要ありませんが、本人と面談し、親族、介護関係者、医療関係者等から話を聞く等して、判断能力の程度の把握に努めます。
　法定後見やホームロイヤー契約等を円滑に進めていく上では、親族や知人のみならず、関係諸機関（医療機関、入所施設、ケアマネジャー、ヘルパー、自治体、社会福

祉協議会等）との連携が不可欠です。財産管理を始めるに当たり、関係諸機関の担当者と適宜連絡をとり、面談を行うなどして、本人の日常的な状況を把握し、緊急時の対応に備えます。

　財産管理開始時には、遺言の有無、推定相続人の把握なども必要に応じて行います。遺言の内容によっては、例えば「〇〇銀行〇〇支店の普通預金は〇〇に相続させる」として対象財産が特定されていると、財産管理の方法によって受遺者や相続人の財産承継に影響を及ぼすおそれがあります。また、推定相続人についても、可能な範囲で把握しておくことで、医療行為が必要な時や万一の時などに対応できます。

　成年後見制度の後見人等は、各金融機関への届出が必要となります。手続や書式は、金融機関によって異なります。ホームロイヤー契約、財産管理委任契約においては、窓口で取引をする場合などに、代理人届などの書類を求められます。この様式や本人の意思確認の方法も、金融機関によって異なりますので、確認が必要です。

(3)　高齢者の財産管理終了時における注意点

　成年後見制度においては、本人の死亡と共に成年後見は当然に終了し、一定の死後事務を除いて、後見人等は、原則として法定代理権等の権限がなくなります。ホームロイヤー契約における財産管理委任契約や見守り契約も、本人の死亡と共に終了するのが原則です。

　後見人等や受任者は、委任契約に基づき死後事務を行う場合や、遺言執行者として遺言の執行をする場合を除き、管理している財産を相続人に引き渡す必要があります。

　相続人が複数いる場合にも相続人の一人に引き渡すことで財産引継ぎの義務は果たしたことになりますが、相続人間で争いが起こり得る場合には、相続人全員の合意の上で代表者を決めてもらう、遺産分割協議成立後に引き渡すなどの方法が、実務的にとられています。

　相続人がいないと考えられる場合、あるいは、相続人が財産を引き継がない場合には、相続財産管理人の申立てを行い、選任された管理人に引き継ぐことができます。

第1章

財産状況の把握

〔財産の調査〕

　財産管理を受任するには、対象の財産を特定します。通常は本人が指定するか本人からの聴取で特定できますが、本人が財産を正確に把握していないときは、本人の依頼を受けて財産を調査することがあります。

　調査は、まず、本人、親族などの関係者と面談を行います。面談の際は、不動産所有の有無、その不動産の所在地、取引銀行とその預金額や債務額、収入、支出、乗用車、貴金属、絵画等の財産について確認します。その面談結果をもとに、財産調査をするのが基本です。

　不動産や、自動車、貴金属などの動産については、現地に行って実物を確認し写真なども撮っておくべきです。不動産については、駅からの距離、法規制、形状、付近の建物などによってその価値が変化しますので、現地調査してください。自動車や貴金属も現物を見て、傷や劣化などがあればその財産的価値は下がります。

　郵便物を確認して本人の生活状況も確認します。役所からの税金の通知、消費者金融からの催促、保険会社からの保険金支払通知、保険料控除証明書など、郵便物の確認は財産調査のために大変重要です。

　貸金庫契約をしている場合には、貸金庫を確認します。最近では、トランクルームを借りる人も増えてきていますので、留意してください。

　役所等で書類を取得する場合、役所の地域ごとに手続や必要書類が異なることがあります。また、銀行に書類を請求する場合も、銀行ごとに手続等が異なります。事前に確認しておきましょう。

　以下、財産の種類ごとに調査方法を説明しますが、調査は財産管理契約等の締結に必要な範囲で行えばよいでしょう。評価の要否も同様です。

　(1)　不動産

　日本では一区画の土地（一筆の土地といいます。）と建物は別々の不動産とされています。まず、金庫などに登記済権利証などが保管されていれば、確認します。

　法務局で、登記簿の閲覧、登記事項要約書、登記事項証明書の取得をすることができます。それにより、現在の所有者や不動産の取引の履歴、抵当権等の設定の有無を調べることができます。登記情報上の不動産面積などが実測の面積などと異なることがあります。その場合には、実際の面積などに基づいて財産を評価しますので、注意してください。

　不動産については、賃貸借、使用貸借、地上権の設定などがなされていることがあ

ります。これらの権利は登記されていないことがあるので、設定契約書、通帳の振込記録、所得税の申告書などを確認してください。建物の所有権登記のみがあって土地の所有者が異なる場合、借地権の有無・内容についても調査が必要となります。

土地については、土地の利用状況も確認します。土地が、宅地として利用されているのか、農地として利用されているのか、それともそれ以外なのかを確認します。

現地確認も基本的に必要となります。現地に行った際は、現地の写真を撮ります。

土地については、無料で市場価格を査定してくれる仲介業者も多いですし、公示地価、路線価、固定資産評価証明書に基づいて価値を評価し、場合により使い分けます。

建物については、火災保険、地震保険などの加入を保険証券、郵便物などで確認することも必要です。通常固定資産評価証明書に基づいて価値を評価します。

　（ア）　不動産登記簿の閲覧請求・登記事項要約書

不動産登記は土地や建物の所在・面積、所有者の住所氏名などを記載し、これを一般に公開することで、不動産の権利関係を誰でも確認できるようにする制度です。

今までは、登記を調べる方法に紙の登記簿を閲覧するというものがありました。これは、その不動産を管轄する法務局に行って、紙の登記簿を直接見るという制度です。しかし、現在法務局は電子化されており、登記は紙の登記簿から電磁的記録に記録されるようになりました。そこで、法務局で登記簿を閲覧したい時は、「登記事項要約書」を請求することになりました。つまり、登記事項要約書は、紙の閲覧制度に代わるものです。登記事項要約書は、主に現在の権利関係のみ記載されています。

近年は、登記事項要約書を請求するだけでなく、インターネットを通じて、登記簿等を閲覧できる登記情報提供サービスも利用できるようになりました。同サービスによって、登記所の不動産登記情報は、自宅、職場のパソコンで有料ですが、自由に見られるようになり、利便性が非常に高まりました。

　（イ）　登記事項要約書交付申請書

登記事項要約書交付申請書に氏名住所などを記入し、法務局に提出します。請求する際に、実印や運転免許証等は必要ありません。名義人からは調べられないので、土地については「地番」、建物については「家屋番号」を確認しておいてください。地番・家屋番号は、住居表示とは異なることもありますが、法務局に電話して住所を伝えると地番を教えてくれます。

登記事項要約書は、管轄する法務局にしか請求できません。

手数料は、1通につき450円（1登記記録の枚数が50枚を超えるときは、超える枚数50枚までごとに50円加算）です。

（ウ）　登記事項証明書交付申請書

　法務局に直接持参するか郵送する方法で管轄法務局に請求すれば、誰でも登記事項証明書の交付を受けることができます。「共同担保目録」付きで取得すると新たな不動産が財産として発見されることがあります。共同担保目録とは、銀行からお金を借りて複数の不動産を担保にした際、その複数の担保不動産を表示した目録です。

　請求の方法は、以下のとおりです。

① 　登記所に請求書を持参する方法

　　全国の登記所に対して、土地・建物・法人に関する登記事項証明書の交付請求をすることができます。共同担保目録を含めるかどうかは、請求者が任意に決めることができます。

② 　請求書を管轄登記所に郵送する方法

③ 　オンラインによる送付請求の方法

　手数料はそれぞれ以下のとおりとなります。

① 　登記所に直接持参又は郵送する方法による場合

　　1通当たり収入印紙600円（1通の枚数が50枚を超える場合には、以後超える枚数50枚までごとに100円加算）

② 　オンラインによる送付請求の方法による場合

　　証明書を郵送で受け取る場合は、1通500円

　※ 　オンライン請求して最寄りの登記所や法務所や法務局証明サービスセンターで受け取る場合の手数料は480円となります。

　　　（エ）　登記情報提供サービス

　インターネットで登記簿等を閲覧する方法です。インターネットから申し込み、パソコンの画面ですぐに登記情報を見ることができるサービスです。印刷も可能で登記事項証明書と同内容ですが、認証印がなく証明書として使用はできません。

　インターネットでの閲覧をするためには、登記情報提供サービスにアクセスし、利用登録をしてください。登録完了までには1週間程度かかります。料金ですが、不動産登記情報（全部事項）については1件335円です。オンラインで登記事項証明書を請求するよりも少し低料金になっています。

　　　（オ）　固定資産課税台帳（名寄帳）の請求

　固定資産課税台帳とは、ある人が持っている不動産を一覧表にしたものです。個人名義の土地一筆、建物一棟を一覧で確認できます。相続人が被相続人名義の不動産の所在を確認することもできます。

申請できる人は以下のとおりです。
① 資産を所有している人
② 上記①の相続人
③ 代理人

提出先は、市町村役場（東京都23区の場合は都税事務所）であり、手数料は、役所ごとに異なります。

申請に必要なものとして、窓口に来た人の本人確認ができる公的な証明書（運転免許証、健康保険証など）や認印が必要となります。相続人である場合には、相続人であることを確認できる書類が必要になります。

　　（カ）　固定資産評価証明書交付申請書

土地や建物などの不動産の購入、登記申請、保有をすると、登録免許税や固定資産税などの税金がかかります。この税金の算出の基礎となるのが固定資産評価額です。

一般的に、固定資産評価額は、土地公示価格の7割～8割程度、建物は新築の場合で建築費の6割程度といわれています。

固定資産評価証明書交付申請書には、地番や家屋番号を記載する必要がある場合もあります。登記事項証明書や権利証などに記載がありますので、確認してください。

申請に必要な物は、身分証明書など申請者の本人確認ができるものと認印です。

提出場所は市町村役場（東京都23区の場合は都税事務所）であり、手数料は、役場によって異なります。

海外に不動産を所有している場合には、その不動産の所在地法によって登記されています。韓国にある不動産であれば、韓国法の登記をされています。

海外の不動産の評価については、現地の不動産鑑定士によりなされるのが通常です。

（2）　現　　金

現金は、持ち運びも容易で保管場所をいつでも変更でき、使用歴も残らないので、把握が大変困難です。自宅の金庫、銀行の貸金庫などに現金が保管されていることもありますので注意が必要です。

（3）　預貯金

預貯金については現残高を確認するほか、出入金の状況から他の資産や負債を発見する端緒になることがあります。

　　（ア）　預貯金の調査

預貯金の通帳や預貯金証書によって、預貯金の取引履歴を確認し、財産を調査します。通帳等を紛失している場合には、金融機関に対して取引履歴証明書の発行を依頼します。

預貯金については、家族名義であっても実質的に本人の所有である場合もあります。したがって、名義が異なっているからといって、直ちに本人の財産ではないと考えるべきではありません。

　国外送金の記録が通帳などにより判明した場合には、国外財産の調査も必要になります。

　　（イ）　取引明細証明依頼書

　取引明細は、普通預金などの預金の引出し、預入、振込記録、定期預金、積立預金の残高明細、カードローンの取引明細を内容としています。

　　（ウ）　残高証明依頼書

　預貯金残高証明書の発行を金融機関に依頼します。提出先は、各金融機関となります。

　(4)　有価証券

　有価証券とは、株式や債券、投資信託などのことをいいます。有価証券は、それ自体に財産的価値があります。

　　（ア）　株　式

　株式には、証券取引所で売買できる上場株式や、証券取引所で売買できない非上場の株式があります。

　また、配当などについて通常の株主権が与えられている普通株式と、普通株式より配当などで優先される優先株式などの種類株式の区別もあります。

　株式の存在を把握するには、本人が取引をしている取引証券会社、信託会社などを把握して、そこに問合せをすることがもっとも重要です。取引口座の開設案内、利払報告書、取引口座の取得売却代金の入出金記録、配当の入金記録により、証券会社、信託銀行などの存在を確認することもできます。

　株券が発行され、それが自宅にあることもありますので、その場合には株券も必ず確認します。

　また、所得税、贈与税の各申告書の記載からも、株式配当及び株式譲渡の内容が把握できることがあります。株主総会招集通知、株主名簿なども有効です。

　　（イ）　公社債

　公社債とは、国、地方公共団体、民間企業などが、債券市場で多数の投資家から資金調達する際に発行する有価証券で、いわば借用証書のようなものです。国債、地方債、政府保証債、社債などをまとめた呼び名です。

　公社債の発行者は、一定の期間経過後に元本返済義務や一定期間中に利息支払義務を負います。

　公社債の取得者は、一定期間経過後にその元本と利息を取得することができます。

満期以前には売却することで換金することもできます。

　証券会社等の取引報告書、取引残高報告書、債券証書、口座の入出金記録、証券会社との郵便物、確定申告書の記載内容等から、公社債の有無を調査します。

　（ウ）　証券投資信託受益証券

　証券投資信託とは、株式や債券などの有価証券を投資対象とするもので、証券会社、銀行などの投資信託委託会社が資金を集め有価証券に分散投資し、その投資による利益を出資者に還元する制度です。

　投資信託委託会社はどこだったのか、実質的に収益が帰属しているのは誰なのかを調査します。投資信託の受益証券を、紙ではなく、コンピュータシステム上でのみ管理している場合があります。証券会社等からの郵便物、取引報告書、残高証明書、口座の入出金記録、確定申告書の記載内容から証券投資信託受益証券の存在を把握します。

　(5)　農業協同組合等への出資

　農業協同組合法により、農業協同組合への出資が規定されています。また、漁業協同組合、信用金庫、信用組合などへの出資もあります。出資した場合、返還を受けることもできるので財産的価値を有します。

　農業協同組合等への出資についても、出資証券、預金通帳の入出金記録、所得税の申告書の記載等から、その存在を調査します。

　(6)　自動車

　車検証、自賠責保険証、自動車ローンの引落し記録などにより把握します。自動車の登録事項等証明書は、運輸支局で取得可能です（郵送でも可）。

　自動車は所有権留保、リース物件であることも少なくないので、確認が必要です。

　自動車の財産的価値は、オート自動車月報（レッドブック）、インターネットの自動車査定などを使って把握するのが一般的です。

　(7)　貴金属、宝石、骨董品、書画

　本人、親類、知人から、貴金属、宝石、骨董品、書画を収集していたのか確認します。その具体的な確認方法としては、購入時の領収書、鑑定書、保証書、損害保険加入書などがあります。

　骨董品、書画などの場合には、特別の保管場所を借りていることもありますので、保管場所の賃貸借契約書も確認する必要があります。

　貴金属については、販売業者の販売価格を調査します。

　金については、取引業者から価格が公表されますので、その価格を参考にして評価します。

(8) 保　険

保険証券を確認し、被保険者、保険金受取人、保険料負担者、保険料の支払方法を確認します。保険会社からの郵便物、銀行口座から保険会社への振込記録、過去の確定申告書により、生命保険の加入状態がわかることもあります。

個人年金保険契約により支払われる保険金は、年金証書、預金通帳の記録、過去の確定申告書の記載から、その存在が判明します。

(9) ゴルフ会員権

本人や家族から利用したことがあるゴルフ場を聞き出すことや、会員証、預託金預り証、通帳の年会費振込記録などにより、ゴルフ会員権の存在が明らかになります。

預託会員制のゴルフ会員権の場合、預託金があるので確認します。

(10) 未分割の相続財産

登記等により、未分割の相続財産が見つかることがあります（例えば、祖父名義のままの不動産など）。

本人や関係者が、相続放棄をしていないかを家庭裁判所に念のため確認しておいた方がよい場合もあります。

未分割の相続財産も本人の財産であるので、調査が必要になります。

(11) 賃料債権

貸家、賃貸マンションの所有を登記で確認します。

賃貸借契約書、賃料の振込記録、不動産管理会社からの通知により、賃料債権の存在を調査します。

貸家、賃貸マンションに実際に赴き、表札、看板等も確認し賃借人の存在を確認することが必要な場合もあります。

(12) 貸金債権

誰かにお金を貸していれば、貸金債権が財産になります。

金銭消費貸借契約書、銀行口座の振込記録、所得税の確定申告書などにより、貸金債権の存在、内容が明らかになります。

時効で消滅が迫っていることもありますので、素早い対応が必要な場合もあります。

(13) 知的財産権

知的財産権は、人間の知的生産活動により創り出される無形の生産物に認められる権利のことです。知的生産活動によって創り出された生産物を、創作した人の財産として保護するための権利です。

知的財産権には著作権、特許権、実用新案権、意匠権、商標権など様々な権利があります。

特許権等は特許庁に登録されており、登録証、登録原簿の写し、所得税の確定申告書、知的財産権の使用契約書、譲渡契約書などにより、その存在、内容を確認します。著作権は発生のためには登録は必要ありませんが、移転については登録制度があります。同じく譲渡契約書などにより確認できますし、著作権使用料の振込・支払通知などが端緒となり確認できることもあります。

(14) 船　舶

　船舶については、現地で現物を確認した上で船舶の登録内容も調査し、種類、大きさを確認します。その際、係留権についても確認します。

　係留権自体が財産的な価値を持つ場合もありますので、係留権も調査する必要があります。

　具体的資料としては、船舶原簿、小型船舶登録原簿、船舶国籍証書、船舶保険証書、青色申告書の減価償却費の計算の記載等から、船舶の存在を把握します。また、それらの書類から、船舶の種類、総トン数も確認します。

　財産の評価は、インターネットなどでの売買実例価格、精通者意見価格（専門家の意見に基づいた金額）を参考にして判断することになります。

(15) 漁業権

　漁業権は、漁業法に定められた権利です。一定の水面（海、川、湖など）において特定の漁業を一定期間排他的に営むことができる権利をいい、具体的には、水産動植物を採捕し、養殖をする権利をいいます。

　漁業権にはいくつかの種類があり、権利の内容や免許機関も異なりますので、各種免許証等で確認してください。

(16) 債　務

　債務については、まずは関係者からの聴取内容により把握します。

　債務がある場合には債権者から電話、郵便物が来ますので、それらの確認が必要です。

　訴訟、差押え等が行われるおそれもありますので、債務を発見した場合には、迅速に対応する必要があります。

(ア) 借入金債務

　保管されている金銭消費貸借契約書等で、契約日、借入金額、返済期限などを確認します。また、郵送されてきた請求書、銀行口座の振込履歴などから、債務の存在、既払額なども確認します。

(イ) 借入金残高証明書交付申請書

　金融機関に対しては、借入金の残高について、直接問合せをします。その際は、借

入金残高証明書交付申請書を使います。

　提出先は、各金融機関であり、料金は、各金融機関により異なります。

　さらに、以下の個人信用情報機関に開示請求し、債務を確認します。

① 　株式会社シー・アイ・シー（CIC）：主に割賦販売や消費者ローン等のクレジット事業を営む企業の信用情報を管理・提供する割賦販売法・貸金業法指定信用情報機関です。

② 　株式会社日本信用情報機構（JICC）：クレジットやローンの信用情報を管理提供しています。

③ 　一般社団法人全国銀行協会：銀行などの金融機関、クレジットカード会社、保証会社等の信用情報を管理・提供しています。

　(17)　保証債務

　保証債務は、保証契約書、不動産登記事項証明書（抵当権を設定している場合は同時に保証人になっていることが多いです。）、預金通帳の振込履歴、債権者からの請求書、保証債務弁済の領収書から確認します。

　(18)　租税債務

　租税債務は納税通知書、役所からの電話、役所の職員の訪問の有無などから確認します。租税債務は、支払わないと延滞税などの利息がかかり、給与や財産が差し押さえられますので、注意が必要です。

　(19)　所　得

　任意後見を受任する場合、支出計画を立てる前提として依頼者（本人）の収入を確認する必要があります。年金等については源泉徴収票等で把握できますが、厳密には市区町村役場が発行する所得証明書、課税証明書で確認することができます。

　所得証明書は、前年1月1日から12月31日までにどのくらいの所得があったのかを証明する書類です（収入証明書といわれることもあります。）。課税証明書は、住民税額のほか、所得額も同時に記載されるため、所得証明の機能もあります。自治体によっては、所得証明書と課税証明書を区別していない場合や、同一の書類に二つの内容が記載されている場合もあります。いずれも、市区町村役所で取得します。

〔基本契約書〕

　財産調査を行う際に、依頼者との間で取り交わす契約書です。委任（調査）の範囲、費用・報酬、契約の変更・終了、守秘義務等についての条項を盛り込みます。なお、

ホームロイヤー契約の締結や法定後見の申立ての前提として財産調査をする場合は、これらの契約・受任に付随して行い、独立して「財産調査委任契約書」を締結しないことも多いでしょう。

◆財産調査委任契約書（アウトライン）

財産調査委任契約書

委任者〇〇〇〇（以下「甲」という。）と受任者〇〇〇〇（以下「乙」という。）は、次のとおり契約を締結する。

第１条（契約の趣旨）
第２条（委任事務の範囲）
第３条（証書類の引渡し）
第４条（費用の負担）
第５条（調査手数料）
第６条（報　告）
第７条（契約の変更）
第８条（当然終了）
第９条（委任者からの解除）
第10条（受任者からの解除）
第11条（証書類の返還）
第12条（守秘義務）

平成〇年〇月〇日

　　　　　　　　　　　　委任者（甲）
　　　　　　　　　　　　　　住　　所　東京都〇区〇町〇丁目〇番〇号
　　　　　　　　　　　　　　氏　　名　〇　〇　〇　〇　㊞
　　　　　　　　　　　　受任者（乙）
　　　　　　　　　　　　　　住　　所　東京都〇区〇町〇丁目〇番〇号
　　　　　　　　　　　　　　氏　　名　〇　〇　〇　〇　㊞

第1章　財産状況の把握

> [!NOTE] 条項例

第1条（契約の趣旨）

> 　甲は乙に対し、本契約の定めるところにより、甲所有の財産の調査に関する事務を委任し、乙はこれを受任する。

　本契約の目的は、委任者（依頼者）の財産を調査することであることを明記します。

第2条（委任事務の範囲）

> 　甲は、乙に対し、別紙「代理権目録」記載の委任事務（以下「本件委任事務」という。）を委任し、その事務処理のための代理権を付与する。

　委任（調査）事務の範囲を明確にします。その範囲は、**本章〔契約締結時に作成する文書〕〇代理権目録**において個別に定めておく必要があります。

第3条（証書類の引渡し）

> 1　乙は、甲に対し、本件委任事務を履行するのに必要な範囲において、以下の証書等及びこれに準ずるもの（以下、まとめて「証書類」という。）の提示又は引渡しを求めることができ、甲はこれに応じるものとする。
> 　① 預金通帳
> 　② 各種キャッシュカード
> 　③ クレジットカード
> 　④ 有価証券及び有価証券預り証
> 　⑤ 登記済権利証（登記識別情報通知書を含む。）
> 　⑥ 保険証券・契約書等の証書類
> 　⑦ 実印
> 　⑧ 銀行印・その他の印鑑類
> 　⑨ 貸金庫の鍵
> 　⑩ 印鑑登録カード
> 　⑪ 個人番号通知カード
> 　⑫ 個人番号カード
> 　⑬ 年金関係書類
> 　⑭ その他これに類するもの

> 2　乙は、前項により証書類の引渡しを受けたときは、甲に対し遅滞なく預り証を交付して保管する。
> 3　乙は、第1項により引渡しを受けた証書類を、本件委任事務処理のために使用することができる。
> 4　乙は、本契約の効力発生後、甲以外の者が前記の証書類を占有所持しているときは、その者からこれらの証書類の引渡しを受けて、自らこれを保管することができる。

　依頼者の財産を調査するためには、財産に関する証書や印鑑などを確認したり使用することが必要になる場合があります。それらの証書類を列挙したのが本条項例1項です。何の証書類を預かったのかを明確にするため、受任者は、依頼者から証書類の引渡しを受けたときは依頼者に対して預り証を交付します（本条項例2項）。また、証書類を依頼者以外の第三者（家族等）が所持している場合があります。そのような場合は、受任者がそれらの者から証書類の引渡しを受けられることを定めておく必要があります（本条項例4項）。

第4条（費用の負担）

> 1　乙が本件委任事務を処理するために必要な費用は、甲の負担とする。
> 2　乙は、前項の費用支出の事前又は事後に、甲からその費用の支払を受けることができる。

　本件調査をするために必要な費用は、依頼者の負担とするのが通常です（本条項例1項）。受任者は調査のために必要な費用につき、事前又は事後に、依頼者から支払を受けられることを定めます（本条項例2項）。

第5条（調査手数料）

> 1　甲は、乙に対し、本件委任事務に関する手数料として、金○円（消費税別）を本件契約締結時に支払う。
> 2　本件委任事務の履行が完了する前に本契約が当然終了又は解除された場合は、前項の手数料につき乙の処理の程度に応じて清算を行うこととし、処理の程度については甲及び乙の協議により定める。

本件調査の手数料についての条項です。手数料の金額と支払期日（通常は契約締結時となります。）について定めます。

【無償の場合】

> 乙の本件委任事務に関する手数料は、無償とする。

　調査手数料が無償の場合は、その旨を規定します。

第6条（報　告）

> 1　乙は、本件委任事務処理が終了したときは、遅滞なく結果の報告書を作成し、甲に交付するものとする。
> 2　甲は、乙に対し、いつでも本件委任事務処理状況につき報告を求めることができる。

　調査結果の報告についての条項です。受任者は、調査を終了したときは依頼者に対して結果報告書（通常は財産目録という形になります。）を作成・交付します（本条項例1項）。調査の途中でも、依頼者は受任者に対していつでも、調査状況について報告を求められることを定めます（本条項例2項）。

第7条（契約の変更）

> 　本件委任契約に定める代理権の範囲を変更する場合は、甲乙間の書面の変更契約によらなければ効力を生じない。

　第2条で定めた代理権（調査事項）の範囲を変更する場合は、書面による変更契約によらなければならないことを定めます。変更後の代理権の範囲を明確にするためです。

第8条（当然終了）

> 　次の各号のいずれかに該当したときは、本契約は当然に終了する。
> (1)　甲が死亡し又は破産手続開始決定を受けたとき

> (2) 甲が法定後見（成年後見、保佐、補助）開始の審判又は任意後見監督人選任の審判を受けたとき
> (3) 乙が死亡し又は破産手続開始決定を受けたとき
> (4) 乙が法定後見（成年後見、保佐、補助）開始の審判又は任意後見監督人選任の審判を受けたとき
> (5) 乙が○○士資格を喪失したとき
> (6) 乙が○○士会から業務停止又は退会命令の処分を受けたとき

　依頼者・受任者それぞれ上記の事由が生じた場合は、本契約は解除の意思表示を要せず当然に終了することを定めます。これらの事由が生じた場合は、本契約は存続する理由を失うためです。

第9条（委任者からの解除）

> 1　甲は、乙に対し○日前に書面で予告することにより、本契約を解除することができる。
> 2　甲は、次の各号の場合には、乙に書面で通知することにより、直ちに本契約を解除することができる。
> 　(1) 乙の疾病、遭難その他予告期間を置くことを不相当とする事由がある場合
> 　(2) 乙に本契約に違反する行為があり、相当の期間を定めて催告したにもかかわらず是正されない場合
> 　(3) 乙に財産の横領、隠匿その他本契約に著しく違反する行為があった場合

　本契約を、依頼者から解除する要件及び方法について定めた条項です。原則として、書面による一定期間前の予告を必要としますが（本条項例1項）、予告期間を置くことが不相当な場合や、受任者の違反行為が是正される見込みがない場合、受任者の違反行為が重大な場合は、書面による通知のみで直ちに解除できることを定めます（本条項例2項）。

第10条（受任者からの解除）

> 1　乙は、やむを得ない事由がある場合は、甲に対し○日前に書面で予告することにより、本契約を解除することができる。

> 2　前項の規定にかかわらず、乙の疾病その他予告期間を置くことを不相当とする事由があるときは、乙は、甲に書面で通知することにより直ちに本契約を解除することができる。
> 3　乙は、甲に本契約に違反する行為があり相当の期間を定めて催告したにもかかわらず是正されない場合は、甲に書面で通知することにより、本契約を解除することができる。

　本契約を、受任者から解除する要件及び方法について定めた条項です。委任者（依頼者）からの解除（第9条）と異なり、受任者から解除するためには、やむを得ない事由が必要となります（本条項例1項）。原則として、書面による一定期間前の予告を必要としますが（本条項例1項）、予告期間を置くことが不相当な場合や、依頼者の違反行為が是正される見込みがない場合は、書面による通知のみで直ちに解除できることを定めます（本条項例2項・3項）。

第11条（証書類の返還）

> 1　本件委任事務の履行が完了し又は本契約が終了したときは、乙は速やかに預り保管中の証書類を甲、甲の代理人又は甲の相続人に返還又は引き渡さなければならない。
> 2　乙が甲に対し、立替金請求権、手数料請求権等の債権を有するときは、その支払があるまで、相当な範囲内で甲の証書類を留置することができる。

　受任者は、本件調査が終了したときは、調査のため依頼者から引渡しを受けた証書類（第3条）を速やかに依頼者に返還しなければなりません（本条項例1項）。本契約終了時に、依頼者が、受任者が調査のために立て替えた費用ないし調査手数料等を支払わないときは、受任者は、その支払があるまで、当該証書類の返還を拒めることを定めます（本条項例2項）。

第12条（守秘義務）

> 　乙は、前条までの定めに基づく全ての事務処理に際して知り得た甲の秘密を正当な事由なく第三者に漏らしてはならない。

受任者は、本件調査を通じて、依頼者の財産に関する詳細な情報を知ることになります。これらは通常、他人には知られたくない情報であるため（なお、専門職には法令上・職業倫理上、守秘義務があります。）、受任者は、正当な事由がある場合（例：文書提出命令による場合）を除いて、当該情報を第三者に漏らしてはならないことを定めます。

■■■■■■■■■■■■■■■■■■■■■■■■■■■■■■■■

〔契約締結時に作成する文書〕

○代理権目録

代理権目録

1　不動産、動産、預貯金、投資信託、株式その他全ての財産の調査に関する事項
2　金融機関、証券会社、保険会社との取引の調査に関する事項
3　定期的な収入の受領、定期的な支出を要する費用の支払の調査に関する事項
4　生活に必要な費用の送金、金員の受領、物品の購入、代金の支払の調査に関する事項
5 (1)　医療契約、介護契約その他福祉サービス利用契約の調査に関する事項
　 (2)　病院入院契約及び福祉関係施設への入所契約の調査に関する事項
6　居住用不動産の購入、賃貸借契約及び住居の新築・増改築・修繕に関する請負契約の締結又は解約等の調査に関する事項
7　遺産分割の協議、遺留分減殺請求、相続放棄、限定承認の調査に関する事項
8　以上の各事項に関する復代理人の選任、事務代行者の指定
9　その他（　　　　　　　　　　　　　　）
10　以上の各事項の調査に必要な費用の支払及び以上の各事項に関連する一切の事項

本章 条項例 第2条で定めた、委任（調査）事務の範囲を列挙したものです。

○委任状

委　任　状

平成○年○月○日
〒○○○○-○○○○
東京都○区○町○丁目○番○号
委任者　○　○　○　○　㊞

私は、次の○○士を代理人と定め、下記の各事項を委任します。
○○士　○　○　○　○
住　所　〒○○○○-○○○○
　　　　東京都○区○町○丁目○番○号
　　　　○○○○事務所
電　話　○○-○○○○-○○○○
ＦＡＸ　○○-○○○○-○○○○

記

【委任事項】
1　不動産、動産、預貯金、投資信託、株式その他全ての財産の調査に関する事項
2　金融機関、証券会社、保険会社との取引の調査に関する事項
3　定期的な収入の受領、定期的な支出を要する費用の支払の調査に関する事項
4　生活に必要な費用の送金、金員の受領、物品の購入、代金の支払の調査に関する事項
5（1）医療契約、介護契約その他福祉サービス利用契約の調査に関する事項
　（2）病院入院契約及び福祉関係施設への入所契約の調査に関する事項
6　居住用不動産の購入、賃貸借契約及び住居の新築・増改築・修繕に関する請負契約の締結又は解約等の調査に関する事項
7　遺産分割の協議、遺留分減殺請求、相続放棄、限定承認の調査に関する事項
8　以上の各事項に関する復代理人の選任、事務代行者の指定
9　その他（　　　　　　　　　　　　　　　　　　　　）
10　以上の各事項の調査に必要な費用の支払及び以上の各事項に関連する一切の事項

　本件財産調査委任契約を締結する際に、契約書とは別に、依頼者から受任者に対して交付する委任状です。委任事項については、前掲○代理権目録に記載されている項目と同一となります。

〔関係文書〕
○結果報告書（財産目録）

結果報告書（財産目録）

○　○　○　○　様

平成○年○月○日
○　○　○　○　㊞

　本件財産調査の結果、平成○年○月○日時点の○○○○様の財産は下記のとおりとなりましたのでご報告いたします。

記

1　不動産

番号	地目・種類	所在地	地番又は家屋番号	地積・床面積	備考
1	宅　地	○区○町○丁目	○番○	123.45m²	自宅
2	居　宅	○区○町○丁目○番地○	○番○	67.89m²	自宅

2　預貯金・現金

番号	金融機関名	支店名	種別	口座番号	残高	備考
1	○○信用金庫	○○	普通	○○○○○○	123,456円	
2	○○銀行	○○	定期	○○○○○○	7,800,000円	
3	○○銀行	○○	普通	○○○○○○	901,234円	
4	○○銀行	○○	普通	○○○○○○	56,789円	
5	現　金				234,567円	
預貯金・現金合計					9,116,046円	

3　株式・投資信託等

番号	種別	証券会社・銘柄等	株券番号等	数量	備考
1	株　式	○○電機株式会社	○○○○○○○	1,000株	

| 2 | 投資信託 | ○○・○○オープン | ○○証券保護預かり | 23,456口 | |

4　生命保険

番号	種別	保険会社名	証券番号等	保険金額	備考
1	養老保険	○○生命保険会社	○○○○○○	3,000,000円	
2	生命保険	○○生命保険会社	○○○○○○	5,000,000円	

5　負債

番号	種別	債権者	残高	毎月返済額	完済予定日	備考
1	借入金	○○株式会社	350,000円	10,000円	○○年3月	
2	住宅ローン	株式会社○○銀行	1,500,000円	30,000円	○○年3月	
負債総額			1,850,000円			

以　上

　本件調査の結果報告書です。

　本件調査終了後、遅滞なく依頼者に交付します（**本章** 条項例 **第6条1項**）。通常は財産目録という形になります。

　本件調査終了時点における、依頼者の財産を全て記載します。

　不動産、預貯金・現金、株式・投資信託、生命保険、負債等の項目に分けて作成します。

○預り証

預り証

平成○年○月○日

〒○○○－○○○○
東京都○区○町○丁目○番○号
　○　○　○　○　様

```
                                          ○○士　○　○　○　○　㊞
                                          住　所　〒○○○－○○○○
                                                  東京都○区○町○丁目○番○号
                                                  ○○事務所
                                          電　話　○○－○○○○－○○○○
                                          ＦＡＸ　○○－○○○○－○○○○


  下記のとおり、お預かりしました。

 ┌─────────────────────────────────────────────┐
 │                                                 │
 │    私は、○○○の理由により、本日下記のものをお預かりしました。  │
 │                                                 │
 │ 第1　お預かり品                                  │
 │ 1　預金通帳　3通                                 │
 │　(1)　○○信用金庫　○○支店　普通　口座番号　○○○○○○○ │
 │　(2)　○○銀行　○○支店　定期・普通　口座番号　○○○○○○○ │
 │　(3)　○○銀行　○○支店　普通　口座番号　○○○○○○○   │
 │ 2　株券　1通                                     │
 │　　○○電機株式会社　株券番号　○○○○○○○            │
 │ 3　保険証券　2通                                 │
 │　(1)　○○生命保険会社　養老保険　証券番号　○○○○○○○  │
 │　(2)　○○生命保険会社　生命保険　証券番号　○○○○○○○  │
 │ 4　住宅ローン返済予定明細書　1通                  │
 │　　株式会社○○銀行                                │
 │                                                 │
 │ 第2　返却時期                                    │
 │　本件調査終了時                                  │
 │                                                 │
 └─────────────────────────────────────────────┘
```

　依頼者より、本件調査のために必要な証書類の引渡しを受けた際に、依頼者に交付する預り証です。受任者は、証書類の引渡しを受けたときは、依頼者に対し遅滞なく預り証を交付する必要があります（**本章 条項例 第3条2項**）。預り証には、預かった理由、預かった証書類の品目・通数、返却時期（通常は調査終了時となります。）を記載します。

第2章

ホームロイヤー契約（見守り）

34

〔基本契約書〕

　ホームロイヤー契約（見守り）の目的は、判断能力に衰えのない時期から、将来に判断能力が衰えた場合の備えを始めていくことです。そのため、ホームロイヤーとなった受任者は、定期的に依頼者と連絡を取り、依頼者の老後の生活の希望や、依頼者に近々予想される生活設計上の問題点（例えば、福祉施設への入所の準備）をタイムリーに把握する必要があります。

　ホームロイヤー契約（見守り）の特徴は、①定期の依頼者の安否確認、②財産管理や相続問題、介護サービスの利用方法などの各種の法律相談、③オプションとして依頼者の入院等の緊急時に備えて金銭を預かること（ただし、財産管理契約ではないことから、例えば第二東京弁護士会は、ホームロイヤー契約（見守り）の預り金の上限を15万円としています。）の3点です。ホームロイヤー契約（見守り）は、専門家からのアドバイスを参考にしながら、あくまでも依頼者自身で財産を管理していくことを前提にしたものです。ホームロイヤー契約（見守り）の締結後に、依頼者の財産管理に不安が生じた場合は、ホームロイヤー契約（見守り及び財産管理）への移行や、ホームロイヤー契約（任意後見）の発効を検討することになります。

　なお、第二東京弁護士会では監督機関を設けることを原則として契約書を作成していますが、監督機関を設けずに契約を締結することも十分想定されますので、その場合は後掲◆ホームロイヤー契約書（見守り）※監督機関を置かない場合（アウトライン）をお使いください。

◆ホームロイヤー契約書（見守り）（アウトライン）

　　　　　　　　　　　　ホームロイヤー契約書（見守り）

　委任者を○○○○（以下「甲」という。）とし、受任者を○○○○（以下「乙」という。）として、次のとおり委任契約を締結する。

第1条（目　的）
第2条（事務処理の基準）
第3条（委任事務の範囲）
第4条（ライフプランノートの作成）
第5条（報酬等）

第6条（預り金）
第7条（他の法律事務との関係）
第8条（○○（監督機関等）への報告義務）
第9条（結果報告）
第10条（当然終了）
第11条（契約の解除）
第12条（守秘義務）
第13条（個人情報の利用）
第14条（苦情の申立て）
第15条（後任者のあっせん）
第16条（成年後見制度への移行）
第17条（特　約）

　本契約の証として本書3通を作成し、甲、乙及び○○（監督機関等）が各1通を保有する。

　平成○年○月○日

　　　　　　　　　　　　　　　甲（委任者）
　　　　　　　　　　　　　　　　　住　　所　東京都○区○町○丁目○番○号
　　　　　　　　　　　　　　　　　氏　　名　○　○　○　○　㊞
　　　　　　　　　　　　　　　乙（受任者）
　　　　　　　　　　　　　　　　　住　　所　東京都○区○町○丁目○番○号
　　　　　　　　　　　　　　　　　氏　　名　○　○　○　○　㊞
　　　　　　　　　　　　　　　○○（監督機関等）
　　　　　　　　　　　　　　　　　住　　所　東京都○区○町○丁目○番○号
　　　　　　　　　　　　　　　　　氏名（名称）　○　○　○　○　㊞

◆ホームロイヤー契約書（見守り）※監督機関を置かない場合（アウトライン）

ホームロイヤー契約書（見守り）

　委任者を○○○○（以下「甲」という。）とし、受任者を○○○○（以下「乙」という。）として、次のとおり委任契約を締結する。

第1条（目　的）
第2条（事務処理の基準）
第3条（委任事務の範囲）
第4条（ライフプランノートの作成）
第5条（報酬等）
第6条（預り金）
第7条（他の法律事務との関係）
第8条（当然終了）
第9条（契約の解除）
第10条（守秘義務）

　本契約の証として本書2通を作成し、甲及び乙が各1通を保有する。

　平成○年○月○日

　　　　　　　　　　　　　　甲（委任者）
　　　　　　　　　　　　　　　住　　所　東京都○区○町○丁目○番○号
　　　　　　　　　　　　　　　氏　　名　○　○　○　○　㊞
　　　　　　　　　　　　　乙（受任者）
　　　　　　　　　　　　　　　住　　所　東京都○区○町○丁目○番○号
　　　　　　　　　　　　　　　氏　　名　○　○　○　○　㊞

　なお、後掲 条項例 は◆ホームロイヤー契約書（見守り）（アウトライン）の条項に基づいて解説されています。そのため、◆ホームロイヤー契約書（見守り）※監督機関を置かない場合（アウトライン）の条項を参照する場合には、下記の表で対応する条項を確認の上、参照してください。

条文タイトル	ホームロイヤー契約書（見守り）（アウトライン）	監督機関を置かない場合
（当然終了）	第10条	第8条
（契約の解除）	第11条	第9条
（守秘義務）	第12条	第10条

条項例

第1条（目　的）

> 1　本契約は、乙が法律専門家として、甲に対する総合的かつ継続的な支援を行うことにより、甲が憂いのない豊かで安心した生活を営むことができることを目的とする。
> 2　乙は、前項の目的を実現すべく、必要な研鑽を積むとともに、他の分野の専門職との連携が可能な体制を築くよう努力する。

　ホームロイヤー契約（見守り）は、高齢者や障がい者が心身ともに健やかで安定した生活を送ることができるように、今後の生活設計や財産管理などについて、受任者が助言を与えることを目的とする契約であり、①定期的な見守り（第3条）、②法律相談を含む、生活上の様々な悩みごとの相談（第3条）、③ライフプランノートの作成（第4条）を委任事務の中核的な内容としています（日本弁護士連合会高齢社会対策本部編『超高齢社会におけるホームロイヤーマニュアル〔改訂〕』16頁以下（日本加除出版、2015））。

　また、第二東京弁護士会のホームロイヤー契約（見守り）では、高齢者や障がい者が心身ともに健やかで安定した生活を送ることができるようにするという契約の目的から、上記三つの委任事務に加えて、④依頼者の入院等の危急時に対応するための預り金の受領及び支払（第6条）、⑤受任弁護士の依頼者及び第二東京弁護士会に対する報告義務（第6条・第8条・第9条）、⑥第二東京弁護士会による後任者のあっせん（第15条）などを委任事務の内容として定めています。

　ホームロイヤー契約（見守り）は、民法上の委任契約（民643）又は準委任契約（民656）であるため、当該契約を締結するためには、依頼者が契約締結能力（本人が契約の内容と結果を認識し判断する能力）を備えていることが必要となります。

第2条（事務処理の基準）

> 乙は、本契約に定めるもののほか、甲の意思、法令及び〇〇（監督機関等）の諸規則に従い、善良な管理者の注意をもって委任事務の処理に当たる。

　ホームロイヤー契約（見守り）は、委任契約又は準委任契約に当たるため、受任者の各委任事務には善管注意義務（民644）が課されます。

なお、第4条のライフプランノートを作成した場合には、同条第2項も「本契約の定め」ですから、ライフプランノートの内容に沿って委任事務を遂行するよう努める義務が生じます。

第3条（委任事務の範囲）

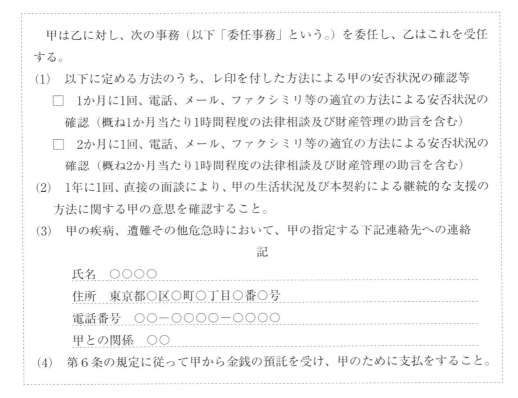

甲は乙に対し、次の事務（以下「委任事務」という。）を委任し、乙はこれを受任する。
(1) 以下に定める方法のうち、レ印を付した方法による甲の安否状況の確認等
　□　1か月に1回、電話、メール、ファクシミリ等の適宜の方法による安否状況の確認（概ね1か月当たり1時間程度の法律相談及び財産管理の助言を含む）
　□　2か月に1回、電話、メール、ファクシミリ等の適宜の方法による安否状況の確認（概ね2か月当たり1時間程度の法律相談及び財産管理の助言を含む）
(2) 1年に1回、直接の面談により、甲の生活状況及び本契約による継続的な支援の方法に関する甲の意思を確認すること。
(3) 甲の疾病、遭難その他危急時において、甲の指定する下記連絡先への連絡

記

　氏名　〇〇〇〇
　住所　東京都〇区〇町〇丁目〇番〇号
　電話番号　〇〇－〇〇〇〇－〇〇〇〇
　甲との関係　〇〇
(4) 第6条の規定に従って甲から金銭の預託を受け、甲のために支払をすること。

本条項例1号で見守りの方法と程度について定めており、少なくとも2か月に1回の適宜の方法による安否状況の確認を義務付けています。

本条項例2号で受任者と依頼者との直接の面談について定めており、直接の面談を行うことにより、受任者が依頼者の生活状況や健康状態の変化を深く把握することができるとともに、契約に関して見直しを行う機会を設けることによって、状況の変化に応じた適切な業務遂行や契約の追加・変更等が期待できることから、少なくとも1年に1回の直接の面談を義務付けています。

本条項例4号で依頼者からの預り金の受領、及び、同預り金の依頼者のための支払を委任事務の内容として定めています（詳細は第6条の解説を参照してください。）。

第4条（ライフプランノートの作成）

> 1　甲が希望する場合には、乙は、甲に対する必要かつ適切な支援を可能とすべく、甲から財産関係、身分関係、そのほか甲の生活全般にわたる事情を聴取した上で、それらの情報が記載されたライフプランノートを、甲とともに作成することとする。
> 2　乙は、委任事務を遂行するに当たっては、前項のライフプランノートが甲の意思を示すものとして尊重し、その内容に沿って本件委任事務を遂行するよう努める。

　依頼者が希望した場合には、受任者が高齢者を支援するために確認する必要のある情報を一覧にしたライフプランノートを作成し、同ライフプランノートの内容に沿って委任事務を遂行するように努めるものとしました（ライフプランノートについては、付録を参照してください。）。

　ライフプランノートは、①依頼者に関する基礎的な情報に関するもの、②財産管理に関するもの、③生活支援、リビングウィル、死後の事務等に関するもの、④遺言に関するもの、及び、⑤親亡き後の子のための財産管理等に関するものがあり、②～⑤については、依頼者の依頼の趣旨に従い、使い分けることになります。

第5条（報酬等）

> 1　甲は乙に対し、本契約の報酬として、以下のレ印を付した金額（消費税別）を、毎月末日限り、乙指定の下記口座に振込む方法により支払う。振込手数料は甲の負担とする。
> 　　□　金〇円（第3条第1号による安否状況等の確認頻度を1か月に1回とした場合）
> 　　□　金〇円（第3条第1号による安否状況等の確認頻度を2か月に1回とした場合）
> 　　　　　　　　　　　　　　記
> 　　　銀行名・支店名：〇〇銀行　〇〇支店
> 　　　口座種類・番号：普通預金口座　〇〇〇〇〇〇〇〇
> 　　　口座名義人　　：〇〇〇〇
> 2　乙は甲に対し、乙が第3条に定める安否確認の範囲を超えて委任事務の処理のため依頼者の指定する場所（自宅、病院、施設等含む）に出向いたときは、1回当たり〇万円（消費税別）を上限として日当の請求をすることができる。
> 3　交通費、通信費等その他本契約の委任事務の処理に要した費用は甲の負担とし、乙は甲に対し、随時、請求できるものとする。

ホームロイヤー契約（見守り）では、定期的な見守り及び法律相談を含む生活上の様々な悩みごとの相談が委任事務の中核的な内容となることから、安否確認の頻度と法律相談等の時間に対応して、報酬金額を増減することとしました。

なお、第二東京弁護士会では、安否状況等の確認頻度を1か月に1回とした場合は月額1万円、安否状況等の確認頻度を2か月に1回とした場合は月額5,000円と定めています。また、第2項の日当については、1回当たり3万円を上限と定めています。

第6条（預り金）

> 1　甲は、甲の疾病、遭難その他危急時において、甲の生命・身体・財産等を保護するために第3項の支払を行う原資として、乙に対し、金15万円を限度に預託することができる。
> 2　甲は、本日、前項の規定に基づき、乙に対して金　○　円を預託した。
> 3　乙は、前項に定める預り金について、甲の疾病、遭難その他危急時において、同危急時の対応に必要な支払を行うことができる。
> 4　乙は、本条の規定に従い金銭の預託を受けた場合は、預り証を発行して甲に交付するとともに、金銭出納帳を作成し、甲に対し、6か月ごとに、預り金の使途、支出額及び残額を報告しなければならない。
> 5　乙は、委任事務が終了したときは、第1項の預り金を清算するとともに、甲、甲の代理人又は甲の相続人に対し、前項に定める事項を報告しなければならない。

ホームロイヤー契約（見守り）では、原則として依頼者の財産管理は行いませんが、依頼者が希望した場合には、入院等の危急時に対応するため、受任者が金員の預かり及び同危急時の対応に必要な支払を行うことができる旨を定めました。

第7条（他の法律事務との関係）

> 1　乙の甲に対する助言等の結果、甲が乙に対し、第3条に定める「委任事務」の範囲を超えて法律上の処理を委任するときは、その処理を目的とした新たな契約を締結するものとする。
> 2　前項の契約に関する報酬は、「○○（監督機関等）の報酬に関する細則」に従って定めるものとする。

ホームロイヤー契約（見守り）の委任事務の範囲を超える場合は、本契約の他に新たな契約を締結し、新たな契約の委任事務の内容及び報酬額を決めることになります。

また、本条項例2項において、監督機関についてあらかじめ報酬に関する細則を定めておき、当該細則に従って、新たに締結した委任契約の報酬額を定めることが考えられます（なお、監督機関の意義については、第3章〔基本契約書〕3を参照）。

第二東京弁護士会でも、報酬細則を設け、依頼者に安心して利用してもらえるよう、配慮しています。監督機関等が、依頼者の親族や福祉施設などであり、弁護士会のように規則を整備することが難しい場合でも、依頼者の安心な利用という見地から、当該監督機関等との協議や意見を踏まえて報酬を定めるといった工夫が検討されるべきでしょう。

【監督機関を設けない場合】

> 2　前項の契約に関する報酬は、甲乙間の協議により別途定めるものとする。

監督機関を設けない場合は、上記2項に代えて、当事者間の協議により報酬を決めることとなります。

第8条（○○（監督機関等）への報告義務）

> 1　乙は、本契約の締結日から2か月以内に、○○（監督機関等）に着手の報告をしなければならない。
> 2　乙は、第6条に定める金銭の預託を受けた場合には、直ちに「預り金受領報告書」を、その後6か月ごとに「預り金定期報告書」を、預り金を清算した場合は清算後2か月以内に「預り金清算報告書」を○○（監督機関等）に対し提出し、その審査を受けなければならない。

ホームロイヤー契約は、一度締結されると、長期間にわたって継続することが予定されています。そのため、依頼者が安心して利用できるようにするためにも、監督機関を設けて、ホームロイヤーが監督機関に対して、定期的に報告書を提出して、監督機関によるチェックを受ける体制にしておくのが望ましいといえます。

なお、第二東京弁護士会では、弁護士会主催の法律相談会等を経由してホームロイヤー契約（見守り）を受任した場合には、弁護士会への定期報告及び終了時の報告（第9条参照）を義務付けるほか、依頼者から、弁護士会に対して、受任者の委任事務に関する苦情申立てを可能としています（第14条参照）。

第9条（結果報告）

> 乙は、本契約が終了したときは、遅滞なく、○○（監督機関等）が定めた書式を用いて、甲及び○○（監督機関等）に対して、その結果を書面により報告しなければならない。

　ホームロイヤー契約（見守り）は、委任又は準委任契約であるため、契約終了後は、依頼者への報告が必要となります（民645・656）。本条は、監督機関等を置いた場合に、依頼者への報告に加えて、監督機関等に対しても終了報告を義務付ける規定です。

【当事者の死亡や後見開始により終了した場合】

> …（略）…。ただし、甲又は乙に死亡若しくは後見開始の事由が発生した場合はこの限りではない。

　当事者の死亡や後見開始の事由が発生した場合は、報告を義務付ける意義に乏しいので、その旨をただし書などで明記しておくこともよいかと思われます。
　もっとも、依頼者の死亡又は後見開始による終了の場合には、監督機関等に対する報告は必要でしょう。

第10条（当然終了）

> 　次の各号に該当したときは、本契約は当然に終了する。
> (1) 甲についてホームロイヤー契約（見守り及び財産管理）が発効したとき
> (2) 甲が死亡し又は破産手続開始決定を受けたとき
> (3) 甲が法定後見（成年後見、保佐、補助）開始の審判又は任意後見監督人選任の審判を受けたとき
> (4) 乙が死亡又は破産手続開始決定を受けたとき
> (5) 乙が法定後見（成年後見、保佐、補助）開始の審判又は任意後見監督人選任の審判を受けたとき
> (6) 乙が○○資格（弁護士資格や司法書士資格等）を喪失したとき
> (7) 乙が○○（監督機関等）の代理人等候補者名簿から削除されたとき
> (8) 乙が○○（監督機関等）から業務停止又は退会命令の処分を受けたとき

　ホームロイヤー契約（見守り）は、受任者のアドバイスがあれば、依頼者自身で財産を管理できる能力があることを想定したものです。そのため、依頼者自身で財産を

管理することに不安が生じた場合の備えや、将来の判断能力低下の備えとして、別途、ホームロイヤー契約（見守り及び財産管理）やホームロイヤー契約（任意後見）を締結しておき、必要に応じてそれらの契約に移行する必要があります。それらの契約に移行した場合や依頼者が法定後見の開始の審判を受けた場合には、依頼者自身で財産を管理するというホームロイヤー契約（見守り）の前提に欠けますので、ホームロイヤー契約（見守り）は終了します。

また、ホームロイヤー契約（見守り）は、委任契約又は準委任契約に当たるので、受任者が死亡した場合（民653一）や受任者が法定後見開始の審判を受けた場合（民653三）は終了します。

なお、監督機関を設ける場合は、監督の実効性を保つために、受任者が専門職の資格を喪失した場合や、監督機関から処分を受けた場合も、信頼関係を維持し難い事由といえることから、ホームロイヤー契約（見守り）を終了させられるようにしておく必要があります。

【監督機関を設けない場合】
　監督機関を設けない場合、上記1号～6号までの規定で足り、7号、8号の規定は不要となります。また、受任者が専門職でない場合は6号も不要です。

第11条（契約の解除）

> 甲及び乙は、いつでも本契約を解除することができる。

ホームロイヤー契約（見守り）は、依頼者と受任者との間の信頼関係が重要となる契約であり、かつ、財産管理を伴わないことから、民法の原則に従い、いつでも契約を解除できるようにします（民651①）。

第12条（守秘義務）

> 乙は、前条までの定めに基づく全ての事務処理に際して知り得た甲の秘密を正当な事由なく第三者に漏らしてはならない。

ホームロイヤー契約（見守り）では、遺言や死後事務など、依頼者の種々の事情により、依頼者が親族等には相談しにくい事柄を取り扱うことになります。そのため、依頼者が安心して利用するためには、受任者に守秘義務を課す必要があります。そし

て、依頼者が秘密開示の承諾をする場合は、守秘義務を解除する正当な事由があると考えられます。

　ホームロイヤー契約（見守り）を締結した場合は、依頼者の家族や、依頼者の利用する福祉サービスの従事者などから、依頼者の相談内容について、受任者に問合せが来ることがあります。依頼者の相談内容やライフプランノートの内容を、第三者に回答する場合は、事前に、依頼者の承諾を得なければなりません。

第13条（個人情報の利用）

> 1　前条の規定にかかわらず、甲は、乙が、第３条第３号の規定により、甲が指定する連絡先への連絡を行う場合には、連絡の目的達成のために必要な限度において、本契約書、委任事務の経過、第４条規定のライフプランノートの記載内容を緊急連絡先に報告又は提供することについて同意する。
> 2　前項のほか、甲は、次の各号に定める目的のために、乙が当該各号に定める提出先に、本契約書、委任事務の経過、第４条規定のライフプランノートの記載内容を報告又は提供することについて同意する。
>   (1)　本契約に定める○○（監督機関等）へ報告を行う目的　○○（監督機関等）
>   (2)　○○（監督機関等）が、第15条（後任者のあっせん）の規定により、本委任事務を他の弁護士にあっせんする目的　○○（監督機関等）及びあっせんを受ける弁護士（候補者）
>   (3)　○○（監督機関等）がホームロイヤー契約及び財産管理制度の改善及び研究の資料として利用する目的　○○（監督機関等）

　ホームロイヤー契約（見守り）では、依頼者の秘密やプライバシーを含んだ情報を取り扱うため、第三者にその情報を提供するには、原則として依頼者本人の同意が必要となります。そのため、**第３条３号**により、依頼者の危急時に、依頼者の指定先への緊急連絡を委任された場合には、緊急連絡先に対して連絡の趣旨を説明するのに必要な限度において、依頼者の個人情報を提供することについて、依頼者から承諾を得ておく必要があります。

　また、監督機関を設ける場合、緊急連絡先以外にも、監督機関に対する報告等（第８条・第９条）のため、また後任の弁護士のあっせん（第15条）のために、依頼者の個人情報を提供することがありますので、あらかじめ契約書においてその同意を取り付けておく必要があるでしょう。

【監督機関を設けない場合】
　監督機関を設けない場合、上記1項の規定で足り、上記2項の規定は不要となります。

第14条（苦情の申立て）

> 　甲は、乙の委任事務の処理内容に疑問があり、乙と協議をしても疑問が解消されない場合には、○○（監督機関等）に苦情の申立てをすることができる。

第8条の解説を参照してください。

第15条（後任者のあっせん）

> 　○○（監督機関等）は、甲に対し、本契約が第10条第4号乃至第8号の事由によって終了したときには、後任候補者として他の弁護士をあっせんすることができる。

　依頼者は、継続的にアドバイスを受けることを目的に、ホームロイヤー契約（見守り）を締結します。ホームロイヤー契約（見守り）が、受任者側の都合により契約が終了した場合でも、依頼者に継続的な支援が必要な場合には、原則として依頼者が自ら後任のホームロイヤーを探すことになりますが、監督機関を設ける場合には、監督機関が後任者をあっせん（又は紹介、推薦）できる仕組みを作っておくのが望ましいといえます。このあっせん制度によって、依頼者が後任のホームロイヤーを探す負担を軽減するとともに、継続的で切れ目のない支援が可能となります。
　なお、第二東京弁護士会では、受任弁護士側の事情（ただし、**第11条**による契約の解除の場合を除きます。）により、ホームロイヤー契約が終了した場合には、後任の受任弁護士をあっせんしています。

第16条（成年後見制度への移行）

> 1　本契約締結後、甲が精神上の障がいにより判断能力を欠く常況になったときには、乙は、次の各号のうちレ印を付した対応を取るものとする。
> 　□　甲の代理人として、管轄の家庭裁判所に対し、成年後見開始の審判の申立てをする
> 　□　成年後見開始の審判の申立てを希望しない

第2章　ホームロイヤー契約（見守り）　　47

> 2　前項の規定により、成年後見開始の審判の申立てをする場合、甲は、成年後見人候補者として以下のレ印を付した対応を希望する。
> 　□　成年後見人候補者として乙を指定する
> 　□　成年後見人候補者は指定せず、家庭裁判所に一任する
> 3　乙が第1項の申立てを行ったときは、乙は、甲に対し、第5条及び第17条の報酬とは別に、手数料（報酬）として金〇円（消費税別）を請求することができる。

　ホームロイヤー契約（見守り）の締結後に、依頼者の判断能力が低下し、後見相当に至ることがあり得ます。その場合でも、ホームロイヤー契約（見守り）と併せてホームロイヤー契約（任意後見）を締結していれば、任意後見に移行することによって、依頼者の財産管理をすることが可能になります。しかし、ホームロイヤー契約（見守り）の締結時には、依頼者が任意後見の必要性を感じていないなど、ホームロイヤー契約（任意後見）が締結されないことがあります。

　そのような場合に、ホームロイヤー契約（見守り）に基づいて、受任者が本人を代理して後見の申立てができるようにしたのが本条項例1項です。なお、依頼者が、本条項例1項により、成年後見制度への移行を希望した場合は、本契約書の締結とは別に、家庭裁判所に対する後見申立ての手続代理委任状を作成しておく必要があります（第3章 条項例 第28条の解説も参照してください。）。

　また、成年後見の申立ての報酬を受領するためには、成年後見申立ての手数料（報酬）を別途受領する旨の合意が必要になります。

第17条（特　約）

> 1　甲は、乙に対して、甲の遺言を作成するに当たり、甲の遺産に該当し得る財産の調査を委任する。
> 2　甲は、乙に対し、前項の委任事務に関する手数料として、金〇万円（消費税別）を、平成〇年〇月〇日までに支払う。

　依頼者が、受任者のアドバイスを元に遺言を作成していくに先立って、受任者に対して、まず、依頼者の遺産に該当し得る財産目録の作成を依頼する場合があります。
　その場合には、両者の合意により、財産調査の手数料を定めることができます。その他にも重要な契約の立会手数料や、金融機関への同行手数料を特約として定めることがあります。

【不動産の売買契約へ立ち会う場合】

> 1　甲は、乙に対して、甲が不動産の売買契約を締結するに当たり、乙の立会いを求めることができる。
> 2　（略）

　不動産売買など重要な契約を行う際に立会いを求める場合、このような規定を設けます。手数料等については上記と同様です。

【金融機関への同行を求める場合】

> 1　甲は、乙に対して、甲が金融機関に行くに当たり、乙の同行を求めることができる。
> 2　（略）

　金融機関への同行を求める場合、このような規定を設けます。手数料等については上記と同様です。

〔関係文書〕

○ライフプランノート（※付録を参照してください。）

　ライフプランノートとは、「ホームロイヤーとして高齢者を支援するための各種メニュー（遺言、財産管理、生活支援、リビング・ウィル、死後事務、親亡き後の財産管理、事業承継など）を検討するにあたり確認する必要のある情報を一覧にしたもの」です（日本弁護士連合会高齢社会対策本部編『超高齢社会におけるホームロイヤーマニュアル〔改訂〕』58頁（日本加除出版、2015））。ライフプランノートを作成することにより、依頼者の生活設計上の問題点や、依頼者の老後の希望を把握し、依頼者の状況に適した助言や財産管理を行うことができます。例えば、依頼者がホームロイヤー契約（見守り）を締結した目的が、健康状態が悪化したときに備えて財産管理契約の準備を始めたい、というものである場合は、ホームロイヤー契約（見守り）の見守り活動の中で、依頼者の基礎情報に関するライフプランノートに加えて、財産管理に関するライフプランノートを作成しておくと、その後、財産管理契約を締結するときに、委任事務上の留意点を契約書の内容に反映することができます。

○ホームロイヤー契約（見守り）報告書【契約締結・契約終了】

ホームロイヤー契約（見守り）報告書
【☑契約締結・□契約終了】

　　　　　　　　　　　　　　　　　　　　　　　　　　○年○月○日

1　弁護士名　○○○○　（登録番号　○○○○○○　）

2　依頼者名　○○○○　（事件番号　○年○　○○　号）

3　契約の内容（ホームロイヤー契約（見守り））
　　契　約　日　　　　○年○月○日
　　業務開始日　　　　○年○月○日

4　弁護士費用　　☑月額金　5,000　円（2か月に1回の安否状況等の確認）
　　　　　　　　　□月額金　10,000　円（1か月に1回の安否状況等の確認）
　　入金予定日（支払日）☑毎月○日（○年○月○日以降）
　　　　　　　　　□＿＿＿＿＿＿＿＿＿＿＿＿＿＿＿＿＿＿＿＿＿＿＿

5　預託金
　　預託金の有無　　　☑有（金　○　円）　　　□無

6　契約終了日　　　　○年○月○日
　　預託金の返還　　　☑有（金　○　円）　　　□無

7　その他特記事項

8　提出書類
　　☑ホームロイヤー契約書のコピー
　　□＿＿＿＿＿＿＿＿＿＿＿＿＿＿＿＿＿＿＿＿

※預託金がある場合は、本書面とは別に、「預託金に関する報告書」を提出してください。

ホームロイヤー契約（見守り）の開始時（**本章 条項例 第8条1項**）と終了時（第9条）に、監督機関に提出する報告書です（終了時には依頼者にも提出します。）。見守りの場合は、依頼者自身で財産を管理しているため、報告の内容は、契約の種類、始期・終期、費用、預り金の有無などが中心となります。

○ホームロイヤー契約（見守り）報告書【預り金　受領・定期・清算】

ホームロイヤー契約（見守り）報告書
【預り金　☑受領・□定期・□清算】

平成○年○月○日

1　受任者名　　　○　○　○　○

2　依頼者名　　　○　○　○　○　　　（事件番号○年（○）○○号）

3　契　約　日　　　　　○年○月○日

4　預託金額　　　　　　金150,000円（限度額150,000円）
　　預託金預り日　　　　○年○月○日

5　預託金残額　　　　　金＿○＿円（○年○月○日時点）
　　報告対象期間　　　　＿○＿年＿○＿月＿○＿日〜＿○＿年＿○＿月＿○＿日

6　預託金清算日（返還日）　　○年○月○日

7　その他特記事項

8　提出書類
　　☑通帳のコピー（報告時点までの記帳がなされたもの若しくは前回報告以降の履歴と最終残高が記載されたもの）
　　□金銭出納帳
　　□＿＿＿＿＿＿＿＿＿＿＿＿＿＿＿＿＿＿

ホームロイヤー契約（見守り）に付随して預託金を受領した場合は、①金銭預託時、②金銭預託時から6か月ごと、③預託金清算時から2か月以内に、それぞれ監督機関への預託金に関する報告が必要となります（②と③は依頼者にも報告します。）。

○金銭出納帳

金銭出納帳
（ホームロイヤー契約（見守り）預託金）

作成日○年○月○日
受任者（登録番号）○　○　○　○　（○○○○○○）　㊞
依頼者名（事件番号）○　○　○　○　（○年（○）○○号）

日付（年月日）	収　入	支　出	残　高	備考（使途等）
○年○月○日	150,000		150,000	預託金の預かり
○年○月○日		100,000	50,000	○○病院への入院保証金の納付

○ホームロイヤー契約（見守り）報告書【預り金　受領・定期・清算】のうち、定期及び清算時の報告書に添付する金銭出納帳です。ホームロイヤー契約（見守り）の場合は、預託金の金額、使途も限られているので、報告としては通帳の写しだけで足りる場合もあるかと思われます。したがって、提出の要否については依頼者と相談して決めましょう。

○業務日誌

業務日誌

依頼者名　○　○　○　○

日　付	面談時間	面談方法	業務内容	次回準備事項
○年○月○日	10分	電話	知人への金銭の貸付けに関する法律相談	
○年○月○日	60分	面談（事務所）	遺言の作成に関する助言等	

　ホームロイヤー契約（見守り）の締結後、受任者が委任事務として行った活動等を記録しておくための業務日誌です。依頼者や監督機関等に提出することは予定されていませんが、相談の内容や依頼者の状況を把握しておき、委任事務に反映させるためにも、作成しておくべきでしょう。

○合意解約書

合意解約書

　甲と乙は、甲乙間の平成○年○月○日付け「ホームロイヤー契約（見守り）」（以下「原契約」という。）の終了について、以下のとおり合意した。

第1条（合意解約）
　　甲と乙は、原契約を
　　☐本日
　　☑平成○年○月○日をもって
　　合意解約する。
第2条（清算条項）
　　甲と乙は、本契約に関し、本解約書及び原契約書に記載のあるもののほか、甲乙間に何らの債権債務がないことを相互に確認する。

　本合意の成立の証として、本書2通を作成し、甲乙各1通を保有する。

　平成○年○月○日

　　　　　　　　　　　　　　　　　　　　　　甲　○　○　○　○　㊞

　　　　　　　　　　　　　　　　　　　　　　乙　○　○　○　○　㊞

　ホームロイヤー契約（見守り）を、一方的な解除通知等ではなく、当事者間の合意により終了させたいという場合があり得ますが、その場合は、合意解約書を締結する必要があります。その場合は、費用・預託金の清算や、（依頼者から書類等を預かっている場合）保管物の返還などに留意し、必要があればそれらの処理に関する条項を合意解約書に盛り込むことも検討します。

　なお、合意解約書作成後に清算や返還を行う場合には、清算時に別途確認書を作成するべきでしょう。

第3章

ホームロイヤー契約
（見守り及び財産管理）

〔基本契約書〕

1 ホームロイヤー契約（見守り及び財産管理）の性質

ホームロイヤー契約（見守り及び財産管理）は、定期的な安否確認及び助言に加え、依頼者から通帳等を預かり、代理人として依頼者の財産を管理することを主な内容とする契約であり、任意後見契約とセットで締結される場合が典型例です。契約の性質としては、委任契約又は準委任契約に当たります。

2 法定後見等との比較

近時、成年後見制度の利用促進計画が議論されていますが、法定後見（成年後見等）制度は、依頼者の判断能力が低下した時点以降に裁判所が選任するため、依頼者が自己に代わって財産管理をする者を自ら選ぶことができません。また、財産管理の方針や住居・医療・福祉等の生活について、自己の意思を反映させることも困難です（事後的な仕組み）。これに対して、ホームロイヤー契約は、依頼者が元気な時に、自己が信頼できる専門家等を選択することができ、また、契約書やライフプランノート、定期的な面談等を通じて財産管理の方針を事前に定めておくことができます（事前的な仕組み）。これらの点で、ホームロイヤー契約は、法定後見制度よりも、本人の意思を尊重・反映することが可能であり、本人の豊かで安心した生活により資する制度であるといえます。また、ホームロイヤー契約では、個々の事件だけではなく、継続的な代理ができるため、長期的な依頼者の支援が可能になります。

任意後見契約も財産管理契約と同じく、受任者や財産管理の範囲・方針等を事前に契約で定めておく制度という点で共通します。しかし、任意後見契約は、依頼者の判断能力が低下したとき（精神上の障害により本人の事理を弁識する能力が不十分な状況にあるとき）のための制度であり（任意後見2一）、自らの財産管理に不安や負担を感じてはいるものの判断能力自体には問題がない段階では、任意後見契約を発効させることができません。このような場合に、（任意後見に移行するまでの間）ホームロイヤー契約（見守り及び財産管理）の活用が検討されることになります。

3 監督制度の重要性

任意後見契約は、監督機関として必ず任意後見監督人が選任されますが、ホームロイヤー契約（見守り及び財産管理）は、法律上の制度ではないため、監督機関の設置は必須ではありません。しかし、高齢である依頼者は徐々に（あるいは急激に）判断能力が低下していくことが通常です。そのような状態において、受任者による財産管

理状況を依頼者自身が適切に監督することは困難でしょう。昨今、任意後見契約と財産管理契約をセットで締結（いわゆる「移行型」）していながら、依頼者の判断能力低下後も任意後見に移行せず、それが不正行為の温床となっているという問題も指摘されているところです。したがって、依頼者にとって安心できる制度とするためには、監督機関の存在は非常に重要なものとなります。監督機関としては、協力的な親族や福祉関係者、弁護士会等信頼できる者を指定することが考えられますが、いずれにしても、受任者の財産管理状況について定期的に報告を受け、それを把握して実効的な監督機能を果たせる第三者を確保するべきでしょう。

　なお、本書では監督機関として弁護士会等の専門職団体を想定していますが、そのような組織としての監督機関がない場合は、依頼者が信頼し、かつ、監督の能力を持つ第三者をあてるべきです（その場合は、「〇〇（監督機関等）」とある部分は、「甲の指定する者」として、契約書の適宜の場所にその氏名・住所を記載します。また、監督機関の制定する規則・書式の存在を前提とする部分（**本章 条項例 第6条1項**等）は適宜削除ないし修正し、専門職団体としての活動を前提とする**本章 条項例 第24条2項・第26条・第27条**は削除してください。）。

4　監督機関を置かない場合の契約条項

　第二東京弁護士会では監督機関を設けることを原則として契約書を作成していますが、監督機関の規定を置かない場合は、**本章◆ホームロイヤー契約書（見守り及び財産管理）※監督機関を置かない場合（アウトライン）**のような契約書を作成することになります。各条の解説は◆ホームロイヤー契約書（見守り及び財産管理）（アウトライン）（以下「原則型」といいます。）と同様ですので、適宜参照してください。

　なお、監督機関を置かない場合の契約書では、主として弁護士会等の専門職団体が監督機関となる場合を想定している原則型第5条（要保護状態）を除外しています。そのため、原則型の各条項で、「第5条の要保護状態」等とある部分については、削除するか適宜修正して用いることになります。例えば、修正としては以下のようなものが考えられます。

　原則型第3条…『甲が第5条の要保護状態になったとき』⇒『甲が本件委任事務の
　　　　　　　　開始を求めたとき』

　原則型第6条2項…『甲が第5条の要保護状態にあるときは』⇒『甲がその意思を
　　　　　　　　　　表明できないときは』

　また、原則型第16条の報告については、「甲のほか、あらかじめ甲が指定した者（親族等）に報告をする。」とすることも考慮するとよいでしょう。

いずれにしても、監督機関を置かない場合の契約書を採用した場合において、委任者（甲）の判断能力が低下したときは、速やかに任意後見（移行型）あるいは法定後見に移行させるべきです。

◆ホームロイヤー契約書（見守り及び財産管理）（アウトライン）

ホームロイヤー契約書（見守り及び財産管理）

委任者〇〇〇〇（以下「甲」という。）及び受任者〇〇〇〇（以下「乙」という。）は次のとおり契約を締結する。

第1条（契約の目的）
第2条（委任契約）
第3条（発効時期）
第4条（効力の持続）
第5条（要保護状態）
第6条（事務処理の基準）
第7条（身上配慮義務）
第8条（見守り等）
第9条（対象財産）
第10条（事務の範囲）
第11条（個別同意事項）
第12条（ライフプランノートの作成）
第13条（証書類・実印等の保管及び使用）
第14条（費用負担）
第15条（報　酬）
第16条（報　告）
第17条（当然終了）
第18条（委任者からの解除）
第19条（受任者からの解除）
第20条（証書類の返還）
第21条（甲死亡時の特約事項）
第22条（共同受任の場合の特則）
第23条（守秘義務）

第24条（個人情報の利用）
第25条（変更契約）
第26条（苦情の申立て）
第27条（後任者のあっせん）
第28条（成年後見制度への移行）
第29条（特　約）

　本契約の証として本書3通を作成し、甲、乙及び○○（監督機関等）が各1通を保有する。

　平成○年○月○日

　　　　　　　　　　　　　　　甲（委任者）
　　　　　　　　　　　　　　　　住　　所　東京都○区○町○丁目○番○号
　　　　　　　　　　　　　　　　氏　　名　○　○　○　○　㊞
　　　　　　　　　　　　　　　乙（受任者）
　　　　　　　　　　　　　　　　住　　所　東京都○区○町○丁目○番○号
　　　　　　　　　　　　　　　　氏　　名　○　○　○　○　㊞
　　　　　　　　　　　　　　　○○（監督機関等）
　　　　　　　　　　　　　　　　住　　所　東京都○区○町○丁目○番○号
　　　　　　　　　　　　　　　　氏名（名称）　○　○　○　○　㊞

◆ホームロイヤー契約書（見守り及び財産管理）※監督機関を置かない場合（アウトライン）

　　　　　　　ホームロイヤー契約書（見守り及び財産管理）

　委任者○○○○（以下「甲」という。）及び受任者○○○○（以下「乙」という。）は次のとおり契約を締結する。

第1条（契約の目的）
第2条（委任契約）
第3条（発効時期）
第4条（効力の持続）

第5条（事務処理の基準）
第6条（身上配慮義務）
第7条（対象財産）
第8条（事務の範囲）
第9条（個別同意事項）
第10条（ライフプランノートの作成）
第11条（証書類・実印等の保管及び使用）
第12条（費用負担）
第13条（報　酬）
第14条（報　告）
第15条（当然終了）
第16条（委任者からの解除）
第17条（受任者からの解除）
第18条（証書類の返還）
第19条（守秘義務）

　本契約の証として本書2通を作成し、甲及び乙が各1通を保有する。

　平成○年○月○日
　　　　　　　　　　　　　　　　　甲（委任者）
　　　　　　　　　　　　　　　　　　住　　所　東京都○区○町○丁目○番○号
　　　　　　　　　　　　　　　　　　氏　　名　○　○　○　○　㊞
　　　　　　　　　　　　　　　　　乙（受任者）
　　　　　　　　　　　　　　　　　　住　　所　東京都○区○町○丁目○番○号
　　　　　　　　　　　　　　　　　　氏　　名　○　○　○　○　㊞

　なお、後掲 条項例 は◆ホームロイヤー契約書（見守り及び財産管理）（アウトライン）の条項に基づいて解説されています。そのため、◆ホームロイヤー契約書（見守り及び財産管理）※監督機関を置かない場合（アウトライン）の条項を参照する場合には、下記の表で対応する条項を確認の上、参照してください。

条文タイトル	ホームロイヤー契約書（見守り及び財産管理）（アウトライン）	監督機関を置かない場合
（事務処理の基準）	第6条	第5条

（身上配慮義務）	第7条	第6条
（対象財産）	第9条	第7条
（事務の範囲）	第10条	第8条
（個別同意事項）	第11条	第9条
（ライフプランノートの作成）	第12条	第10条
（証書類・実印等の保管及び使用）	第13条	第11条
（費用負担）	第14条	第12条
（報　酬）	第15条	第13条
（報　告）	第16条	第14条
（当然終了）	第17条	第15条
（委任者からの解除）	第18条	第16条
（受任者からの解除）	第19条	第17条
（証書類の返還）	第20条	第18条
（守秘義務）	第23条	第19条

条項例

第1条（契約の目的）

> 1　本契約は、乙が法律専門家として、甲に対する総合的かつ継続的な支援を行うことにより、甲が憂いのない豊かで安心した生活を営むことができることを目的とする。
> 2　乙は、前項の目的を実現すべく、必要な研鑽を積むとともに、他の分野の専門職との連携が可能な体制を築くよう努力する。

　本条項例1項は、ホームロイヤー契約（見守り及び財産管理）の目的を定めたものです。高齢者や障がい者が安心して生活していくことができるためには、受任者である専門職としては、スポット的な関わり方ではなく、総合的かつ継続的に支援していくことが求められます。本章における基本契約書では、本条項例1項の目的を実現するために、①定期的な見守りに加え、②個別同意事項に関する仕組み、③要保護状態に

関する仕組み、④監督機関への報告、⑤ライフプランノートの作成などを取り入れています。

　ホームロイヤーとして依頼者の財産を適切に管理するためには、住居、医療、福祉など幅広い範囲の知見が必要です。ホームロイヤーは、日々これらの知見の獲得に努める必要がありますが、他方で、医療・福祉関係などをホームロイヤーが単独でカバーすることは現実的には困難でしょう。したがって、医療・福祉従事者などの専門職（専門機関）と連携・協力しつつ、依頼者の生活を支援していくことが必要となってきます。

　本条項例2項は、上記のようなホームロイヤーに求められる資質を明確化したものです。

第2条（委任契約）

> 　甲は乙に対し、本契約の定めるところにより、甲所有の財産の管理及び身上監護等に関する事務（以下「本件委任事務」という。）を委任し、乙はこれを受任する。

　本条項例は、契約の法的性質及び委任事項を明らかにするものです。

　ホームロイヤー契約（見守り及び財産管理）は、依頼者の代理人として、預貯金・不動産等の財産管理や介護サービス契約の締結などの法律行為、また定期的な安否確認や相談に応じるなど身上監護等に関する事実行為を内容とする、委任ないし準委任契約であると解されます。

　なお、契約締結に当たっては、依頼者に契約締結能力が備わっていることが必要です。契約時にこれが備わっていない場合は、法定後見の申立てを検討することになります。

第3条（発効時期）

> 　本契約は、次の各号のうちレ印を付した事由に該当するに至ったときに効力を生じる。
> 　□a　本契約締結の日
> 　□b　○年○月○日の到来
> 　□c　甲が第5条の要保護状態になったとき
> 　□d　第8条の見守り等及び第13条第1項の保管委託については本契約締結の日、

　　　　その余の本件委任事務については〇年〇月〇日の到来
　□e　第8条の見守り等及び第13条第1項の保管委託については本契約締結の日、
　　　　その余の本件委任事務については甲が第5条の要保護状態になったとき

　財産管理契約の効力発生時期は、大別すると、①即効型（契約締結時又は特定の日に発効する）と、②条件型（一定の条件を満たした時点で発効する）の二つがあります。本条項例のうち、ａｂｄは①、ｃは②に相当し、ｅは事務の内容により①と②を使い分けたものです。
　本契約の効力が発生すると、これまで依頼者が自ら管理していた財産（預貯金・不動産など）の全部又は一部を、受任者（ホームロイヤー）が代理人として管理することになります。それに伴って、通帳・実印などもホームロイヤーが預かることになります。
　したがって、契約の効力発生時期を明確にしておくことが、極めて重要です。
　依頼者によっては、最初から受任者に財産管理を任せることには抵抗感があり、当初は安否確認と証書等の保管のみを希望することもあります。そのような場合には、ｄ又はｅにより、見守り等（安否確認）と証書の保管から始めることも検討に値します。
　いずれにしても、契約の効力をどの時点から発生させるのかは、依頼者の意向や状態等を踏まえて定めることになるため、本条項例では、依頼者が選択できるようチェックボックス式を採用しました。

第4条（効力の持続）

　　　本契約は、第5条に定める事由が発生し、又は甲が意思能力を喪失してもその効力を失わない。

　ホームロイヤー契約（見守り及び財産管理）は、一時的・スポット的な委任ではなく、継続的・持続的な支援をその本質としています。また、ホームロイヤーによる財産管理は、長期にわたることが多く、契約の効力発生後に、依頼者が要保護状態となり、又は依頼者の判断能力が低下・喪失することが生じることもあります。そのような事態に至ったことを理由に、代理権の存続に疑義を持たれると、円滑な財産管理に支障を来すことになりかねません。そこで、そのような場合であっても、代理権を存続させ、引き続き財産管理を継続できることをあらかじめ明確化したのが本条項例です。

なお、ホームロイヤー契約（見守り及び財産管理）は、任意後見契約に移行するまでの間の財産管理等を目的とするものであり、依頼者の判断能力低下後は任意後見でカバーすることが本来予定されています。ホームロイヤー契約（見守り及び財産管理）と併せて、任意後見契約を締結しておけば、依頼者の判断能力が低下した場合に任意後見に移行することにより、切れ目のない、継続的な支援が可能となります。

第5条（要保護状態）

> 1 要保護状態とは、本契約の趣旨に照らし、甲が他人の適切な援助なしに自己の事務を処理することができない状態をいい、次の各号のいずれかの事由が発生した場合は、甲は要保護状態にあるものとみなす。
>   なお、甲は、乙が、甲の要保護状態を判断するために、本契約書の記載内容及び甲の状態を○○（監督機関等）に報告することについて承諾する。
>   (1) 甲が、自己が要保護状態にある旨、乙に対し通知した場合
>   (2) 甲の同居の親族、又は、甲の主治医その他甲が予め指定した者が、甲が要保護状態にあると判断し、その旨を、乙に対し通知した場合
>   (3) 乙が、○○（監督機関等）の意見を聴取した上、甲が要保護状態にあると判断した場合
> 2 乙は、甲が要保護状態に至ったことを知り、又はその疑いを抱いたときは、速やかに○○（監督機関等）に通知・報告しなければならない。また、乙は、前項第2号又は第3号により甲が要保護状態となったときは、速やかに甲に通知しなければならない。

1 要保護状態の意義

本条項例は、要保護状態に関する仕組みを定めた条項です。要保護状態とは、依頼者が他人の適切な援助なしに自己の事務を処理することができない状態と定義しています。要保護状態の具体例としては、判断能力の低下だけでなく、病気や怪我などによって日常生活に支障を来すような状態も含まれます。むしろ、判断能力の低下後は、本来任意後見でカバーすることが想定されますので、それに至らない程度であって依頼者が病気等により自ら財産管理等を行うことが難しい状態が要保護状態の中核的な内容といえるでしょう。

もっとも、上記の定義は唯一のものではなく、判断能力の低下とリンクさせた定義付けもあり得ます。判断能力の低下と結びつけた定義を採用する場合には、任意後見契約の要件との関係を検討しておく必要があります。

2 要保護状態の判定

要保護状態の判断は、依頼者又は依頼者が予め指定した者が受任者に通知することにより（本条項例1項1号・2号）、要保護状態とみなされるので、通常は判断に迷うことはないでしょう。しかし、依頼者の認知症が急激に進行し、依頼者自身による通知が期待できなくなった場合や、病気や事故等で突発的に意識を喪失してしまったような場合には、通知がなくとも、受任者が要保護状態を判断することができますが（本条項例1項3号）、判断の適正を確保するために、監督機関等の意見聴取を必要としています（監督機関等が要保護状態の有無を判定するという制度設計もあり得ます。）。その場合、甲の個人情報を監督機関等に提供することになるため、本条項例1項なお書きにおいて、依頼者がこれをあらかじめ同意（承諾）することを契約上明確化してあります。

本契約の効力発生時期について、条件型を選択した場合は（第3条c・e）、要保護状態になったときに契約の効力が発効します。また、条件型・即効型のいずれにおいても、依頼者が要保護状態となったとき以降に、個別同意事項に該当する行為を行う場合や、受任者から契約を解除する場合には、依頼者の保護の見地から、監督機関等に対する届出が必要とされるなど、要保護状態は極めて重要な制度となっています。

ホームロイヤーは、見守り契約や本契約による定期的な安否確認等を通じて、依頼者の状態を把握しておき、要保護状態の判断が遅れて依頼者の保護に欠けることのないよう注意する必要があります。

第6条（事務処理の基準）

> 1　乙は、本契約に定めるもののほか、甲の意思、法令及び○○（監督機関等）の諸規則に従い、善良な管理者の注意をもって本件委任事務の処理に当たる。
> 2　乙は、甲が第5条の要保護状態にあるときは、甲の福祉のために最も適切と認められる方法を選択して本件委任事務の処理に当たる。
> 3　乙は、本件委任事務を行うに当たり、履行補助者を必要とする場合は、使用することができる。

ホームロイヤー契約（見守り及び財産管理）は、委任契約又は準委任契約に当たるため、受任者の各委任事務には善管注意義務（民644）が課されます。本条項例1項はこのことを明確化した規定です。なお、第12条規定のライフプランノートを作成した場合には、同条2項も「本契約の定め」ですから、ライフプランノートの内容に沿って委任事務を遂行するよう努める義務が生じます。

依頼者が要保護状態にあるとき、財産管理事務の方針等について、必ずしも依頼者自身が適切に判断・選択できるとは限られません。そのような場合に備えて、受任者による財産管理事務の指針を明確にしたのが本条項例2項です。

管理事務の内容は、代理権目録及び財産目録で規定されますが、（準）委任契約の一種である以上、受任者自らが行うのが原則といえます。しかし、あらゆる管理事務を受任者自らが行うことを要求することは、かえって円滑な管理事務の遂行に支障を来すことにもなります。例えば、少額の生活費（現金）を依頼者に届けて交付する場合など、管理事務の内容によっては、信頼できる履行補助者（事務員など）が行うことで足りる場合も想定されます。本条項例3項は、そのような場合に履行補助者を使用できることを定めた規定です。

第7条（身上配慮義務）

> 乙は、本件委任事務を処理するに当たっては、甲の身上に配慮するものとし、その事務処理のため、最低〇か月に〇回、甲と面接し、ヘルパーその他日常生活援助者から甲の生活状況につき報告を求め、主治医その他医療関係者から甲の心身の状態につき説明を受けるなどして、甲の生活状況及び健康状態の把握に努めるものとする。

本条項例は、第2条の身上監護等に関する事務を具体化したものです。ホームロイヤー契約（見守り及び財産管理）は、依頼者の生活をトータルで支援する制度であり、依頼者の財産を管理するだけでなく、その身上に配慮した事務を行うことも、ホームロイヤーの義務の一つです。成年後見・任意後見でも、身上監護に配慮することは職務とされていますが、ホームロイヤー契約（見守り及び財産管理）においても同じことが求められるといえます。

身上配慮のためには依頼者の心身の状況を把握することが必要であり、そのため依頼者への面談を義務付けています。面談の頻度は選択式となっていますが、依頼者との面接によって初めて把握できることもありますし、信頼関係の構築・維持としての意義もあるので、こういった面接の意義を踏まえて依頼者と協議して決めていきます。

第8条（見守り等）

> 1　甲は乙に対し、次の事項（本契約において、「見守り等」という。）を委任し、

乙はこれを受任する。
(1) 安否状況の確認等
　　○か月に○回、面接、電話、メール、ファクシミリ等の適宜の方法による安否状況の確認（概ね○か月当たり1時間程度の法律相談及び財産管理の助言を含む。）
(2) 甲の疾病、遭難その他危急時において、甲の指定する下記連絡先への連絡

記
　氏名　○○○○
　住所　東京都○区○町○丁目○番○号
　電話番号　○○－○○○○－○○○○
　甲との関係　○○

2　乙が前項の履行として甲と面接をしたときは、前条に定める面接をしたものとみなす。

　依頼者の安否確認や生活状況の把握には、面接・電話・メールなど複数の方法があり、本条項例では、「適宜の方法」としていますが、最も重要なのは、依頼者の希望ですので、依頼者の意向を聴取してそれを反映するようにしてください。その他の点は、第2章 条項例 第3条の解説を参照してください。

第9条（対象財産）

1　乙が本件委任事務を行う財産（以下「本件管理財産」という。）は、甲の同意を得て別途作成する別紙「財産目録」記載の財産及びその果実とする。
2　甲は、本契約締結後、相続、贈与、遺贈、その他の事由により甲の財産が増加したときは、以下のレ印を付した対応のとおりとする。
　□　当該増加財産も本件管理財産とすることにつき予め同意する。
　□　甲及び乙が別途協議して定める。
3　前項により本件管理財産の対象となった財産のうち、乙が確知し得ないものについては、乙は本件委任事務の責を負わない。

　ホームロイヤーが管理する財産は、本条項例に基づいて作成する財産目録に記載される財産がその対象となります。本条項例1項では、それに加えて、預貯金、収益物件などから利息や賃料等の「果実」が発生する場合も、当然に管理財産となるものとしてあります。

依頼者が所有する財産のうち、どの財産を管理財産とするかは、依頼者の意向や状態等を踏まえて検討することになります。最初から全ての財産を管理財産とせず、例えば、一部の預金のみを管理財産とし、必要に応じてその都度、管理財産を増加させていくこともあるでしょう（その場合は、その都度、財産目録を改訂する必要があります。財産目録は本契約と一体となるものですから、その改訂は変更契約（第25条参照）に当たります。）。

依頼者が最初から全ての財産の管理を希望した場合でも、契約締結後、相続等により新たな財産が増加することもあります。その場合でも、当然に当該財産を管理財産とするかどうかにつき、選択できるようにしたのが本条項例2項です。なお、別途協議して定めることを選択した場合、財産増加時に依頼者の判断能力が低下していると協議自体が困難となり、管理財産に組み込めなくなるリスクがあることに留意してください（その場合は、任意後見又は法定後見への移行を検討することになります。）。

管理財産の範囲を画する財産目録を包括的に設定した場合でも、事後的に別の預金口座などが判明することもあり得ます。その場合、ホームロイヤーが確知し得ない財産については委任事務の責を負わないことを明確にしたのが本条項例3項です。なお、依頼者にとって、このような漏れが生じるリスクを避けるために、財産調査委任契約を別途締結することを検討してもよいでしょう。

第10条（事務の範囲）

> 甲は、乙に対し、別紙「代理権目録」記載の事務を委任し、その事務処理のための代理権を付与する。

本条項例は、委任事務の対象の事務範囲を代理権目録の範囲に限定し、受任者の権限を明確化し、取引の安全に配慮するとともに、一方で、その範囲の中では受任者に代理権を与えて財産管理の実効性を確保するものです。

この点、任意後見契約に関する代理権目録には、任意後見契約に関する法律第3条の規定による証書の様式に関する省令（平成12年法務省令9号）が規定する同省令の附録様式によって代理権目録を作成すべきこととされ、同省令による様式には1号様式と2号様式があります。

1号様式はあらかじめ列挙された詳細な代理権事項のうち、該当項目をチェックする方式で、2号様式は必要な代理権を列挙して記載する方式です。1号様式に記載されていない事項を代理権の範囲内とするときには、2号様式を用いることになります。

このどちらを使用するかは、依頼者と受任者の意向によりますが、代理権の内容をきめ細かく選択・設定する場合には、1号様式が使いやすく、代理権の範囲がある程度包括的な場合には、2号様式が使いやすいとされます。最終的には、依頼者と受任者で協議して定めることになります。なお、1号様式はかなり詳細で複雑なため、任意後見契約では、2号様式が使われることが多いようです。

　本章では、上記1号様式・2号様式に対応させて、〇代理権目録（包括型）及び〇代理権目録（詳細型（特に不動産賃貸業の場合））の二つを用意しています。ホームロイヤー契約（見守り及び財産管理）は、任意後見契約とは異なり、必ずしもこれらの様式に拘束されるものではないので、包括型もチェック方式とするなど、1号様式ないし2号様式とは異なる代理権目録となっています（詳細型の代理権目録は、東京家庭裁判所・後見サイトに掲載されている「保佐・補助開始申立用の代理権目録」を加工したものです。）。もっとも、将来的に任意後見への移行が予定されている場合には、1号様式ないし2号様式をそのまま使用するのが簡便でしょう。

　ホームロイヤー契約（見守り及び財産管理）においては、依頼者の希望に沿った財産管理を行うべく、「代理権目録」の記載も依頼者の希望に沿ったものになるようにそれぞれの案件ごとに適宜条項を修正の上使用することも可能です。

　また、〇代理権目録（包括型）についても、受任者として弁護士を想定して作成しているため、弁護士以外の専門職の方が使用する際には、そもそも法令上代理権限を有しない条項もあるので、その点についても留意してください。

第11条（個別同意事項）

> 1　乙が本件委任事務のうち、別紙「同意を要する旨の特約目録」記載の行為を行うには、事前に甲の同意を得なければならない。
> 2　前項の場合において、甲が第5条の要保護状態にあるときは、甲の同意に代えて、当該行為を行う7日前までに〇〇（監督機関等）にその旨を届け出なければならない。ただし、やむを得ない事由のあるときは、事後に届出をすることができる。

　本条項例は、たとえ前条で代理権を付与された事項であっても、不動産の処分や多額の金銭の支払など、依頼者の財産及び身上監護に関わる重要なものについては、その行使前に個別の同意を得ることを求めることで、依頼者の意思を尊重するために設

けています。

　本条項例2項は、依頼者が要保護状態にあるため、その意思の確認ができない場合、依頼者保護の見地から、監督機関等に届け出ることを義務付けるものです。ただし書きは、事前に届出が間に合わない緊急時には事前届出に代わり、事後届出をすることができる旨の規定です。もっとも、要保護状態であっても依頼者の判断能力が低下していない場合もあり得ます。その場合には、監督機関等への届出だけでなく、依頼者の同意も得ておく必要があるでしょう。

　本条項例2項の○○（監督機関等）として、第二東京弁護士会では、第二東京弁護士会高齢者・障がい者総合支援センターが設置されていますが、適当な監督機関がない場合において、依頼者に親族がある場合には、その親族に届出を行うなど適宜工夫をしてください。**本章〔基本契約書〕3**に監督機関についての説明がありますので、参考にしてください。

第12条（ライフプランノートの作成）

> 1　甲が希望する場合、乙は、甲に対する必要かつ適切な支援を可能とすべく、甲から財産関係、身分関係、そのほか甲の生活全般にわたる事情を聴取した上で、それらの情報が記載されたライフプランノートを、甲と共に作成することとする。
> 2　乙は、委任事務を遂行するに当たっては、前項のライフプランノートを甲の意思を示すものとして尊重し、その内容に沿って本件委任事務を遂行するよう努める。

第2章 条項例 第4条の解説を参照してください。

第13条（証書類・実印等の保管及び使用）

> 1　甲は乙に対し、本件委任事務に関連して、以下の財産及び書類（以下、まとめて「証書類」という。）の保管を委託することができる。
> 　① 預金通帳
> 　② 各種キャッシュカード
> 　③ クレジットカード
> 　④ 有価証券及び有価証券預り証
> 　⑤ 登記済権利証（登記識別情報通知書を含む。）

⑥　契約書等の証書類
　　　⑦　実印
　　　⑧　銀行印
　　　⑨　その他の印鑑類
　　　⑩　印鑑登録カード
　　　⑪　個人番号通知カード
　　　⑫　個人番号カード
　　　⑬　年金関係書類
　　　⑭　その他これらに類するもの
　2　乙は、本件委任事務を行うに当たって、前項の証書類の引渡しを受けることが必要であると判断したときは、甲に対しその引渡しを求め、甲はこれに応じるものとする。
　3　乙は、前2項により証書類の預託を受けたときは、甲に対し遅滞なく預り証を交付する。
　4　甲は、乙が本件委任事務を処理するため以下の事項を行うことをあらかじめ承諾し、乙に対しその権限を授与する。
　　（1）　預託を受けた証書類を使用すること
　　（2）　甲宛ての郵便物その他の通信を受領し、本件委任事務に関連すると思われるものを開封すること
　　（3）　乙が、甲の預貯金の預入・払戻・解約その他の委任事務を「甲代理人乙」あるいは「甲財産管理人乙」名義で行うこと
　5　乙は、本契約の効力発生後、甲以外の者が前記の証書等を占有所持しているときは、その者からこれらの証書等の引渡しを受けて、自らこれを保管することができる。

　本条項例は、財産管理を行うに当たり必要な証書類、実印等の保管と使用について定めたものです。
　ホームロイヤー契約（見守り及び財産管理）では、契約締結時には依頼者に意思能力があることから、本条項例1項では「保管を委託することができる」とし、必ずしも引渡しは義務とされてはいませんが、「預金通帳」、「キャッシュカード」等を預からなければ実効性のある財産管理ができない場合も多いことから、本条項例2項において、受任者の依頼者に対する引渡請求権を定めるものです。
　本条項例3項は、依頼者の重要な財産を預かることから、受任者に対して預り証の発行を義務付けるものです。

本条項例4項1号は、受任者が、預かった証書類、実印等を使用することができる権限を確認するために定めたものです。同項2号は、郵便物等の中には、株式の配当通知、クレジットカードの利用明細といった依頼者の財産状況を正確に把握し、適切な財産管理を行う上で極めて重要な役割を果たすものがありますが、権限なくこれらを開封すれば信書開封罪（刑133）の構成要件に該当することになりますので、開封の権限を定めています。同項3号は、依頼者の財産を管理する受任者は、私法契約上の地位であり、成年後見人のように審判手続を経るものではないことから、「甲代理人乙」あるいは「甲財産管理人乙」名義の使用を承諾することを定めています。ただし、本号の承諾にかかわらず、預貯金の管理は、できるだけ依頼者名義の預金口座で行うべきでしょう。受任者名義の預り金口座を利用せざるを得ない場合でも、依頼者専用の預り金口座を開設して、受任者の財産や他の依頼者の預り金と区別して管理することが肝要です。なお、預貯金の管理については、金融機関によって対応・手続等は異なり、本契約書及び代理権目録とは別に、改めて委任状の提出や依頼者本人の同行などを求められることがありますので、各金融機関に問い合わせる必要があります。

本条項例5項は、本契約の効力発生後、依頼者の証書等を所持する人物がある場合（とりわけ受任者による財産管理に対して非協力的な場合）には、実効性のある財産管理を行うため、受任者が当該人物から証書等の引渡しを受け、保管することができる旨定めています。

第14条（費用負担）

> 1　本契約の事務処理に要する費用は甲の負担とする。
> 2　乙は、前項の費用につき本件管理財産からその支払をし、又は償還を受けることができる。
> 3　成年後見開始の審判の申立てにかかる費用は甲の負担とし、乙は、本件管理財産の中から支払をし、又は審判の確定の前後を問わず償還を受けることができる。

本条項例は、受任者は、委任者のために委任事務を処理するものであるので、善管注意義務によってその管理事務を処理する限り、必然的に発生する負担があれば、委任者が負担する旨を規定し、管理財産から事前ないし事後の支払を予定しています（条文の「支払」は管理財産から直接支払うこと、「償還」は立替分の支払を受けることを意味します。なお、第8条の見守り等及び第13条1項の保管委託のみ行う間は乙が管理している財産はないので本条項例の適用はなく、その間は甲から支払を受けることにな

ります。）。

　事前の支払を認めるのは、民法649条により費用前払請求が認められるからです。

　もっとも、民法650条のように支出した日以降の利息償還請求権、代弁済請求権、担保供与請求権を規定していないのは、受任者の財産管理を行う際には不必要だからです。

　本条項例3項は、**第28条**に基づき成年後見開始の審判の申立てをした場合における、費用負担の定めです。本項の費用には、審判の申立費用（家事事件手続法にいう「審判費用」に限定せず、戸籍謄本や診断書の取得費用を含む趣旨です。）に限定され、申立ての報酬が含まれないため、報酬を別途請求する場合には、**第15条**にその旨を明記する必要があります。その場合、「本項の効力は、甲が後見開始、保佐開始又は補助開始の審判を受けたときによる本契約の終了後も存続するものとする」として、契約終了の例外条項を設けておくことも検討するとよいでしょう。

第15条（報　酬）

> 1　甲は、乙に対し、本件委任事務に関する調査手数料として、金__○__円（消費税別）を、平成○年○月○日までに支払う。
> 2　甲は、乙に対し、本契約の効力発生後、本件委任事務に関する月額報酬として金__○__円（消費税別）を、毎月末日までに支払う。
> 　　ただし、第8条の見守り等及び第13条第1項の保管委託のみ行う間は、月額報酬は金__○__円（消費税別）とする。
> 3　前項本文の報酬については、乙は、本件管理財産の中からその支払を受けることができる。
> 4　第2項の報酬額が、下記の事由により不相当となった場合は、甲乙協議の上これを変更することができる。この場合、乙は速やかに○○（監督機関等）に報告しなければならない。
> 　(1)　本件委任事務の範囲の変更
> 　(2)　甲の健康・生活状態・生活環境等の変動
> 　(3)　本件管理財産の利用状況の変更
> 　(4)　経済情勢の変動
> 　(5)　その他現在の報酬を不相当とする事情の発生
> 5　前項の合意は、書面によってしなければならない。

本条項例は、民法648条の特約として規定されています。すなわち、委任契約は無償が原則であるところ、本特約により、有償委任としています。

本条項例1項は、依頼者の申告からは依頼者の財産の範囲が不明であり、財産管理を行うに当たり、依頼者の財産の調査を行う必要がある場合があることから設けています。依頼者の申告により、ある程度の財産が判明しており、それ以外に複数の資産を有している可能性がある場合が典型例ですが、財産調査をしないと月額報酬も決められないような場合には、本契約を締結する前に、別途財産調査委任契約（第1章）を締結することも検討に値します。

本条項例2項は、月額報酬の定めです。月額報酬については、管理財産金額の多寡等を考慮し、依頼者と協議して決定してください（財産管理を行う場合は、月額3万円ないし5万円程度が標準的な金額だと思われます。）。

財産管理を開始した場合は、管理している財産から直接支払を受けることを認めるのが本条項例3項です（第8条の見守り等及び第13条1項の保管委託のみ行う間は乙が管理している財産はないので甲から支払を受けることになります。）。

本条項例4項は、報酬金額を協議の上変更できる旨の定めです。変更の合意時においても依頼者に契約締結能力が備わっていることが必要です。

○○（監督機関等）の部分について、第二東京弁護士会では、変更後の報酬金額が不相当な金額にならないように報告義務を定めています。この点についても、弁護士会のような届出機関がない場合において、依頼者に親族がある場合には、その親族に届出を行うなど適宜工夫をしてください。本章〔基本契約書〕3に監督機関についての説明がありますので、参考にしてください。

また、本条項例5項では、報酬という重要な事項の変更に鑑み、書面を作成しなければならないことになっています。

【成年後見の申立てによる報酬を受け取る場合】

> 6　乙が第28条第1項の成年後見開始の審判の申立てを行ったときは、乙は、第1項及び第2項の報酬とは別に、手数料（報酬）として金○円（消費税別）を、甲に請求することができる。

第14条の解説でも触れたとおり、成年後見の申立ての報酬を受領するためには、成年後見申立ての手数料（報酬）を別途受領する旨の合意が必要になりますので、注意が必要です。

【委任事務の範囲外の業務を行う場合】

> 7　乙の委任事務が、不動産等の売却処分、訴訟行為、その他通常の委任事務の範囲を超える場合は、乙は、○○（監督機関等）が定めるあっせん手続により受任し、その処理を目的とした新たな契約を締結するものとする。この場合、甲は、第2項の月額報酬とは別に○○（監督機関等）が定める報酬細則に従って、報酬を支払う。

　本条項例は、本契約の委任事務の範囲外の事項について、新たな委任契約の締結が必要になる旨を規定するものです。この場合、監督機関等のあっせん手続によることを定めています。監督機関等があっせん手続を担えない場合でも、監督機関等に対する報告を義務付けるなどの工夫が必要でしょう。

　なお、依頼者の判断能力の低下がみられた場合には、あっせん手続をとることができないので任意後見手続ないし法定後見手続に移行することになります。

第16条（報　告）

> 1　乙は、本契約の締結後2か月以内に着手の報告書を、その後6か月ごとに中間の報告書を、終了したときは遅滞なく結果の報告書を作成し、甲に交付するものとする。
> 2　本契約発効後（ただし、第8条の見守り等及び第13条第1項の保管委託のみ行う間を除く。）は、前項の報告書には下記のレ印を付した書類を添付しなければならない。なお、乙が訴訟その他の法律事務を受任している場合は、訴状、答弁書、準備書面、和解調書、その他重要な書面の写しを添付しなければならない。
> 　a　□財産目録・□毎回・□（　　　　　）
> 　b　□収支計算書・□毎回・□（　　　　　）
> 　c　□残高証明書・□毎回・□（　　　　　）
> 　d　□預貯金の通帳写し・□毎回・□（　　　　　）
> 　e　□登記事項証明書・□毎回・□（　　　　　）
> 　f　□その他（　　　　　）・□毎回・□（　　　　　）
> 3　乙は、別紙「同意を要する旨の特約目録」記載の行為を行ったときは、その結果を、速やかに甲（甲が要保護状態にあるときは○○（監督機関等））に書面で報告しなければならない。
> 4　乙は、本契約の締結後2か月以内に、○○（監督機関等）に対し着手の報告書を提出しなければならない。

> 5　乙は、○○（監督機関等）に対し、着手の報告書提出後6か月ごとに、中間の報告書を提出し、かつ、本契約発効後は当該報告書につき○○（監督機関等）の審査を受けなければならない。この場合、第2項を準用する。
> 6　乙は、本件委任事務が終了したときは、遅滞なく、○○（監督機関等）に対し結果の報告書を提出し、その審査を受けなければならない。
> 7　甲及び○○（監督機関等）は、乙に対し、いつでも事務処理の状況について報告を求めることができる。

　本契約は委任契約ですので、受任者は、委任者に対し、善管注意義務に基づく報告義務があります（民645）。

　本条項例は、その義務を具体化したものです。受任者は、依頼者に対し、締結後2か月以内に着手の報告書、その後6か月ごとに中間報告書を、終了した際には、結果報告書を交付しなければならず、依頼者はいつでも事務処理の状況について、受任者に対し、報告を求めることができます（ただし、条件型で効力が発生していない場合の中間報告は不要としても構いません。）。

　また、第二東京弁護士会では、依頼者に対する報告だけでなく、第二東京弁護士会へもそれぞれ着手の報告、中間報告、結果の報告を義務付けています（本条項例4項ないし6項）。

　本条項例2項で列挙された書類は例示であり、個々の財産管理に必要な書類を適宜記載してください。また、同項のなお書きは訴訟行為に関して規定していますが、受任者が法令上、訴訟行為を代理できない場合には該当部分は不要です。

　本条項例3項は、第11条で定めた「個別同意事項」とされた行為について、それが依頼者の意思を尊重すべき重要な事項であることに鑑み、事前の同意又は届出に加えて、当該行為を行った後も、その結果について、依頼者ないし監督機関への報告を別途義務付けるものです。

　サンプルとして本章〔関係文書〕で報告書の例（○ホームロイヤー（見守り及び財産管理）報告書【初回】【定期】【終了】）を挙げていますので参考にしてください。

　この点についても、弁護士会のような監督機関がない場合において、依頼者に親族がある場合には、その親族に届出を行うなど適宜工夫をしてください。

　本章〔基本契約書〕3に監督機関についての説明がありますので、参考にしてください。

第17条（当然終了）

> 次の各号に該当したときは、本契約は当然に終了する。
> (1) 甲が死亡し又は破産手続開始決定を受けたとき
> (2) 甲が法定後見（成年後見、保佐、補助）開始の審判又は任意後見監督人選任の審判を受けたとき
> (3) 乙が死亡し又は破産手続開始決定を受けたとき
> (4) 乙が法定後見（成年後見、保佐、補助）開始の審判又は任意後見監督人選任の審判を受けたとき
> (5) 乙が○○資格（弁護士資格や司法書士資格等）を喪失したとき
> (6) 乙が○○（監督機関等）の代理人等候補者名簿から削除されたとき
> (7) 乙が○○（監督機関等）から業務停止又は退会命令の処分を受けたとき

第2章 条項例 第10条の解説を参照してください。

第18条（委任者からの解除）

> 1 甲は、乙に対し2か月前に書面で予告することにより、本契約を解除することができる。
> 2 甲は、次の各号の場合には、乙に書面で通知することにより、直ちに本契約を解除することができる。
> (1) 乙の疾病、遭難その他予告期間を置くことを不相当とする事由がある場合
> (2) 乙に本契約に違反する行為があり、相当の期間を定めて催告したにもかかわらず是正されない場合
> (3) 乙に財産の横領、隠匿その他本契約に著しく違反する行為があった場合

委任契約は、当事者間の信頼関係を基礎にしているため、信頼関係が崩れた場合には、いつでも解除できるのが原則です（民651①）。

しかし、本契約は、依頼者の財産管理を目的とする契約ですので、直ちに契約を終了させると、かえって依頼者の財産管理・保全上好ましくない事態に至ることもあり、また受任者に不測の損害が発生する場合もあることが考えられます。そこで、本条項例1項では、2か月前の書面での予告を手続的な要件とする解除権の制限を設けました。

もっとも、受任者が疾病等によって2か月前の猶予期間を設けることが適切でない場合（本条項例2項1号）、受任者の債務不履行行為があり、催告によっても是正できな

い場合（本条項例2項2号）、及び受任者に不正行為があった場合（本条項例2項3号）には、書面で通知することにより、猶予期間を置かない解除権を認めました。

第19条（受任者からの解除）

> 1　乙は、やむを得ない事由がある場合は、甲に対し2か月前に書面で予告することにより、本契約を解除することができる。
> 2　前項の規定にかかわらず、乙の疾病その他予告期間を置くことを不相当とする事由があるときは、乙は、直ちに本契約を解除することができる。
> 3　乙は、甲に本契約に違反する行為があり相当の期間を定めて催告したにもかかわらず是正されない場合は、甲に書面で通知することにより、本契約を解除することができる。
> 4　前3項に基づき本契約を解除しようとする場合において、甲が第5条の要保護状態にあるときは、乙は事前に○○（監督機関等）に届け出なければならない。

　ホームロイヤー契約（見守り及び財産管理）は委任契約であるため、民法上はいつでも解除できる（民651①）ことになりますが、受任者の側からいつでも契約を解除できるものとすると、依頼者にとっては、財産管理に支障を来すことになってしまうことになるため、本条項例1項において、「やむを得ない事由がある場合」に解除できるものとし、慎重な検討を要するものとしています。
　特に、依頼者が、要保護状態にある場合には、依頼者自ら財産管理を行うことが困難な状況にあるため、特に慎重な検討が必要です。このため、本条項例4項において、本契約では依頼者が要保護状態にある場合には監督機関等への届出を必要とすることにより、より慎重な判断を求めるものとしています。
　なお、解除時点で依頼者が意思能力を有していなかった場合には、解除を依頼者に対抗することができません（民98の2参照）。この場合は、依頼者について後見開始の申立てがされ（第28条参照）、後見人が選任されれば、第17条2号により本契約は当然に終了しますが、それまでは受任者は引き続き本件委任事務を継続する責務を負うことに注意して下さい。

第20条（証書類の返還）

> 1　本契約が終了したときは、乙は速やかに預り保管中の財産及び証書類を甲、甲の代理人又は甲の相続人に返還又は引き渡さなければならない。

> 2　本契約終了時に、乙が甲に対し立替金請求権、報酬請求権等の債権を有するときは、乙はその支払があるまで、相当な範囲内で甲の財産及び証書類を留置することができる。

　依頼者の死亡以外の事由により契約が終了した場合には、依頼者又は依頼者の代理人に財産及び証書類を返還します（本条項例1項）。

　依頼者の死亡により契約が終了した場合には、依頼者の相続人に返還します。相続人が複数存在する場合には、いずれかの相続人に返還する必要がありますが、全相続人を集めて財産及び証書類を引き渡したり、相続人代表者を決めてもらい、代表者に財産及び証書類を引き渡す等の方法により、後のトラブルを回避するための配慮が必要であると考えられます。

　相続人間に争いがある場合には、争いが終息するまでは、受任者であった者が保管を継続せざるを得ないことがあります。この問題を回避するためにも、死後事務委任契約書や遺言書を作成しておくべきであると考えられます。

　相続人がいない場合や相続人が存在するか明らかでない場合は、受任者が利害関係人として相続財産管理人の選任を請求した上で、相続財産管理人に返還することになります。

第21条（甲死亡時の特約事項）

> 1　甲は、乙に対し、甲死亡時における別紙「死後事務目録」記載の事項について事務処理を委託する。ただし、遺言に別の定めがある場合は遺言によることとする。
> 2　前項の事務処理に必要な費用は、相続財産の中からこれを支弁することができる。
> 3　乙は、第1項の報酬として、金〇円（消費税別）を、本件管理財産の中からあらかじめ支払を受けることができる。
> 4　本条の規定は、第17条第1号の規定にかかわらず、甲が死亡した後もなお効力を有する。
> 5　本条の規定は、第8条の見守り等及び第13条第1項の保管委託のみ行う間は適用されない。

　本契約を締結する依頼者は、親族と疎遠であったり、親族が遠方に居住していたりするケースが多いと考えられるため、死後事務（葬儀や永代供養、各種費用の支払等）

の受任についても検討しておくべきであると考えられます（本条項例1項）。
　死後事務の処理に必要な費用は相続財産から支払うことができます（本条項例2項）。「支弁」とは、直接支払をし、あるいは立替払をしたときは償還を受けることができることを意味します。
　死後事務の報酬に関しては、依頼者の存命中に依頼者の財産からあらかじめ受け取ることができるものとしています（本条項例3項）。第二東京弁護士会では、死後事務の報酬は、30万円を基準とし、依頼者との協議により定めるものとしています。
　なお、本条項例は財産管理を行っている場合を想定したものです（本条項例5項）。財産管理の着手にかかわらず確実に死後事務を遂行してもらうことを希望する場合は、本条項例によらず、別に「死後事務委任契約」（第6章）を締結しておくのがよいでしょう。

第22条（共同受任の場合の特則）

> 　本契約が甲と複数の受任者との間で締結された場合は、次の定めに従うものとする。
> (1) 乙は、協議して本件委任事務を処理しなければならない。
> (2) 乙は、前号の協議に基づき各自本件委任事務を行うことができる。
> (3) 前号にかかわらず、別紙「同意を要する旨の特約目録」記載の行為は、乙の全員が共同してのみこれを行うことができる。
> (4) 第27条の規定は、乙の一部の者が欠けた場合においてもこれを適用する。

　管理財産が多額になる場合には、より慎重かつ適切な判断を行うため、複数の者で受任することが望ましいと考えられます（第二東京弁護士会では管理財産の評価額が5億円以上の場合には、2人で受任する必要があるものとしています。）。特に重要であると考えられる行為については、同意を要する旨の特約を付し、依頼者の同意を必要とするとともに、共同でのみ行えるものとすることにより、より慎重かつ適切な判断を行うことができ、依頼者にとって安心して依頼できる契約となります。もっとも、同意を要する旨の特約を付した行為については機動的な事件処理に支障を来す可能性があるため、十分に検討しておくべきです。
　この他、身上監護と財産管理を分けるパターンや、あらかじめ先任者、後任者を決めておき先任者の職務遂行が困難になった場合に後任者が事務処理を行う者とするパターンもあり得るところです。

第23条（守秘義務）

> 乙は、前条までの定めに基づく全ての事務処理に際して知り得た甲の秘密を正当な事由なく第三者に漏らしてはならない。

第2章 条項例 第12条の解説を参照してください。

第24条（個人情報の利用）

> 1 前条の規定にかかわらず、甲は、次の各号に定める目的のために、乙が当該各号に定める提出先に、本契約書、委任事務の経過、第12条規定のライフプランノートの記載内容を報告ないし提供することについて同意する。
>   (1) 乙が、第8条第1項第2号の規定により、甲が指定する連絡先への連絡を行う目的　当該連絡先
>   (2) 甲が第5条の要保護状態となった後において、本件委任事務を適切に行う目的　甲に関わる福祉、医療、行政関係者
> 2 前項のほか、甲は、次の各号に定める目的のために、乙が当該各号に定める提出先に、本契約書、委任事務の経過、第12条規定のライフプランノートの記載内容を報告ないし提供することについて同意する。
>   (1) 本契約に定める○○（監督機関等）へ通知・報告・届出を行う目的　○○（監督機関等）
>   (2) ○○（監督機関等）が、第27条（後任者のあっせん）の規定により、本委任事務を他の弁護士にあっせんする目的　○○（監督機関等）及びあっせんを受ける弁護士（候補者）
>   (3) ○○（監督機関等）がホームロイヤー契約及び財産管理制度の改善及び研究の資料として利用する目的　○○（監督機関等）

第2章 条項例 第13条の解説を参照してください。

本条項例1項2号は、委任事務を適切に行うために、依頼者にかかわる医療、福祉、行政関係者と情報を共有する必要がある場合が考えられるため、その場合の提供につき、同意を得るものです。提供できる範囲は、いずれの場合も、その目的に必要な限度です。

第25条（変更契約）

> 1　本契約の発効時期、本件管理財産の範囲、本件委任事務の範囲、個別同意事項その他本契約の内容（ただし、報酬の規定を除く。）を変更する場合は、甲乙間の書面の変更契約によらなければ効力を生じない。
> 2　乙は、前項の変更契約を締結した場合は、速やかに〇〇（監督機関等）に報告しなければならない。

契約の変更については、内容を明らかにし後に疑義を残さないようにするため書面による変更契約を締結するものとしています。また、変更の内容について、監督機関への報告を必要とすることにより、依頼者にとって一方的に不利益な変更がなされないよう配慮しています。なお、報酬の変更については第15条を参照して下さい。

第26条（苦情の申立て）

> 甲は、乙の本件委任事務の処理内容に疑問があり、乙と協議をしても疑問が解消されない場合には、〇〇（監督機関等）に苦情の申立てをすることができる。

第2章 条項例 第8条の解説を参照してください。

第27条（後任者のあっせん）

> 〇〇（監督機関等）は、甲に対し、本契約が第17条第3号ないし第7号の事由によって終了したときには、後任候補者として他の弁護士をあっせんすることができる。

本条項例は、本契約が受任者側の事情で終了することとなった場合に、依頼者の希望に応じて、弁護士会等の監督機関が後任の候補者をあっせんする仕組みを採用し、切れ目のない継続的な財産管理を担保する規定です。当然のことながら、監督機関が、専門職団体のように後任者をあっせんできる態勢を整えていることを前提としています。詳細は、第2章 条項例 第15条の解説を参照してください。

なお、財産管理は、依頼者の受任者への信頼を前提とするので、受任者がいなくなれば当然終了するというのも一つの考えです。

第28条（成年後見制度への移行）

> 1 本契約発効後、甲が精神上の障がいにより判断能力を欠く常況になったときには、乙は、次の各号のうちレ印を付した対応を取るものとする。
> □ 甲の代理人として、管轄の家庭裁判所に対し、成年後見開始の審判の申立てをする
> □ 成年後見開始の審判の申立てを希望しない
> 2 前項の規定により、成年後見開始の審判の申立てをする場合、甲は、成年後見人候補者として以下のレ印を付した対応を希望する。
> □ 成年後見人候補者として乙を指定する
> □ 成年後見人候補者は指定せず、家庭裁判所に一任する

　本契約発効後に依頼者の判断能力が低下し、後見相当に至ることがあり得ますが、その場合でも、本契約と併せて任意後見契約を締結していれば、任意後見に移行することによって財産管理を継続することが可能です。しかし、本契約締結時には、依頼者が任意後見の必要性を感じていないなど、任意後見契約が締結されないこともあり得ます。その場合でも、本契約の効力は持続するとされていますが（**第4条**）、契約上対象財産や代理権の範囲が狭く設定されていて本契約では依頼者の保護が十分図れない場合、また依頼者が行った法律行為につき、成年後見の取消権によって財産の保全を図る必要がある場合など、本契約による財産管理では支障を来す事態も想定されます。そのような場合、依頼者が希望すれば、本契約に基づいて、受任者が本人を代理して後見開始の申立てができるようにしたのが本条項例1項です。

　依頼者が後見開始の申立てをすることを希望した場合、本条項例1項と併せて、○**代理権目録**（後掲参照）の後見開始申立ての欄にもチェックしておく必要があります。

　なお、本契約の代理権に基づいて実際に申し立てた場合、直近の委任でないため家庭裁判所が受理するのか等については、管轄の家庭裁判所の判断によるものと考えられます。したがって、この条項を活用することを選択する場合でも、事前に家庭裁判所に相談する、また少なくとも定期的に手続代理委任状を取得し直すといった工夫が必要でしょう。

　なお、本条は、受任者が法律専門職であることを想定した条項です。

第29条（特　約）

> 　甲は、乙に対し、遺言の作成を依頼する。遺言の内容、費用等については甲乙協議して定めるものとする。

特約の内容としては、遺言を作成すること等が考えられます。なお、別途報酬を受領する場合には、報酬の条項（第15条第7項）に基づき別途定めておく必要があります。

　なお、本条は、受任者が法律専門職であることを想定した条項です。

〔契約締結時に作成する文書〕

○代理権目録（包括型）

代理権目録

- ☐1　甲に帰属する不動産、動産、現金、預貯金、投資信託、株式その他の有価証券、その他全ての積極財産の管理・保存及び処分等に関する一切の事項
- ☐2　甲の借入金ないし借金の債務の支払、国又は地方公共団体等に対する税金の納付、これらの減免等の交渉ないし債務整理、その他全ての消極財産に関する一切の事項
- ☐3　銀行、信託銀行、信用金庫、証券会社、保険会社、消費者金融、その他金融機関との取引に関する一切の事項（貸金庫取引を含む。）
- ☐4　定期的な収入の受領、定期的な支出を要する費用の支払及びこれらの手続に関する一切の事項
- ☐5　生活に必要な費用の送金、金員ないし金品の受領、物品の購入、代金ないし料金の支払に関する一切の事項
- ☐6　(1)　医療契約、介護契約その他福祉サービス利用契約に関する一切の事項
  - (2)　病院入院契約及び福祉関係施設への入所契約に関する一切の事項
  - (3)　要介護認定の申請及び認定に関する承認又は審査請求並びに福祉関係の措置（施設入所措置等を含む。）の申請及び決定に関する一切の事項
- ☐7　居住用不動産の購入、賃貸借契約及び住居の新築・増改築に関する請負契約の締結又は解約等に関する一切の事項
- ☐8　登記済権利証（登記識別情報通知も含む。）、印鑑（実印、銀行印）、印鑑登録カード、各種キャッシュカード、クレジットカード、デビットカード、預貯金通帳、株券その他の有価証券、保険証券、年金関係書類、重要な契約書類（不動産賃貸借契約書等）、個人番号通知カード、個人番号カードその他これに類するものの保管及び

事務処理に必要な範囲内の使用に関する一切の事項
- ☐9　事務処理に関連する登記、登録、供託の申請及び行政機関の発行する各種証明書の交付請求、行政機関に対する申請・届出等の諸手続、不服申立手続並びに税金の申告に関する一切の事項
- ☐10　遺産分割の協議、遺留分減殺請求、相続放棄、限定承認に関する事項
- ☐11　以上の各事項に関して生じる紛争の処理に関する一切の事項（民事訴訟法第55条第2項の特別授権事項を含む。訴訟行為を弁護士に委任（家事事件手続法の手続代理委任も含む。）し、又は公証人に公正証書の作成を嘱託することを含む。）
- ☐12　以上の各事項に関する契約の意思無能力による無効、瑕疵ある意思表示の取消し、解除に関する一切の事項
- ☐13　以上の各事項に関する復代理人の選任、事務代行者の指定
- ☐14　成年後見開始の申立て
- ☐15　以上の各事項の処理に必要な費用の支払及び以上の各事項に関連する一切の事項

　本代理権目録は、ある程度包括的な代理権を設定する場合に利用することを想定しています。詳細型の代理権もありますので、どの代理権目録を利用するのか、またどの範囲の代理権を設定するのか、依頼者と協議して決定してください。

○代理権目録（詳細型（特に不動産賃貸業の場合））

代理権目録

1　財産管理関係
　(1)　不動産関係
　　☑①　本人の不動産に関する（☑売却、☑担保権設定、☑賃貸、☑警備、
　　　　☐＿＿＿＿＿＿）契約の締結、更新、変更及び解除
　　☑②　他人の不動産に関する、（☑購入、☑借地、☑借家）契約の締結、更新、変更及び解除
　　☑③　住居等の（☑新築、☑増改築、☑修繕（樹木の伐採を含む。）、☑解体、
　　　　☐＿＿＿＿＿＿）に関する請負契約の締結、変更及び解除
　　☑④　本人の不動産内に存する動産の処分
　　☑⑤　本人又は他人の不動産に関する賃貸借契約から生じる債権の回収及び債務の弁済

(2) 預貯金等金融関係
☑① （□全ての、☑別紙「預貯金目録」記載の口座に関する、□別紙「預貯金目録」記載の口座を除く全ての）預貯金及び出資金に関する金融機関等との一切の取引（解約（脱退）及び新規口座の開設を含む。）
□② 預貯金及び出資金以外の本人と金融機関との（□貸金庫取引、□証券取引（保護預り取引を含む。）、□為替取引、□信託取引、□　　　　　　）

(3) 保険関係
☑① 保険契約の締結、変更及び解除
☑② 保険金及び賠償金の請求及び受領

(4) 定期的な収入・費用関係
□① （□年金、障害手当金その他の社会保障給付、□臨時給付金その他の公的給付、□配当金、□　　　　　　）の受領及びこれに関する諸手続
☑② （☑公共料金、☑保険料、□ローンの返済金、☑管理費等、□　　　　　　）の支払及びこれに関する諸手続
☑③ 定期的な収入の受領、定期的な支出を要する費用の支払及びこれらの手続に関する一切の事項

(5) その他
☑① 情報通信（携帯電話、インターネット等）に関する契約の締結、変更、解除及び費用の支払
□② 本人の負担している債務に関する弁済合意及び債務の弁済
☑③ 本人が現に有する債権の回収
□④ 生活に必要な費用の送金、金員の受領、物品の購入、代金の支払、その他日常生活関係取引（契約の変更、解除を含む。）に関する一切の事項

2 相続関係
□① 相続の承認、限定承認又は放棄
□② 贈与若しくは遺贈の拒絶又は負担付の贈与若しくは遺贈の受諾
□③ 遺産分割（協議、調停及び審判）又は単独相続に関する諸手続
□④ 寄与分を定める申立て
□⑤ 遺留分減殺請求（協議及び調停）に関する諸手続

3 身上監護関係
□① 介護契約その他の福祉サービス利用契約の締結、変更、解除及び費用の支払並びに還付金等の受領
□② 介護保険、要介護認定、健康保険等の各申請（各種給付金及び還付金の申請を含む。）及びこれらの認定に関する承認又は審査請求並びに福祉関係の措置（施設

入所措置等を含む。)の申請及び決定に関する一切の事項
　□③　福祉関係施設への入所に関する契約(有料老人ホームの入居契約等を含む。)の締結、変更、解除及び費用の支払並びに還付金等の受領
　□④　医療契約及び病院への入院に関する契約の締結、変更、解除及び費用の支払並びに還付金等の受領

4　証書等の保管及び各種手続関係
　☑①　(☑登記済権利証(登記識別情報通知も含む。)、□印鑑(実印、銀行印)、□印鑑登録カード、□各種キャッシュカード、□クレジットカード、□預貯金通帳、□株券その他の有価証券、☑保険証券、☑年金関係書類、☑重要な契約書類(不動産賃貸借契約書等)、□個人番号通知カード・個人番号カード、□その他これに類するもの)の保管及び事務処理に必要な範囲内の使用に関する一切の事項
　☑②　事務処理に関連する(☑登記、登録、供託の申請、☑行政機関の発行する各種証明書の交付請求、☑行政機関に対する申請・届出等の諸手続、不服申立手続)に関する一切の事項
　□③　税金の申告、納付、更生、還付及びこれらに関する諸手続

5　紛争処理関係
　□①　裁判外の和解(示談)
　□②　仲裁契約
　□③　訴訟行為(訴訟の提起、調停、民事執行、若しくは保全処分の申立て又はこれらの手続の追行、応訴等。家事事件手続法の手続代理も含む。)
　□④　民事訴訟法第55条第2項の特別授権事項
　□⑤　訴訟行為及び民事訴訟法第55条第2項の特別授権事項について弁護士に授権すること
　□⑥　公証人に公正証書の作成を嘱託すること
　□⑦　その他以上の各事項に関して生じる紛争の処理に関する一切の事項

6　その他
　□①　以上の各事項に関する契約の意思無能力による無効、瑕疵ある意思表示の取消し、解除に関する一切の事項
　□②　成年後見開始の申立て
　□③　その他（　　　　　　　　　　　　　　　　　　　　　　　　　　　　）

7　関連手続
　　□①　復代理人の選任、事務代行者の指定
　　□②　以上の各事務の処理に必要な費用等の支払
　　□③　以上の各事務に関連する一切の事項（公的な届出、手続等を含む。）

　本代理権目録は、判断能力が低下していないものの、個人で不動産賃貸業などを営む人が、事務処理能力の衰えなどにより、賃貸管理（特に賃貸人として必要な管理業務）が煩わしくなったとき、弁護士等の専門家に賃貸管理全般に関する業務を委任することを目的として、ホームロイヤー契約を締結した場合に、不動産管理のために必要な代理権についてチェックしています。
　以下、それぞれの財産ごとに上記文書中の番号に対応する形で必要な解説を加えていきます。

1　財産管理関係
（1）　不動産関係
①　委任者本人が所有する不動産を売却するための代理権、不動産に担保権を設定するための代理権及び第三者に賃貸するための代理権が必要です。また、不動産を管理するために必要な警備などの契約締結等の代理権なども付与される方が、契約当事者にとって便宜を図れます。
②　委任者本人以外が所有する不動産について、賃貸業の継続などのために新たに不動産を購入する代理権が必要となることがあります。また、建物を所有している場合の他人の土地についての借地権に関する代理権及びサブリース（転貸借）による賃貸業を営んでいる場合の借家権に関する代理権も必要です。
③　建物を管理している場合には、建物の新築、増改築、修繕及び解体などの請負契約の締結などについての代理権、また、土地を管理している場合には庭木の伐採などの代理権も必要です。
④　委任者本人が所有する建物内に存する動産及び土地上に存する動産（例えば自転車、庭石など）の処分に関する代理権も必要です。
⑤　委任者本人の所有する土地の賃貸借、委任者本人の所有する建物の賃貸借及び他人の不動産を借りて第三者に貸している場合（サブリースなど）の賃料、原状回復費用及び損害賠償請求権などの債権の回収並びに地代などの債務の支払に関する代

理権も必要となります。

(2) 預貯金等金融関係

① 賃料などの入金を確認して、賃料の滞納を早期に発見するとともに、支払うべき地代の引落としがなされているか確認するため、賃料などが振り込まれ、地代などが引き落される銀行口座（少なくとも1口座）の一切の取引に関して、代理権の付与を受けておく必要があります。

(3) 保険関係

① 不動産賃貸業を行うには、火災保険・地震保険・第三者賠償保険（工作物が第三者に損害を与えるなど）などの損害保険契約を締結する必要があるので、その契約に関する代理権の付与を受けておく必要があります。

② 賃貸物件において、水漏れ、看板の落下などの保険事故が発生したときに、保険金・賠償金などの請求及び受領の代理権が付与されている必要があります。

(4) 定期的な収入・費用関係

② 賃貸人として、貸す義務を履行するために必要な、共用部分の電気料金、水道料金などの支払及びこれに関する諸手続を行うために必要な代理権です。

③ 賃貸人として賃料・更新料等を受領する代理権、サブリースの不動産の賃料等及び借地料を支払う代理権並びにこれらの手続に関する代理権です。

(5) その他

① 不動産賃貸業を営む中で、借主から要望が出されたときなどに対応するため、情報通信に関する契約等の代理権があると便宜を図れます。

③ ホームロイヤー契約を締結する時点で、既に賃料の不払が生じている場合等には、未払賃料を回収するための代理権の付与を受けておく必要があります。

4 証書等の保管及び各種手続関係

① 不動産登記に必要な登記済権利証及び登記識別情報通知、火災保険などの保険証券及び賃貸借契約などの契約書の保管並びにこれに関する事務処理に必要な範囲内の使用に関する一切の代理権の付与を受けておく必要があります。

② 不動産賃貸業及びそれに付随する業務を代理するために、地代の供託などの供託の申請、固定資産税評価証明書等の行政機関が発行する各種証明書の交付請求、固定資産税の納税管理人の届出などの行政機関に対する申請の代理権も必要です。

○同意を要する旨の特約目録

同意を要する旨の特約目録

　本契約第11条により甲の同意（ただし、甲が要保護状態にあるときは○○（監督機関等）への届出）を要する行為は、以下の□にレ印を付した事項である。

□1　元金○万円以上の定期預金又は投資信託その他の金融資産を解約すること
□2　借財又は保証をすること
☑3　甲の居住の用に供する建物又はその敷地について、売却、賃貸、賃貸借の解除又は抵当権の設定その他これらに準ずる処分をすること
□4　不動産その他重要な財産に関する権利の得喪を目的とする行為をすること
□5　新築、改築、増築又は大修繕をすること
□6　民法第602条に定める期間を超える賃貸借をすること
☑7　甲の居住場所の変更を伴う事項の決定をすること
□8　訴訟行為をすること（調停申立て、保全処分申立てをすることも含む。）
□9　贈与、和解又は仲裁合意（仲裁法（平成15年法律第138号）第2条第1項に規定する仲裁合意をいう。）をすること
□10　相続の承認若しくは放棄又は遺産の分割をすること
□11　贈与の申込みを拒絶し、遺贈を放棄し、負担付贈与の申込みを承諾し、又は負担付遺贈を承認すること
□12　（　　　　　　）万円以上の債務負担行為又は支出をすること
□13　毎月（　　　　　　）万円以上の債務負担行為又は支出をすること。ただし、甲の生活のための支出であり、毎月の支払額が一定している場合は、最初の月の支出に限る。
□14　復代理人の選任をすること
□15　その他（　　　　　　　　　　　　　　　　　　　　　　　　　）

　代理権の範囲内の行為であっても、その都度、依頼者の同意（又は監督機関等への届出）を得る必要があるものを、依頼者と協議して選択してください。
　ただし、選択されなかった項目についても、依頼者の意思の尊重及び信頼関係の維持の観点から、実際には依頼者の了解を得ながら行うことが多いでしょう。

○死後事務目録

```
                        死後事務目録

    本契約第21条により、乙が行う死後事務行為は、以下の□にレ印を付した事項である。

    □  医療費等の支払
    □  家賃・地代・管理費等の支払と敷金・保証金等の受領
    □  老人ホーム等の施設利用料の支払と入居一時金等の受領
    □  年金、介護保険その他社会保険給付に関する届出
    □  葬儀に関する事項
    □  埋葬に関する事項
    □  墓石建立に関する事項
    □  菩提寺の選定に関する事項
    □  供養に関する事項
    □  相続財産管理人選任の申立て
    □  以上の各事務に関する費用の支払
    □  その他　（　　　　　　　　　　　　　　　　　　）
```

　本目録は、ホームロイヤー契約（見守り及び財産管理）に付随して死後事務の委任を受ける場合に、同契約書に添付する死後事務の目録です。

　本目録では、死後事務として一般的に想定される事項を列挙していますので、必要な項目をチェックして利用してください。ただし、依頼者の死亡後は改めて本人から委任を受けることはできないので、依頼者と協議し、必要な死後事務を事前に漏れなく列挙しておく必要があります。死後事務の範囲・詳細については本目録のほか、**第6章 条項例 第3条・第4条**も参照してください。

〔関係文書〕

○ライフプランノート（※付録を参照してください。）

　ライフプランノートとは、「ホームロイヤーとして高齢者を支援するための各種メニュー（遺言、財産管理、生活支援、リビング・ウィル、死後事務、親亡き後の財産管理、事業承継など）を検討するにあたり確認する必要のある情報を一覧にしたもの」です（日本弁護士連合会高齢社会対策本部編『超高齢社会におけるホームロイヤーマニュアル〔改訂〕』58頁（日本加除出版、2015））。ライフプランノートを作成することにより、依頼者の生活設計上の問題点や、依頼者の老後の希望を把握し、依頼者の状況に適した助言や財産管理を行うことができます。例えば、依頼者に身寄りがなく、ホームロイヤー契約（見守り及び財産管理）を締結した目的が、生前中の預貯金の管理の他に、死亡時の施設の居室の明渡しや埋葬などの諸々の事務を依頼したい、という場合には、基礎情報や財産管理に関するライフプランノートだけでなく「生活支援、リビングウィル、死後の事務等に関するライフプランノート」を作成して、依頼者の希望を把握しておく必要があります。

○要保護状態に関する意見照会書

要保護状態に関する意見照会書

平成○年○月○日

○○（監督機関等）　　御中（殿）

受任者　　○○○○　㊞

1　事件番号　　平成○年（○）○○号
2　受任者　　　○○○○
3　依頼者名　　○○○○
4　契約日　　　○年○月○日

　上記事件につき、以下のとおりご報告いたします。要保護状態にあるか否かにつき、意見を求めます。

・依頼者が要保護状態になったと判断されるとき　○年○月○日

申請に至った事情及び要保護状態と判断した理由：
　　平成○年○月○日、依頼者が脳梗塞で倒れ、○○病院に入院した。意識は回復し、杖を使って歩行もできるようになったが、自己の資産状態や通帳等の保管場所などの記憶がはっきりせず、本契約の説明をしても理解できなかった。
　　病院の説明では、脳血管性認知症を発症し、急激に認知機能が低下した可能性があるとのこと。
　　依頼者の状態からすると、依頼者自身による要保護状態である旨の通知は期待できないため、意見照会に至った次第である。
特記事項：
　　もうしばらく病院でのリハビリを継続する予定であるが、回復の見込みは不明であり、さらに認知機能が低下する可能性もあるとのこと。今後、本契約での対応が困難であると判断される場合には、法定後見への移行も検討する。

【添付書類】
・診断書

　受任者において依頼者が要保護状態にある、又はその疑いがあると判断した場合に、本章 条項例 第5条1項3号に基づき、監督機関に意見を求めるために提出するものです。

○要保護状態に関する通知・報告書

　　　　　　　　　　要保護状態に関する通知・報告書

　　　　　　　　　　　　　　　　　　　　　　　　　平成○年○月○日
○○（監督機関等）　　御中（殿）
　　　　　　　　　　　　　　　　　　　　　　受任者　　○○○○　　㊞

　　　1　事件番号　　　　平成○年（○）○○号
　　　2　受任者　　　　　○○○○
　　　3　依頼者名　　　　○○○○
　　　4　契約日　　　　　○年○月○日
　　　5　効力発生日　　　○年○月○日

　上記事件につき、下記事由により依頼者が要保護状態になりましたのでご報告いたします。

> ホームロイヤー契約（見守り及び財産管理）第5条第1項の事由
> □以下の者から、依頼者が要保護状態にある旨の通知を受けた。
> 　☑依頼者
> 　□依頼者があらかじめ指定した者（氏名：　　　　　、関係：　　　　　）
> □○○（監督機関等）の意見を聴取した上、受任者において依頼者が要保護状態にあると判断した。
> 特記事項：
> 依頼者は、○年○月○日、自宅で転倒した。○○病院で大腿骨骨折と診断され、入院。○月○日に退院したものの、自力歩行は困難であり、1日の大半は横になっている状態が続いている。幸い判断能力の低下はみられないが、依頼者は自身での財産管理が困難であると訴えるに至った（詳細は添付の聴取報告書参照）。
>
> 添付書類
>
> 　　聴取報告書　　1通

　依頼者が要保護状態に至った場合（本章 条項例 第5条1項各号の事由に該当する場合）に提出するものです。なお、受任者の判断による場合には、事前に監督機関等に意見照会を行ってください。

○ホームロイヤー（見守り及び財産管理）報告書【初回】

> ホームロイヤー（見守り及び財産管理）報告書【初回】
> 　　　　（☑開始、□効力発生前）
>
> 　　　　　　　　　　　　　　　　　　　　　　　　平成○年○月○日
> 1　事件番号　　　平成○年（○）○○号
> 2　受任者　　　　○○○○　　　㊞
> 3　依頼者名　　　○○○○
> 4　契約日　　　　○年　○月　○日
> 5　効力発生時期　☑本契約締結日
> 　　　　　　　　□　　　年　　月　　日の到来
> 　　　　　　　　□依頼者が要保護状態になったとき
> 　　　　　　　　→□　　　年　　月　　日、□未到来

　　　　　　　　□見守り等及び保管委託については本契約締結日、その余の本件委任事務については　　年　　月　　日の到来
　　　　　　　　□見守り等及び保管委託については本契約締結日、その余の本件委任事務については依頼者が要保護状態になったとき
　　　　　　　　　→□　　年　　月　　日、□未到来
　6　報酬　　　月額50,000円（消費税別）
　　　　　　　（□見守り等及び保管委託のみ行う間　月額　　　　円）
　7　その他特記事項
　　　任意後見契約及び遺言の作成については協議中である。

【提出書類】（後見センターにおける法定後見の初回報告と同様の資料）
☑財産目録
☑年間収支予定表
□その他（　　　　　　　　　　　　　　　　　　　　　　　　　）

　ホームロイヤー契約（見守り及び財産管理）は、契約締結日から2か月以内に報告書の提出を要します（本章 条項例 第16条1項・4項参照）。効力が発生していない場合は、□効力発生前にチェックしてください（この場合、財産目録等の提出は不要です。）。

○ホームロイヤー（見守り及び財産管理）報告書【定期】

　　　　　　　　ホームロイヤー（見守り及び財産管理）報告書【定期】

　　　　　　　　　　　　　　　　　　　　　　　　　　平成○年○月○日
　1　事件番号　　　平成○年（○）○○号
　2　受任者　　　　○○○○　　㊞
　3　依頼者名　　　○○○○
　4　契約日　　　　○年　○月　○日
　5　効力発生時期　☑本契約締結日
　　　　　　　　　　□　　年　　月　　日の到来
　　　　　　　　　　□依頼者が要保護状態になったとき
　　　　　　　　　　　→□　　年　　月　　日、□未到来

　　　　　　　　□見守り等及び保管委託については本契約締結日、その余の本件委
　　　　　　　　　任事務については　　年　　月　　日の到来
　　　　　　　　□見守り等及び保管委託については本契約締結日、その余の本件委
　　　　　　　　　任事務については依頼者が要保護状態になったとき
　　　　　　　　　→□　　年　　月　　日、□未到来
6　報告対象期間　　○年○月○日　～　○年○月○日
7　報　酬　　　　月額　50,000円（消費税別）
　　　（□見守り等及び保管委託のみ行う間　月額　　　　　円）
8　報告内容
　　☑別紙「財産委任事務報告書」のとおり　□効力発生前につき報告不要

【添付書類】（効力発生後の初回の報告の場合は、後見センターにおける法定後見の初回報告と同様の資料）
　☑財産目録
　☑収支状況報告書
　☑通帳コピー（前回報告以降の履歴と最終残高が記載されたもの）
　☑その他（建物賃貸借契約の解約通知書、入所契約書）

（別紙）

財産委任事務報告書

1　本人の生活状況について
　(1)　前回の報告以降、本人の住所又は居所に変化はありましたか。
　　　　□　以下のとおり変わらない　　☑　以下のとおり変わった
　　　（「以下のとおり変わった」と答えた場合）住所又は居所が変わったことが確認できる資料（住民票、入院や施設入所に関する資料等）を、この報告書と共に提出してください。
　【住民票上の住所】
　　東京都○区○町○丁目○番○号
　【現在、実際に住んでいる場所】（入院先、入所施設などを含みます。）
　　東京都○区○町○丁目○番○号　有料老人ホーム○○
　(2)　前回の報告以降、本人の健康状態や生活状況に変化はありましたか。
　　　　□　変わらない　　☑　以下のとおり変わった
　　　　　契約締結前は自宅アパートで独居していたが、締結後間もなく、自宅内外で度々転倒するようになり、常時第三者の見守りが必要になったため、依頼者の了解を

得て、アパートの賃貸借契約を解約し、有料老人ホームに入所した。

2 本人の財産状況について

(1) 前回の報告以降、定期的な収入（年金、賃貸している不動産の賃料など）に変化はありましたか。

☑ 変わらない　　□ 変わった

（「変わった」と答えた場合）いつから、どのような定期的な収入が、どのような理由により、1か月当たりいくらからいくらに変わりましたか。以下にお書きください。また、額が変わったことが確認できる資料をこの報告書と共に提出してください。

変わった時期	変わった収入の種類	変わる前の額（1か月分／円）	変わった後の額（1か月分／円）	変わった理由	額が変わったことの分かる資料
年　月					
年　月					
年　月					

※年金など2か月に1回支払われるものについても、1か月当たりの金額を記載してください。

(2) 前回の報告以降、1回につき10万円を超える臨時の収入（保険金、不動産売却、株式売却など）がありましたか。

☑ ない　　□ ある

（「ある」と答えた場合）いつ、どのような理由により、どのような臨時収入が、いくら入金されましたか。以下にお書きください。また、臨時収入があったことが確認できる資料をこの報告書と共に提出してください。

収入があった日	臨時収入の種類	収入額（円）	収入があった理由	収入の裏付資料
・　・				
・　・				
・　・				
・　・				

(3) 前回の報告以降、本人が得た金銭は、全額、今回コピーを提出した通帳に入金されていますか。

☑ はい　　□ いいえ

(「いいえ」と答えた場合）入金されていないお金はいくらで、現在どのように管理していますか。また、入金されていないのはなぜですか。以下にお書きください。

_____

_____

(4)　前回の報告以降、定期的な支出（生活費、入院費、住居費、施設費など）に変化はありましたか。

　　□　変わらない　　　☑　変わった

　　（「変わった」と答えた場合）いつから、どのような定期的な支出が、どのような理由により、1か月当たりいくらからいくらに変わりましたか。以下にお書きください。また、額が変わったことが確認できる資料をこの報告書と共に提出してください。

変わった時期	変わった支出の種類	変わる前の額（1か月分／円）	変わった後の額（1か月分／円）	変わった理由	額が変わったことの分かる資料
○年○月	賃料・施設利用料	○円	○円	アパートを解約して施設に入所	入所契約書、通帳写し
年　月					
年　月					

(5)　前回の報告以降、1回につき10万円を超える臨時の支出（医療費、修繕費、自動車購入、冠婚葬祭など）がありましたか。

　　□　ない　　　☑　ある

　　（「ある」と答えた場合）いつ、どのような理由により、どのような臨時支出が、いくら出金されましたか。以下にお書きください。また、臨時支出があったことが確認できる資料をこの報告書と共に提出してください。

支出のあった日	臨時支出の種類	支出額（円）	支出があった理由	支出の裏付資料
○・○・○	入所一時金	○円	施設入所	入所契約書、通帳写し
・　・				
・　・				

(6) 前回の報告以降、本人の財産から、本人以外の人（本人の配偶者、親族、後見人自身を含みます。）の利益となるような支出をしたことがありますか。
　　☑ ない　　□ ある
　　（「ある」と答えた場合）誰のために、いくらを、どのような目的で支出しましたか。以下にお書きください。また、これらが確認できる資料をこの報告書と共に提出してください。

　　_____
　　_____

3 あなたご自身について

次の(1)から(3)までについて、該当するものがありますか。
(1) 他の裁判所で成年後見人等を解任されたことがありますか。
　　☑ ない　　□ ある
(2) 裁判所で破産の手続をとったが、まだ免責の許可を受けていないということがありますか。
　　☑ ない　　□ ある
(3) あなた自身や、あなたの配偶者、親又は子が、本人に対して訴訟をしたことがありますか。
　　☑ ない　　□ ある

4 その他

上記報告以外に〇〇（監督機関等）に報告しておきたいことはありますか。
　　□ 特にない　　☑ 以下のとおり
　　依頼者の知人と名乗る者から、依頼者に100万円を貸したとして、返済を求められている。金銭の授受や借用書等の有無は定かではなく、依頼者も記憶がない。今後訴訟等に発展する可能性も否定できない。

※ □がある箇所は、必ずどちらか一方の□をチェック（レ点）するか、又は塗りつぶしてください。
※ 完成したら、〇〇（監督機関等）に提出する前にコピーを取って、次回報告まで大切に保管してください。
※ 報告内容に問題がある、必要な資料が提出されないなどの場合には、詳しい調査のため面談審査を行うことがあります。

ホームロイヤー契約（見守り及び財産管理）は、初回報告後6月ごとに報告書の提出を要します（本章 条項例 第16条1項・5項参照）。

契約の効力が発生していない場合、（別紙）「財産委任事務報告書」は不要です。
報告書の提出後、別途「金銭出納帳」などの追加資料の提出を要請されることがあります。

○ホームロイヤー（見守り及び財産管理）報告書【終了】

ホームロイヤー（見守り及び財産管理）報告書【終了】

平成○年○月○日

1　事件番号　　　　　平成○年（○）○○号
2　受任者　　　　　　○○○○　　㊞
3　依頼者名　　　　　○○○○
4　契約日　　　　　　○年　○月　○日
5　効力発生時期　　　○年　○月　○日
6　報告対象期間　　　○年　○月　○日　〜○年○月○日
7　終了理由　　　　　依頼者の死亡
8　死後事務　□無し
　　　　　　☑有り　☑完了、□未了（完了予定日　　年　月　日）
9　証書類の引継ぎ相手　　相続人○○○○（依頼者の甥）
10　その他特記事項　　死後事務完了後に唯一の相続人（甥）と連絡が取れ、引継ぎを無事行うことができた。
【提出書類】
　　☑通帳のコピー（前回報告以降の履歴と最終残高が記載されたもの）
　　☑引継書
　　□

ホームロイヤー契約（見守り及び財産管理）は、終了後遅滞なく報告書の提出を要します（本章 条項例 第16条1項・6項参照）。

報告書の提出後、別途「金銭出納帳」などの追加資料の提出を要請されることがあります。

○収支計算書

```
                収支計算書（平成○年○月）

1  収  入
```

番号	区分、内容	金額（円）	備 考
1	年　金	200,000	

A　合　計　　200,000　円

```
2  支  出
```

番号	区分、内容	金額（円）	備 考
1	生活費（食費等）	100,000	
2	水道光熱費	30,000	
3	税金（固定資産税ほか）	20,000	
4	保険料（健康保険、介護保険）	16,000	

B　合　計　　166,000　円

A　－　B　＝　　34,000　円

中間の報告書（本章 条項例 第16条1項・2項・5項）の添付書類として提出する書類です。収入・支出共に直近2か月分の平均値を記載します。

○個別同意事項に関する届出書

個別同意事項に関する届出書【☑事前・☐事後】

平成○年○月○日

1　事件番号　○年（○）○○号
2　受任者名　○○○○　㊞
3　依頼者名　○○○○

4　要保護状態の有無　　　　　　☑有
　※　依頼者が要保護状態ではない場合は、本書面による届出は不要です。個別同意事項に該当する行為を行うに当たり、事前に依頼者の同意を得てください。
5　同意を求める個別同意事項
　依頼者○○○○が借主として契約している自宅マンションの賃貸借契約の解除。
6　個別同意事項に該当する行為を行う理由（必要性・相当性等）
　※　必要性・相当性の根拠資料を添付してください。
　依頼者○○○○が○○に所在する特別養護老人ホーム○○に入所し、安定的な住居を確保することができた一方、同人は要介護4であり、同居親族もいないことから、自宅へ帰宅できる見込みが事実上ないため。
7　届出が事後になったことについてのやむを得ない事由（事前の届出の場合は記載不要）

【提出書類】
☑賃貸借契約書
☑施設利用契約書

※　依頼者が要保護状態にある場合、別紙「同意を要する旨の特約目録」記載の行為を行うためには、原則として、事前（7日前まで）に（やむを得ない事由のある時は事後に）○○（監督機関等）への届出を行うことが必要となります。
※　依頼者が要保護状態にある場合に、別紙「同意を要する旨の特約目録」記載の行為を行った場合は、本書面による届出とは別に、○○（監督機関等）への速やかな結果報告が必要となります。
※　依頼者が要保護状態にない場合は、○○（監督機関等）への届出・結果報告は必要ありません。

　本章 条項例 第11条2項は、要保護状態にある委任者の保護のため設けられた規定であり、原則として事前の届出を必要とします。緊急時には事後報告とすることもできますが、届出が事後になったことについてのやむを得ない事由を記載する必要があります。

○個別同意事項に関する結果報告書

個別同意事項に関する結果報告書

平成○年○月○日

(依頼者)　○○○○　殿
(監督機関等)　○○　御中（殿）

1　事件番号　○年（○）○○号
2　受任者名　○○○○
3　依頼者名　○○○○

　ホームロイヤー契約（見守り及び財産管理）第16条第3項に基づき下記の報告を行う。

記

1　個別同意事項（別紙「同意を要する旨の特約目録」記載の行為）のうち、(依頼者)所有の不動産の売却について
2　結果の報告
　(1)　個別同意事項履行日（着手日）　　平成○年○月○日
　(2)　個別同意事項完了日（終了日）　　平成○年○月○日
　(3)　履行した個別同意事項の内容
　　　　当該不動産につき、不動産会社に仲介してもらい、高値の買手を探した。
　(4)　履行した個別同意事項の結果　　　　　　　　　※添付資料参照
　　　　上記の買手との売買契約を成立させて、売買代金（○○○○円）を受領した。仲介手数料等を控除した金額を平成○年○月○日に依頼者の預金口座に振り込んだ。所有権移転登記も平成○年○月○日に完了した。
　(5)　その他特記事項
　　　　特になし。
3　報告者
　住　所　東京都○区○町○丁目○番○号
　氏　名　○　○　○　○　㊞

以　上

　受任者が個別同意事項（本章 条項例 第11条）に記載された行為をする場合は、原則として事前に依頼者の同意を得ること（要保護状態にある場合には監督機関等に対する届出）が必要ですが、当該行為を行ったときは、本章 条項例 第16条3項に基づき、速やかに本書面を依頼者（要保護状態にある場合には監督機関等）に提出し、その結果を報告する必要があります。

○ホームロイヤー契約（見守り及び財産管理）の変更契約書・報告書

ホームロイヤー契約（見守り及び財産管理）の変更契約書

平成○年○月○日

事件番号　　　平成○年（○）○○号

甲（依頼者）　　○　○　　○　○　　㊞

乙（受任者）　　○　○　　○　○　　㊞

　甲と乙とは、契約締結日平成○年○月○日、契約の効力発生日平成○年○月○日のホームロイヤー契約（見守り及び財産管理）第25条第1項に基づき、同契約の第8条を次のとおりに変更する。
　本契約の証として、本書面2通を作成し、甲乙両名が署名捺印し、各自1通ずつ保有する。

　　変更前　　第8条第1項第1号　　1か月に1回の安否状況の確認
　　変更後　　第8条第1項第1号　　1か月に2回の安否状況の確認

変更契約報告書

平成○年○月○日

○○（監督機関等）　御中（殿）

○○○○　　㊞

　前記のとおり、ホームロイヤー契約（見守り及び財産管理）の変更契約を締結しましたので、同契約第25条第2項に基づきご報告します。

以　上

　本章 条項例 第25条1項は、報酬規定以外について、契約内容の変更は、書面によらなければ効力が発生しないこととし、また同条2項は、かかる変更契約についての報告義務を課しているところ、変更契約書と変更契約の報告書を一体とすることで、契約書の変更と報告を1通で行えるようにしたものです。もっとも、変更契約と変更契約の報告書を同一の書式で行う必要は必ずしもないことから、適宜の方式をとることは

妨げられません。なお、報酬の変更については、**本章 条項例** 第15条4項・5項により、同様の規律となっていますので、報酬を変更する場合も本書面を適宜修正して利用すればよいでしょう。

○解除に関する事前届出書

解除に関する事前届出書

平成○年○月○日

○○（監督機関等）　御中（殿）

受任者　○○○○　㊞

1　事件番号　平成○年（○）○○号
2　受任者　　　　○○○○
3　依頼者名　　　○○○○
4　契　約　日　　　　　平成○年○月○日
5　効力発生日　　　　　平成○年○月○日
6　受任者からの解除予定日　平成○年○月○日
7　ホームロイヤー契約（見守り及び財産管理）第19条第1項の事由
　（やむを得ない事由について、具体的に記載してください。）
　　受任者○○○○が家族の転勤にともなって○○県弁護士会に登録替えすることになり、○○県内の有料老人ホームに入居している依頼者へ定期的な訪問をすることが困難になったため。
8　ホームロイヤー契約（見守り及び財産管理）第19条第2項の事由
　（即時解除の場合、予告期間を置くことを不相当とする事由を具体的に記載してください。）
　　受任者○○○○が、疾病のため長期間の入院が必要となり、回復には相当の日数が必要となるため。
9　その他特記事項
　　依頼者は、後任候補者のあっせんを希望している。

【提出書類】
　□　診断書

本章 条項例 第19条4項に基づく事前届出書の書式ですが、7と8は適宜書き分けてください。

○解除通知書

解除通知書

○○○○　殿

　当職は、貴殿との間で締結した平成○年○月○日付けホームロイヤー契約（見守り及び財産管理）（以下「本契約」といいます。）について、本契約書第19条第3項に基づき、平成○年○月○日をもって、本契約を解除しますので、その旨を通知いたします。

＜解除の具体的理由＞
　貴殿は、本契約書第15条第2項ただし書に定める報酬合計○万円の支払を遅滞し、平成○年○月○日付内容証明郵便により相当の期間を定めて催告したにもかかわらず、同費用の支払がなされなかったため。

平成○年○月○日

　　　　　　　　　　　住　所　東京都○区○町○丁目○番○号

　　　　　　　　　　　氏　名　○○○○　　㊞

解除通知書の書式です。本書式は、催告と解除通知書を別の書面で行っていますが、同一の書面で行うことも妨げられません。

なお、＜解除の具体的理由＞の部分について、やむを得ない事情を記載すれば本章 条項例 第19条1項の解除に、乙の疾病その他予告期間を置くことを不相当とする事由を記載すれば同条2項の即時解除になります。同条1項の解除には、2か月前の書面での予告が必要なのでご留意ください。本書式では、債務不履行が記載されているので、同条3項の解除になっています。

○合意解約書

合意解約書

　甲と乙は、甲乙間の平成○年○月○日付け「ホームロイヤー契約（見守り及び財産管理）」（以下「原契約」という。）の終了について、以下のとおり合意した。

第1条（合意解約）
　　甲と乙は、原契約を
　　　□本日
　　　☑平成○年○月○日をもって
　　合意解約する。
第2条（清算条項）
　　　甲と乙は、本契約に関し、本解約書及び原契約書に記載のあるもののほか、甲乙間に何らの債権債務がないことを相互に確認する。
第3条（預託物等の返還）
　　　乙は、甲に対し、別紙に記載する預託物等を返還した。

　本合意の成立の証として、本書2通を作成し、甲乙各1通を保有する。

　平成○年○月○日

　　　　　　　　　　　　　　　　　　　甲　○　○　○　○　㊞

　　　　　　　　　　　　　　　　　　　乙　○　○　○　○　㊞

　ホームロイヤー契約（見守り及び財産管理）を、一方的な解除通知等ではなく、当事者間の合意により終了させたいという場合があり得ますが、その場合は、合意解約書を締結する必要があります。また、ホームロイヤー契約（見守り及び財産管理）の場合は、財産管理業務に伴って様々な物（通帳、印鑑、各種公的書類など）や現金などの預託を受けていることが多いでしょうから、預託物等の返還には特に留意し、本書面の別紙に返還する預託物等を具体的に明記する方法などによって、事後の紛争を防止する措置をとっておく必要性が高いと考えられます。なお、合意解約書を作成してから、預託物等の返還を予定している場合には、第1条を「解約することに合意した」とし、預託物等の返還時に別途、その旨を確認する確認書を作成する必要があるでしょう。

○金銭出納帳

金銭出納帳
（ホームロイヤー契約（見守り及び財産管理））

作成日○年○月○日
受任者（登録番号）○○○○　（○○○○○○）　㊞
依頼者名（事件番号）○○○○　（○年（○）○○号）

日付（年月日）	収　入	支　出	残　高	備考（使途等）
○年○月○日	50,000		50,000	依頼者預金口座からの払戻し
○年○月○日		15,000	35,000	固定資産税の支払
○年○月○日		5,000	30,000	診療費の支払

　ホームロイヤー契約（見守り及び財産管理）に基づき財産管理業務を行う中で、日々の現金取引の収支、残高及び使途等を記録する書面です。本書面については、契約上、依頼者や監督機関等への定期的な提出が義務付けられているものではありませんが、受任者には委任事務の処理の状況を報告する義務がありますし（民645）、依頼者の資産状況を正確に把握するという観点からも、領収書等の保管と併せて、本書面を作成しておくべきでしょう。

第4章

ホームロイヤー契約（任意後見）

〔基本契約書〕

1　任意後見契約

　任意後見契約とは、本人が、判断能力に問題がない段階において、委任者として、受任者との間で、精神上の障がいにより本人の事理を弁識する能力が不十分な状況になった場合における本人の生活、療養看護及び財産管理に関する事務を委託し、その委託に係る事務について代理権を付与する委任契約であり、実際に判断能力が不十分になった時に家庭裁判所に任意後見監督人の選任を申し立て、裁判所から任意後見監督人が選任されたときに、当該委任契約が発効するという契約のことをいいます（任意後見2一）。

2　他の財産管理に関する契約や法定後見制度との相違点

　任意後見契約の他に、同じく本人の財産管理等を目的とする契約・制度として、①財産管理契約と②法定後見制度があります。

　いずれも、本人の財産管理を第三者が行い、本人の保護を図る契約・制度であるという点で共通しますが、以下のような点で相違があるとされています。

　（1）　財産管理契約と任意後見契約

　財産管理契約は、判断能力が十分な本人が、第三者に自己の財産の管理を委託するという民法上の委任契約であり、本人の意思に基づいて、その人の財産管理が第三者によって行われるという点に特徴があるものです。この場合、第三者がきちんと財産管理を行っているかどうかは、基本的には、本人が第三者から報告を受けることでチェックを行うことになります。

　財産管理契約の場合、本人の判断能力が十分であれば、本人の第三者に対するチェックが有効に働くことが期待できますが、他方、財産管理契約締結後の時間の経過により、本人の判断能力が低下し、これが不十分となった後は、財産管理を行う第三者を監督する者が実際上不存在となり、その結果、適切な財産管理が行われなくなるというリスクがあります。

　一方、任意後見契約は、本人の判断能力が低下した後の財産管理について、家庭裁判所から選任された任意後見監督人が第三者（任意後見人）を監督する仕組みとすることで、本人の判断能力低下後の財産管理が適切に行われることを実現することを目的としています。

　このようなことから、財産管理契約は、任意後見契約と組み合わせて、本人の判断能力に問題がない段階で財産管理契約と任意後見契約を両方締結しておき、本人の判

断能力に問題がない段階では財産管理契約に基づき財産管理を行い、本人の判断能力が低下した後は任意後見契約を発効させて任意後見に移行するというように利用されることもあります（いわゆる「移行型」の任意後見契約。本章◆ホームロイヤー契約書（見守り・財産管理及び任意後見）《移行型》（アウトライン）参照）。

　財産管理契約は、本人の意思に基づき信頼できる第三者に自己の財産管理を委託できる制度ですが、本人の判断能力が低下した後はチェック体制が不十分であることが指摘されているため、その点を補う制度として、裁判所が選任した任意後見監督人が第三者（任意後見人）を監督する任意後見制度が存在するということになります。

(2)　法定後見制度と任意後見契約

　(ア)　法定後見制度と任意後見契約の相違点

　法定後見制度（成年後見、保佐、補助の各制度）も、第三者が、判断能力が不十分な本人の財産を管理することで、本人の保護を図る制度であり、第三者に対して公的な監督が及んでいるという点でも、任意後見制度と共通する面があります。

　もっとも、法定後見制度は、本人や一定の親族など関係者からの申立てに基づき、法定の要件を満たした場合に家庭裁判所の審判により開始することとされています。家庭裁判所の審判により初めて開始するとされているのは、法定後見制度が利用されるのが、本人の判断能力が低下した後であるためであり、この点は、本人の意思に基づき締結し、発効することとされる任意後見契約とは大きく異なっているといえます。

　また、任意後見契約であれば、本人が財産管理を行う第三者（任意後見人）を選ぶことができますが、法定後見制度の場合は、最終的に後見人等を選任するのは裁判所の判断であり、必ずしも本人の希望どおりの者が後見人等に選任されるとは限りません。この点も、法定後見制度と任意後見契約との違いといえるでしょう。

　法定後見制度では、その類型に応じて、本人のした法律行為についての取消権が認められているか、あるいは認められることがありますが、任意後見では取消権は認められていません。また、法定後見制度、任意後見契約いずれも後見人等に代理権が認められているか、あるいは認められることがありますが、代理権の範囲は各類型、各事案ごとに異なる可能性があります。これらの点も、法定後見制度と任意後見契約の違いといえます。

　欠格条項についても差異があります。法定後見制度（成年後見・保佐）においては、例えば会社の取締役に関して定めた会社法331条1項2号など、後見等が開始されることによって資格を喪失する定めがあることがありますが、任意後見契約では、そのような条項は存在しません。

　(イ)　任意後見と法定後見の優劣関係

　任意後見契約と法定後見制度のどちらが優先するかという問題があります。

任意後見契約が公正証書により作成され、任意後見登記もされている場合には、任意後見契約が優先され、原則として法定後見の開始の審判を行うことはできませんが（法定後見の申立ては原則として却下されます。）、例外的に、「本人の利益のため特に必要があると認めるときに限り」、法定後見の開始の審判をすることができるとされています（任意後見10①）。

「本人の利益のため特に必要があると認めるとき」とは、任意後見人の代理権の範囲を拡張する必要が生じたが委任者が意思能力を喪失し契約の締結ができない場合や、同意権や取消権を行使しなければ適切な保護を図ることができない場合、任意後見人の報酬が不相当に高額であるのに任意後見人が変更に応じない場合などとされています（赤沼康弘ほか編『Ｑ＆Ａ 成年後見実務全書 第4巻』1530頁（民事法研究会、2016））。

任意後見監督人が選任された後に、法定後見が開始したときは、任意後見契約は終了することになります（任意後見10③）。他方、任意後見監督人が選任される前に法定後見が開始したときは、任意後見契約は当然には終了しません。

法定後見開始後に任意後見監督人の選任申立てがなされた場合、原則として任意後見人が選任され、家庭裁判所は職権で後見開始の審判等を取り消します（任意後見4②）。法定後見を継続することが本人の利益のため特に必要であると認められるときは、任意後見監督人は選任されず（任意後見4①二）、法定後見が継続することになります。

3　任意後見契約の特徴

任意後見契約では、本人の判断能力に問題がない任意後見契約の締結段階と、本人の判断能力が低下した発効段階とに分けて理解をすることが有益です。

(1) 契約締結段階

契約締結に公証人が関与することとされており、任意後見契約は必ず公正証書によってなされなければならないとされています（任意後見3）。公証人が関与することにより、本人の真意に基づいた適正な契約が締結されること等が期待されています。

また、公証人の嘱託により任意後見契約の登記が行われることになります。

(2) 契約発効段階

任意後見契約は、任意後見監督人が選任された時から効力が生じることになりますが、任意後見監督人が選任される要件は、①任意後見契約が登記されている場合において、②精神上の障害により本人の事理を弁識する能力が不十分な状況にあるときに、③本人、配偶者、四親等内の親族又は任意後見受任者の請求があること（以上につき任意後見4①）、④本人以外の者の請求により任意後見監督人を選任する場合は、本人がその意思を表示することができないときを除き、あらかじめ本人の同意があること（任

意後見4③）です。

②に関して、家庭裁判所は、本人の精神の状況につき医師その他適当な者の意見を聴かなければ、任意後見契約の効力を発生させるための任意後見監督人の選任の審判をすることができないとされています（家事219）。実務上は、本人の判断能力の低下について、家庭裁判所が医師の診断書に基づいて任意後見監督人を選任するという形で、本人の状態に応じた適切な制度運用がなされるよう図られています。

任意後見監督人選任申立ての書式については、**本章〔関係文書〕〇任意後見監督人選任申立書**を参照してください。

(3) 申立てのタイミング

任意後見監督人選任の申立ては、本人もすることができますが、任意後見受任者（任意後見監督人が選任される前における任意後見契約の受任者のこと）（任意後見2三）が行う場合が多いと思われます。

もっとも、任意後見監督人選任の申立てには原則として本人の同意が必要とされているため、本人の同意が得られない限り、申立てができないということがあり得ます。本人の判断能力が不十分になっているにもかかわらず、任意後見契約が発効しないということは、本人の財産管理について誰の監督も受けられていないということですので、本人にとって危険な状況にあるということを意味します。したがって、任意後見受任者としては、どうしても本人の同意が得られない場合には、法定後見の申立てをせざるを得ない場合もあるでしょう。

4 任意後見契約の諸形態（将来型、移行型、即効型）

任意後見契約には、将来型、移行型、即効型の3類型があるとされています。

(1) 将来型

将来型は、契約締結時には任意後見受任者において何らかの事務が発生することはなく、将来本人の判断能力が低下した時点で、任意後見受任者が任意後見監督人の監督の下に任意後見契約に基づき事務を開始する形態です。任意後見契約の諸形態のうち最も基本的なものといえます。

将来型は、任意後見契約締結の後、実際に任意後見人の財産管理が開始するまでの間にかなりの期間が存在することがあり、その間、本人と任意後見人との間の信頼関係をいかに維持するかが問題となります。

(2) 移行型

移行型は、財産管理契約を締結して、任意後見契約発効前から受任者が財産管理を行い、本人の判断能力が低下した後に任意後見契約を発効させて任意後見人が財産管

理を行うとするものです。移行型は、将来型の問題として指摘されている任意後見契約締結後、発効までの間隙を埋めるものとして有益なものとされています。

(3) 即効型

即効型は、任意後見契約の締結後、直ちに任意後見契約を発効させるものです。

即効型は、任意後見契約締結時の本人の判断能力が必ずしも十分でないことから、本人の真意がきちんと任意後見契約に反映されない場合があり、任意後見事務が円滑に遂行できないという例があるようです。

以下では、将来型及び移行型の契約書を掲げますが、**本章 条項例** の解説は将来型を基に行い、適宜即効型についても触れています。

なお、移行型の任意後見契約書は、任意後見契約と、任意後見契約発効までの財産管理契約部分とからなります。条項の解説内容については、**第３章・本章 条項例** の解説をご参照ください。

◆ホームロイヤー契約書（任意後見）《将来型》（アウトライン）

任意後見契約公正証書

本公証人は、委任者〇〇〇〇（以下「甲」という。）及び受任者〇〇〇〇（以下「乙」という。）の嘱託により、次の法律行為に関する陳述の趣旨を録取し、この公正証書を作成する。

第１条（委任契約）
第２条（発効時期）
第３条（任意後見監督人の選任）
第４条（事務処理の基準）
第５条（身上配慮事務）
第６条（対象財産）
第７条（事務の範囲）
第８条（個別同意事項）
第９条（ライフプランノートの作成）
第10条（証書類・実印等の保管及び使用）
第11条（費用負担）
第12条（報　酬）

第13条（報　　告）
第14条（当然終了）
第15条（契約の解除）
第16条（証書類の返還）
第17条（契約終了時の義務）
第18条（甲死亡時の特約事項）
第19条（共同受任の場合の特則）
第20条（守秘義務）
第21条（監督機関への報告）

　　　　　　　　　　　本旨外要件

　　　　　　　　　本　　籍　東京都○区○町○丁目○番○号
　　　　　　　　　住　　所　東京都○区○町○丁目○番○号
　　　　　　　　　職　　業　○○
　　　　　　　　　委任者（甲）　○　○　○　○
　　　　　　　　　本　　籍　東京都○区○町○丁目○番○号
　　　　　　　　　住　　所　東京都○区○町○丁目○番○号
　　　　　　　　　職　　業　○○
　　　　　　　　　受任者（乙）　○　○　○　○

　　　　　　　　　　　　　　　　　　　　（以下、省略）

◆ホームロイヤー契約書（見守り・財産管理及び任意後見）《移行型》（アウトライン）

委任契約及び任意後見契約公正証書

　本公証人は、委任者○○○○（以下「甲」という。）及び受任者○○○○（以下「乙」という。）の嘱託により、次の法律行為に関する陳述の趣旨を録取し、この公正証書を作成する。

第4章　ホームロイヤー契約（任意後見）

第1　ホームロイヤー契約（見守り及び財産管理）
　第1条（契約の目的）
　第2条（委任契約）
　第3条（発効時期）
　第4条（効力の持続）
　第5条（要保護状態）
　第6条（事務処理の基準）
　第7条（身上配慮義務）
　第8条（見守り等）
　第9条（対象財産）
　第10条（事務の範囲）
　第11条（個別同意事項）
　第12条（ライフプランノートの作成）
　第13条（証書類・実印等の保管及び使用）
　第14条（費用負担）
　第15条（報　酬）
　第16条（報　告）
　第17条（当然終了）
　第18条（委任者からの解除）
　第19条（受任者からの解除）
　第20条（証書類の返還）
　第21条（甲死亡時の特約事項）
　第22条（共同受任の場合の特則）
　第23条（守秘義務）
　第24条（個人情報の利用）
　第25条（変更契約）
　第26条（苦情の申立て）
　第27条（後任者のあっせん）
　第28条（成年後見制度への移行）
　第29条（特　約）

第2　ホームロイヤー契約（任意後見）
　第1条（委任契約）
　第2条（発効時期）
　第3条（任意後見監督人の選任）
　第4条（事務処理の基準）

第5条（身上配慮事務）
第6条（対象財産）
第7条（事務の範囲）
第8条（個別同意事項）
第9条（ライフプランノートの作成）
第10条（証書類・実印等の引渡し及び使用）
第11条（費用負担）
第12条（報　酬）
第13条（報　告）
第14条（当然終了）
第15条（契約の解除）
第16条（証書類の返還）
第17条（契約終了時の義務）
第18条（甲死亡時の特約事項）
第19条（共同受任の場合の特則）
第20条（守秘義務）
第21条（監督機関への報告）

本旨外要件

　　　　　　　　　　　　　　　本　籍　東京都○区○町○丁目○番○号
　　　　　　　　　　　　　　　住　所　東京都○区○町○丁目○番○号
　　　　　　　　　　　　　　　職　業　○○
　　　　　　　　　　　　　　　委任者（甲）　○　○　○　○
　　　　　　　　　　　　　　　本　籍　東京都○区○町○丁目○番○号
　　　　　　　　　　　　　　　住　所　東京都○区○町○丁目○番○号
　　　　　　　　　　　　　　　職　業　○○
　　　　　　　　　　　　　　　受任者（乙）　○　○　○　○

　　　　　　　　　　　　　　　　　　　　　　（以下、省略）

第4章 ホームロイヤー契約（任意後見）

条項例

第1条（委任契約）

> 甲は、乙に対し、任意後見契約に関する法律に基づき、精神上の障害により判断能力が不十分な状況における甲の生活、療養看護及び財産管理に関する事務（以下「後見事務」という。）を委任し、乙はこれを受任する。

任意後見契約とは、「委任者が、受任者に対し、精神上の障害により事理を弁識する能力が不十分な状況における自己の生活、療養看護及び財産の管理に関する事務の全部又は一部を委託し、その委託に係る事務について代理権を付与する委任契約であって、第4条第1項の規定により任意後見監督人が選任された時からその効力を生ずる旨の定めのあるもの」をいいます（任意後見2一）。

「事理を弁識する能力が不十分な状況」とは、委任者が法定後見の3類型（成年後見、保佐、補助）のいずれかに該当するに至った状況をいい、少なくとも補助開始の要件（民15①）に該当することが必要とされます。

【予備的受任者の定めに関する条項を追加する場合（第1条～第3条関係）】

受任者（乙）が任意後見人として職務を執行することが困難又は不可能となった場合などのために、予備的受任者（丙）を定めておく場合の規定です。

> 第1条（委任契約）
> 　甲は、乙及び丙に対し、任意後見契約に関する法律に基づき、精神上の障害により判断能力が不十分な状況における甲の生活、療養看護及び財産管理に関する事務（以下「後見事務」という。）を委任し、乙及び丙はこれを受任する。
> 第2条（発効時期等）
> 1　前条の任意後見契約のうち、甲乙間の契約は、同契約につき任意後見監督人が選任された時から、その効力を生じる。
> 2　前条の任意後見契約のうち、甲丙間の契約は、同契約につき任意後見監督人が選任された時から、その効力を生じる。
> 第3条（任意後見監督人の選任）
> 1　本任意後見契約締結後、甲が精神上の障害により判断能力が不十分な状況になり、本任意後見契約による後見事務を行うことが相当となったときは、乙は、家庭裁判所に対し、甲乙間の契約につき任意後見監督人選任の申立てをしなければならない。

> 2 次の場合、丙は、家庭裁判所に対し、甲丙間の契約につき任意後見監督人選任の申立てをしなければならない。
> (1) 甲乙間の契約につき任意後見監督人が選任される前において、前項の状況となり本任意後見契約による後見事務を行うことが相当となったにもかかわらず乙が前項の申立てをしない場合、又は死亡、病気等により乙が任意後見人としての職務を遂行することが不可能若しくは困難である場合
> (2) 甲乙間の契約につき任意後見監督人が選任された後において、死亡、病気等により乙が任意後見人としての職務を遂行することが不可能又は困難となった場合
> 3 前二項により任意後見監督人選任の申立てをしたときは、申立てをした者は、甲に対し、直ちにその旨を通知するものとする。

　同一公正証書で、第1順位の受任者を乙とし、第2順位の受任者を丙とするなど、受任者に順位づけをすることはできないと理解されています。そのため、丙を予備的な受任者として定めるには、乙と丙を同順位の受任者とする任意後見契約を締結した上で（この場合、1通の公正証書で契約することができます。）、各受任者との特約として、任意後見監督人選任の申立てについて順序づけておくしかありません（このような特約は登記されず、また、家庭裁判所もこのような特約に拘束されないとされていますので、注意が必要です。）。

　なお、「乙が任意後見人としての職務を遂行することが不可能」な場合には、契約終了や解任により乙が任意後見人（任意後見受任者）の地位を失った場合、乙が選任申立てをしたが任意後見契約に関する法律4条1項3号に該当し任意後見監督人が選任されなかった場合を含みます。

第2条（発効時期）

> 本任意後見契約は、任意後見監督人が選任された時から、その効力を生じる。

　任意後見契約に関する法律4条は、「任意後見契約が登記されている場合において、精神上の障害により本人の事理を弁識する能力が不十分な状況にあるときは、家庭裁判所は、本人、配偶者、四親等内の親族又は任意後見受任者の請求により、任意後見監督人を選任する。」と定め、任意後見契約に関する法律2条1号は、任意後見契約について「任意後見監督人が選任された時からその効力を生ずる」としており、任意後見監督人の選任を任意後見契約の効力発生要件としています。本条項を欠くと、任意後見契

約とは認められません。

第3条（任意後見監督人の選任）

> 1　本任意後見契約締結後、甲が精神上の障害により判断能力が不十分な状況になり、本任意後見契約による後見事務を行うことが相当となったときは、乙は、家庭裁判所に対し、本任意後見契約に基づいて任意後見監督人選任の申立てをしなければならない。
> 2　乙が、前項の任意後見監督人選任の申立てをしたときは、甲に対し、直ちにその旨を通知するものとする。

　第2条の解説で述べたとおり、任意後見契約に関する法律4条は、任意後見監督人の選任申立権者を「本人、配偶者、四親等内の親族又は任意後見受任者」と定めていますが、委任者の判断能力が低下し、後見事務を行うことが相当となったときに、受任者が責任を持って任意後見契約を発効させるよう、受任者による任意後見監督人の選任申立義務を定めた規定を置くことが適当と考えられます（本条項例1項）。

　委任者である本人が、監督人選任の申立てがなされたことを認識できるよう、受任者の委任者に対する通知義務を明記しています（本条項例2項）。

【即効型の場合】

> 乙は、本契約に基づく任意後見契約締結の登記完了後直ちに〔○日以内に〕、家庭裁判所に対し、任意後見監督人の選任の申立てをする。

　任意後見契約締結直後に契約の効力を発生させる必要がある場合（早急に任意後見人の保護を受ける必要がある場合など。いわゆる「即効型」。）には、受任者による速やかな任意後見監督人の選任申立義務を定めることがあります。

　契約締結時点において、既に、軽度の認知症、知的障害や精神障害等により、「判断能力が不十分な状況」にある者であっても、契約締結時に意思能力があるときは任意後見契約を締結することができることから、このような「即効型」の任意後見契約も用いられていますが、契約締結時の本人の判断能力が不十分であるため、後々、本人の真意に基づいて契約が締結されたのか等について疑義が生じる可能性があり、特別な必要性がある場合を除いては避ける方が無難であると考えられます。

【既に他のホームロイヤー契約を締結している場合】

> 3　任意後見監督人が選任されたときは、甲乙間の平成〇年〇月〇日付「ホームロイヤー契約書（見守り及び財産管理）」（又は平成〇年〇月〇日付「ホームロイヤー契約書（見守り）」）に係る委任契約は、当然に終了する。

　任意後見契約の締結に先立ち、見守りや財産管理に関するホームロイヤー契約を締結している場合、当該各契約が終了したことを明確にするため、このような条項を置くことがあります。

【任意後見監督人候補者の希望について触れる場合】

> 3　甲は、第1項の任意後見監督人候補者として、〇〇〇〇を指定する。

　任意後見監督人は家庭裁判所が選任するため、任意後見契約で候補者を指定したからといって、当然に当該候補者が任意後見監督人に選任されるわけではありません。

　もっとも、家庭裁判所は任意後見監督人を選任する際に、委任者本人の意見を諸事情の一つとして考慮することになっているため（任意後見7④、民843④）、任意後見契約で委任者本人の希望を記載しておくことは一定程度意味があるといえるでしょう。

　ただし、家庭裁判所は利害関係のない公正な第三者専門職を任意後見監督人に選任する傾向にあるため、任意後見契約で候補者を指定した場合、かえって、当該候補者が選任から除外される可能性もあり得ますので、注意が必要です。

第4条（事務処理の基準）

> 　乙は、本契約に定めるもののほか、甲の意思、法令及び〇〇（監督機関等）の諸規則に従い、善良な管理者の注意を以て後見事務の処理を行う。

　任意後見契約は、民法上の委任契約に該当するため（任意後見2一）、受任者は委任者に対し、善管注意義務を負います（民656・644）。また、任意後見契約に関する法律6条は、「任意後見人は、第2条第1号に規定する委託に係る事務（以下「任意後見人の事務」という。）を行うに当たっては、本人の意思を尊重（中略）しなければならない。」

と定めています。これらの法規定を前提として、本条項では、受任者が従うべき行為規範（本契約の定め、委任者本人の意思、法令、監督機関の規則）を明確にしています。

なお、**第9条**のライフプランノートを作成した場合には、同条2項も「本契約の定め」ですから、ライフプランノートの内容に沿って委任事務を遂行するよう努める義務が生じます。

第5条（身上配慮事務）

> 1　乙は、第7条の後見事務を行うほか、最低○か月に○回、甲と面接し、その状況や意向等を確認する。
> 2　乙は、後見事務を処理するに当たっては、第4条及び前項に従い、かつ甲の身上に配慮するものとし、その事務処理のため、適宜甲と面接し、ヘルパーその他日常生活援助者から甲の生活状況につき報告を求め、主治医その他の医療関係者から甲の心身の状態につき説明を受けるなどして、甲の生活状況及び健康状態の把握に努める。

任意後見契約に関する法律6条は、「任意後見人は、第2条第1号に規定する委託に係る事務（以下「任意後見人の事務」という。）を行うに当たっては、（中略）その心身の状態及び生活の状況に配慮しなければならない。」と定めています。本条項は、この身上配慮義務の具体的内容を明確にしたものです。

第6条（対象財産）

> 1　乙が本任意後見契約に基づいて後見事務を行う財産（以下「本件管理財産」という。）は、別紙「財産目録」記載の財産及びその果実とする。
> 2　任意後見監督人が選任された以降に、相続、贈与、遺贈、その他の事由により甲の財産が増加したときは、甲は、それらを本件管理財産とすることに、あらかじめ同意する。
> 3　前項により本件管理財産の対象となった財産のうち、乙が確知し得ないものについては、乙は後見事務の責を負わない。

本条項例1項において、別紙に明記された財産のみならず、当該財産から生み出される果実（賃料等）についても管理の対象となることを定めています。

本条項例2項において、任意後見契約発効後に増加した財産についても管理財産と

することにつき、あらかじめ同意をとっておくと、包括的な管理が可能となり、スムーズです。

本条項例3項において、受任者が了知できない財産について、受任者が管理の不備の責任を追及されることを防ぐための定めを置いています。

第7条（事務の範囲）

> 甲は乙に対し、別紙「代理権目録」記載の後見事務を委任し、その事務処理のための代理権を付与する。

任意後見人が代理すべき事務の範囲は、取引安全確保のため、明確に記載することが必要となります。

後見登記法5条4号は、「任意後見受任者又は任意後見人の代理権の範囲」を登記すべき事項としており、任意後見契約に関する法律第3条の規定による証書の様式に関する省令が規定する同省令附録の様式によって代理権目録を作成すべきこととされています。

なお、委任事務の範囲（代理権目録記載の代理権の範囲）を変更するには、追加部分につき新たな任意後見契約を結ぶか、元の契約を解除した上で改めて任意後見契約を結び直すしかありません。これは、代理権の範囲は登記事項ですが、変更登記の方法がないためです。

また、代理権が消滅した際の局面ではありますが、任意後見契約に関する法律11条が「任意後見人の代理権の消滅は、登記をしなければ、善意の第三者に対抗することができない。」と定めている点にも留意する必要があります。

第8条（個別同意事項）

> 1　乙が、後見事務のうち、別紙「同意を要する旨の特約目録」記載の行為を行うには、事前に任意後見監督人の書面による同意を要する。
> 2　前項の規定にかかわらず、やむを得ない事由があるときには、任意後見監督人の事後の同意を受けることを条件に、乙は、前項の行為を行うことができる。

法定後見（成年後見）の場合、成年後見人が成年後見監督人の同意を要する行為について法定されていますが（民864）、任意後見契約においては契約当事者の合意により、

任意後見監督人その他の第三者の同意を要する行為の範囲を定めることができます。重要な事務については、慎重を期するため、個別に任意後見監督人の同意を要する旨の特約を定めることも考えられます。

　なお、任意後見契約に関する法律第3条の規定による証書の様式に関する省令は、代理行為の一部又は全部につき、本人又は第三者の同意（承認）を必要とする旨の特約が付されているときは、その旨を「同意（承認）を要する旨の特約目録」に記載して添付することを要求しています。

第9条（ライフプランノートの作成）

> 1　甲が希望する場合は、乙は、甲に対する必要かつ適切な支援を可能とすべく、甲から財産関係、身分関係、そのほか甲の生活全般にわたる事情を聴取した上で、それらの情報が記載されたライフプランノートを甲と共に作成することとする。
> 2　乙は、後見事務を遂行するに当たっては、前項のライフプランノートを甲の意思を示すものとして尊重し、その内容に沿って後見事務を遂行するよう努める。

第2章 条項例 第4条の解説を参照してください。

第10条（証書類・実印等の保管及び使用）

> 1　甲は、乙に対し、乙の後見事務に関連して、以下の財産及び書類（以下、まとめて「証書類」という。）の保管を委託することができる。
> ①　預金通帳
> ②　各種キャッシュカード
> ③　クレジットカード
> ④　有価証券及び有価証券預り証
> ⑤　登記済権利証（登記識別情報通知書を含む。）
> ⑥　契約書等の証書類
> ⑦　実　印
> ⑧　銀行印
> ⑨　その他の印鑑類
> ⑩　印鑑登録カード
> ⑪　個人番号通知カード

⑫　個人番号カード
　　⑬　年金関係書類
　　⑭　その他これらに類するもの
２　乙は、後見事務を行うに当たって、前項の証書類の引渡しを受けることが必要であると判断したときは、甲に対しその引渡しを求め、甲はこれに応じるものとする。
３　乙は、前二項により証書類の預託を受けたときは、甲に対し遅滞なく預り証を交付する。
４　甲は、乙が後見事務を処理するため、以下の事項を行うことをあらかじめ承諾し、その権限を付与する。
　　(1)　預託を受けた証書類を使用すること
　　(2)　甲宛ての郵便物その他の通信を受領し、後見事務に関連すると思われるものを開封すること
５　乙は、本任意後見契約の効力発生後、甲以外の者が前記の証書類を占有所持しているときは、その者からこれらの証書類の引渡しを受けて、自らこれを保管することができる。

第３章 条項例 第13条の解説を参照してください。

第11条（費用負担）

１　後見事務処理に要する費用は、甲の負担とする。
２　乙は、前項の費用につき本件管理財産から支払をし、又は償還を受けることができる。
３　任意後見監督人選任の審判に関する費用は、甲の負担とし、乙が立替払いしたときは、乙は、任意後見監督人選任後に、本件管理財産から償還を受けることができる。

本条項例１項及び２項については、第３章 条項例 第14条の解説を参照してください。
本条項例３項について、家事事件手続法28条１項によると、原則として任意後見監督人選任の審判に関する費用は申立人が負担することとなりますが、家事事件手続法28条２項は、例外的にこの費用を本人を含む他の者に負担させることができると定めているため、東京家庭裁判所では、申立手数料等については本人負担として裁判をする運用を行っています。このような運用も踏まえ、本条項例３項は任意後見監督人選任

の審判に関する費用（上記の申立手数料等（審判費用）に限らず、戸籍謄本、診断書等の入手費用を含む趣旨）を委任者の負担とすることを明確にしています。

第12条（報　酬）

1　甲は、乙に対し、調査手数料を次のレ印を付した方法のとおり支払う。
　□a　「ホームロイヤー契約（見守り及び財産管理）」において、支払済みであり、改めて支払をしない。
　□b　金○円（消費税別）を、本任意後見契約の効力発生後に支払うものとし、乙は本件管理財産からその支払を受けることができる。
2　甲は、乙に対し、○○（監督機関等）の報酬細則（以下「報酬細則」という。）に従って、本任意後見契約の効力発生後、後見事務に関する報酬として金○円を、毎月末日までに支払うものとし、乙は本件管理財産からその支払を受けることができる。
3　前項の報酬額が、次の事由により不相当となった場合は、甲乙協議の上これを変更することができる。
　①　後見事務の内容あるいは範囲の変更
　②　甲の健康状態・生活状態、生活環境等の変動
　③　本件管理財産の利用状況の変更
　④　経済情勢の変動
　⑤　その他現在の報酬を不相当とする事情の発生
4　前項の場合において、甲がその意思を表示することができない状況にあるときは、乙は、任意後見監督人との合意により、これを変更することができる。
5　前二項の合意は、公正証書によってしなければならない。
6　乙の後見事務が、不動産等の売却処分、訴訟行為、その他通常の管理事務の範囲を超えた場合は、甲は、毎月の管理報酬とは別に報酬細則に従って、報酬を支払う。

　報酬額の変更も任意後見契約の一部の変更になりますから、公正証書によってする必要があります（本条項例5項）。その他は、第3章 条項例 第15条の解説を参照してください。

第13条（報　告）

1　乙は、甲及び任意後見監督人に対し、本任意後見契約の効力発生後2か月以内に

着手の報告書を、その後6か月ごとに中間の報告書を、終了したときは遅滞なく結果の報告書を提出しなければならない。
　2　前項の報告書には、下記のレ印を付した書類を添付しなければならない。
　　　□a　財産目録　　　　　　□毎回・□（　　　　　　　　　　）
　　　□b　収支計算書　　　　　□毎回・□（　　　　　　　　　　）
　　　□c　残高証明書　　　　　□毎回・□（　　　　　　　　　　）
　　　□d　預貯金通帳の写し　　□毎回・□（　　　　　　　　　　）
　　　□e　登記事項証明書　　　□毎回・□（　　　　　　　　　　）
　　　□f　その他（　　　　　　　　　　　　　　　　　　　　　　）
　　　　　　　　　　　　　　　　□毎回・□（　　　　　　　　　　）
　3　乙が、訴訟その他の法律事務を受任している場合は、訴状、答弁書、準備書面、和解調書、その他重要な書面の写しを添付しなければならない。
　4　甲は、乙に対し、いつでも事務処理の状況について報告を求めることができる。
　5　乙は、本任意後見契約の効力発生後、任意後見監督人の求めがあるときは、いつでも任意後見監督人に対し事務処理の状況について報告しなければならない。

　本条項例1項から4項については、第3章 条項例 第16条の解説を参照してください。
　本条項例5項は、任意後見契約に関する法律7条2項が、「任意後見監督人は、いつでも、任意後見人に対し任意後見人の事務の報告を求め、又は任意後見人の事務若しくは本人の財産の状況を調査することができる。」と定めていることから、任意後見人の任意後見監督人に対する報告義務を注意的に定める条項です。なお、任意後見契約に関する法律7条2項に基づいて任意後見監督人が6か月より短い間隔を定めて中間（定期）の報告を求める場合、任意後見人はこれに応じる必要があります。

第14条（当然終了）

　　　次の各号に該当する事由が生じたときは、本契約は、当然に終了する。
　　（1）　甲が死亡し又は破産手続開始決定を受けたとき
　　（2）　乙が死亡し又は破産手続開始決定を受けたとき
　　（3）　乙が法定後見（成年後見、保佐、補助）開始の審判又は任意後見監督人選任の審判を受けたとき
　　（4）　乙が○○資格（弁護士資格や司法書士資格等）を喪失したとき
　　（5）　乙が○○（監督機関等）から業務停止又は退会命令の処分を受けたとき
　　（6）　乙が任意後見契約に関する法律第8条に基づき、家庭裁判所により任意後見人を解任されたとき

> (7) 任意後見監督人が選任される前に、甲乙間の平成〇年〇月〇日付「ホームロイヤー契約書（見守り及び財産管理）」（若しくは平成〇年〇月〇日付「ホームロイヤー契約書（見守り）」）にかかる委任契約が解除等によって終了したとき

任意後見契約は委任契約であることから、民法上の委任契約の当然終了事由（653一～三）があれば終了するのが原則です。この点を規定するのが本条項例1号から3号です。

なお、任意後見契約に関する法律10条3項は、「第4条第1項の規定により任意後見監督人が選任された後において本人が後見開始の審判等を受けたときは、任意後見契約は終了する。」と定め、任意後見契約発効後に委任者が後見開始の審判等を受けたときに、任意後見契約が当然に終了することを規定しています。

その他については、第2章 条項例 第10条の解説を参照してください。

第15条（契約の解除）

> 1 甲又は乙は、任意後見監督人が選任される前においては、いつでも、公証人の認証を受けた書面によって、本契約を解除することができる。
> 2 甲又は乙は、任意後見監督人が選任された後においては、正当な事由がある場合に限り、家庭裁判所の許可を得て、本契約を解除することができる。

任意後見契約に関する法律9条1項は「第4条第1項の規定により任意後見監督人が選任される前においては、本人又は任意後見受任者は、いつでも、公証人の認証を受けた書面によって、任意後見契約を解除することができる。」と、任意後見契約に関する法律9条2項は「第4条第1項の規定により任意後見監督人が選任された後においては、本人又は任意後見人は、正当な事由がある場合に限り、家庭裁判所の許可を得て、任意後見契約を解除することができる。」と定めているため、本条項例はこれを確認的に規定する条項です。

第16条（証書類の返還）

> 1 本任意後見契約が終了したときは、乙は、すみやかに預り保管中の財産及び証書類を、甲、甲の代理人又は甲の相続人に返還又は引き渡さなければならない。
> 2 本任意後見契約終了時に、乙が甲に対し、立替金請求権、報酬請求権等の債権を有するときは、乙は、その支払があるまで相当な範囲で甲の財産及び証書類を

留置することができる。

第3章 条項例 第20条の解説を参照してください。

第17条（契約終了時の義務）

1　本任意後見契約が終了したときは（乙の死亡及び解任を原因とする場合を除く。）、乙は、本任意後見契約終了についての登記を申請しなければならない。
2　前項の任意後見契約の終了が、本任意後見監督人の選任後である場合は、乙は、任意後見監督人に対し、本任意後見契約が終了したことを報告しなければならない。

本条項例1項は、後見登記法5条8号において「任意後見契約が終了したときは、その事由及び年月日」を登記すべきことが規定され、任意後見人に登記申請をする義務があるため（後見登記8②）、この点を確認的に定めたものです。

本条項例2項は、任意後見人の任意後見監督人に対する報告義務（第13条5項）の一環として、任意後見契約終了の報告義務を定めたものです。

第18条（甲死亡時の特約事項）

1　甲は、乙に対し、甲死亡時における別紙「死後事務目録」記載の事項の事務処理を委託する。ただし、遺言に別の定めがある場合は、遺言によることとする。
2　前項の事務処理に必要な費用は、相続財産の中からこれを支弁することができる。
3　乙は、相続財産の額を考慮し、○○（監督機関等）の報酬細則に基づき、金＿○＿円を、第1項の報酬として、甲の財産の中からあらかじめ受け取ることができる。
4　本条の規定は、第14条第1号の規定にかかわらず、甲が死亡した後もなお効力を有する。

第3章 条項例 第21条の解説を参照してください。

第19条（共同受任の場合の特則）

> 本任意後見契約が、甲と複数の任意後見受任者の間で締結された場合は、別紙「代理権の共同行使の特約目録」の定めに従うものとする。

　複数の任意後見人に対し、重要事項については共同して代理権を行使するよう特約することは可能で（その趣旨は、第３章 条項例 第22条の解説を参照してください。）、そのような特約は代理権の範囲（代理権を一部制限するもの）として登記事項とされています。

　なお、予備的受任者は本条の対象ではないので、その定めをした場合は、本条は削除してください。

第20条（守秘義務）

> 1　乙は、前条までの定めに基づく全ての事務処理に際して知り得た甲の秘密を正当な事由なく第三者に漏らしてはならない。
> 2　前項の規定にかかわらず、甲は、次の各号に定める目的のために、乙が当該各号に定める提出先に、本契約書、委任事務の経過、第９条規定のライフプランノートの記載内容を報告又は提供することについて同意する。
> 　(1)　甲の疾病、遭難その他危急時において、乙が、甲の指定した緊急連絡先へ連絡を行う目的　当該連絡先
> 　(2)　後見事務を適切に行う目的　甲にかかわる福祉、医療、行政関係者

第２章 条項例 第12条及び第３章 条項例 第24条の解説を参照してください。

第21条（監督機関への報告）

> 甲は、前条第１項の規定にかかわらず、乙がその所属する下記の監督機関に対し、本任意後見契約の締結及び終了に関して報告を行うことを承認する。
> 　　　　　　　　　　　　　記
> 名　称　○○
> 住　所　東京都○区○町○丁目○番○号

第２章 条項例 第12条の解説を参照してください。

〔契約締結時に作成する文書〕
○代理権目録

代理権目録

☐1　甲に帰属する不動産、動産、預貯金、投資信託、株式その他全ての財産の管理・保存及び処分等に関する一切の事項
☐2　金融機関、証券会社、保険会社との取引に関する一切の事項（貸金庫取引を含む。）
☐3　定期的な収入の受領、定期的な支出を要する費用の支払及びこれらの手続に関する一切の事項
☐4　生活に必要な費用の送金、金員の受領、物品の購入、代金の支払に関する一切の事項
☐5（1）　医療契約、介護契約その他福祉サービス利用契約に関する一切の事項
　　（2）　病院入院契約及び福祉関係施設への入所契約に関する一切の事項
　　（3）　要介護認定の申請及び認定に関する承認又は審査請求並びに福祉関係の措置（施設入所措置等を含む。）の申請及び決定に関する一切の事項
☐6　居住用不動産の購入、賃貸借契約及び住居の新築・増改築に関する請負契約の締結又は解約等に関する一切の事項
☐7　登記済権利証（登記識別情報通知も含む。）、印鑑（実印、銀行印等）、印鑑登録カード、各種キャッシュカード、クレジットカード、預貯金通帳、株券その他の有価証券、保険証券、年金関係書類、重要な契約書類（不動産賃貸借契約書等）、個人番号通知カード、個人番号カードその他これに類するものの保管及び事務処理に必要な範囲内の使用に関する一切の事項
☐8　事務処理に関連する登記、登録、供託の申請及び行政機関の発行する各種証明書の交付請求、行政機関に対する申請・届出等の諸手続、不服申立手続並びに税金の申告・納付に関する一切の事項
☐9　遺産分割の協議、遺留分減殺請求、相続放棄、限定承認に関する事項
☐10　以上の各事項に関して生じる紛争の処理に関する一切の事項（民事訴訟法第55条第2項の特別授権事項を含む。訴訟行為を弁護士に委任（家事事件手続法の手続代理委任も含む。）し、又は公証人に公正証書の作成を嘱託することを含む。）
☐11　以上の各事項に関する契約の意思無能力による無効、瑕疵ある意思表示の取消し、解除に関する一切の事項
☐12　以上の各事項に関する復代理人の選任、事務代行者の指定
☐13　以上の各事項の処理に必要な費用の支払及び以上の各事項に関連する一切の事項

任意後見契約に関する法律3条は、「任意後見契約は、法務省令で定める様式の公正証書によってしなければならない。」と定めています。

そして、任意後見人の代理権の範囲については、代理権目録を作成することになりますが、任意後見契約に関する法律第3条の規定による証書の様式に関する省令により①附録第1号様式（チェック方式）、又は、②附録第2号様式（代理権を全て記載する方式）があります。

①の附録第1号様式は、網羅的に挙げられた代理権に関する事項から必要な事項をチェックする形式のものですが、項目が多く、かつ内容も難解であるため本人がよく理解して利用することに注意が必要です。

②の附録第2号様式は、当該本人について必要な代理権に関する事項を記載する方法のものであり、本人の意思の反映という任意後見契約の趣旨からすると、こちらの様式を利用する方が望ましいと思われます。

事前準備としてこの目録から必要事項を選択し（レ印を付する）、公正証書作成段階ではチェックされたものだけを目録に記載することになります。

○同意を要する旨の特約目録

（別紙）
同意を要する旨の特約目録

　本任意後見契約第8条により任意後見監督人の同意を要する行為は、以下の□にレ印を付した事項である。

- □　元金○万円以上の定期預金又は投資信託その他の金融資産を解約すること。
- □　借財又は保証をすること。
- □　甲の居住の用に供する建物又はその敷地について、売却、賃貸、賃貸借の解除又は抵当権の設定その他これらに準ずる処分をすること。
- □　不動産その他重要な財産に関する権利の得喪を目的とする行為をすること。
- □　新築、改築、増築又は大修繕をすること。
- □　民法第602条に定める期間を超える賃貸借をすること。
- □　甲の居住場所の変更を伴う事項の決定をすること。
- □　訴訟行為をすること（調停申立て、保全処分申立てをすることも含む。）。
- □　贈与、和解又は仲裁合意（仲裁法第2条第1項に規定する仲裁合意をいう。）をすること。
- □　相続の承認若しくは放棄又は遺産の分割をすること。
- □　贈与の申込みを拒絶し、遺贈を放棄し、負担付贈与の申込みを承諾し、又は負担付

遺贈を承認すること。
□　（　　　　　　　　）万円以上の債務負担行為又は支出をすること。
□　毎月（　　　　　　　）万円以上の債務負担行為又は支出をすること。ただし、甲の生活のための支出であり、毎月の支払額が一定している場合は、最初の月の支出に限る。
□　復代理人の選任をすること。
□　その他（　　　　　　　　　　　　　　　　　　　　　　　　　　　）

　一定の重要な行為につき、任意後見監督人の同意を要する旨の特約に関する目録です。

　公正証書作成段階では、チェックされたものだけを抜き出して目録に記載することになります。

○代理権の共同行使の特約目録

（別紙）
代理権の共同行使の特約目録

　任意後見受任者（任意後見人）　○○○○　及び　○○○○　（以下「乙等」という。）は、共同して、以下のとおり、委任事務を処理（代理権を行使）するものとする。
　(1)　乙等は、協議して後見事務を処理しなければならない。
　(2)　乙等は、前号の協議に基づき各自後見事務を行うことができる。
　(3)　前号にかかわらず、以下の□にレ印を付した行為は、乙等の全員が共同してのみこれを行うことができる。
□　元金○万円以上の定期預金又は投資信託その他の金融資産を解約すること。
□　借財又は保証をすること。
□　甲の居住の用に供する建物又はその敷地について、売却、賃貸、賃貸借の解除又は抵当権の設定その他これらに準ずる処分をすること。
□　不動産その他重要な財産に関する権利の得喪を目的とする行為をすること。
□　新築、改築、増築又は大修繕をすること。
□　民法第602条に定める期間を超える賃貸借をすること。
□　甲の居住場所の変更を伴う事項の決定をすること。
□　訴訟行為をすること（調停申立て、保全処分申立てをすることも含む。）。
□　贈与、和解又は仲裁合意（仲裁法第2条第1項に規定する仲裁合意をいう。）をすること。
□　相続の承認若しくは放棄又は遺産の分割をすること。

第4章　ホームロイヤー契約（任意後見）

- ☐ 贈与の申込みを拒絶し、遺贈を放棄し、負担付贈与の申込みを承諾し、又は負担付遺贈を承認すること。
- ☐ （　　　　　　　）万円以上の債務負担行為又は支出をすること。
- ☐ 毎月（　　　　　　　）万円以上の債務負担行為又は支出をすること。ただし、甲の生活のための支出であり、毎月の支払額が一定している場合は、最初の月の支出に限る。
- ☐ 復代理人の選任をすること。
- ☐ その他（　　　　　　　　　　　　　　　　　　　　　　　　　　　）

任意後見契約では、複数の任意後見人を選任することもできます。

複数の任意後見人が各自単独で代理権を行使できるようにする場合には、各任意後見受任者が本人とそれぞれ任意後見契約を締結します（公正証書は各別に作成しても、まとめて1通としても構いません。）。

これに対し、複数の任意後見人の代理権について共同行使の定めをする場合には、1個の契約と解され、任意後見受任者全員と本人が1通の任意後見契約公正証書を作成しなければならず、その中で代理権の共同行使の特約目録を利用することになります。

公正証書作成段階では、チェックされたものだけを抜き出して目録に記載することになります。

〔関係文書〕

○ライフプランノート（※付録を参照してください。）

ライフプランノートとは、「ホームロイヤーとして高齢者を支援するための各種メニュー（遺言、財産管理、生活支援、リビング・ウィル、死後事務、親亡き後の財産管理、事業承継など）を検討するにあたり確認する必要のある情報を一覧にしたもの」です（日本弁護士連合会高齢社会対策本部編『超高齢社会におけるホームロイヤーマニュアル〔改訂〕』58頁（日本加除出版、2015））。ライフプランノートを作成することにより、依頼者の生活設計上の問題点や、依頼者の老後の希望を把握し、依頼者の状況に適した助言や財産管理を行うことができます。例えば、依頼者がホームロイヤー契約（任意後見）を締結した目的が、判断能力が不十分となったときに備えて財産管理の方針を定めておきたい、というものである場合は、判断能力が十分あるうちに依頼者の基礎情報に関するライフプランノートに加えて、財産管理に関するライフプランノートを作成しておくと、その後、任意後見契約が発効したときに、財産管理の指針の一つとして参考にすることが可能となります。

○登記申請書（変更の登記）

```
                                              ○○ 法務局  御中
         登 記 申 請 書（変更の登記）      平成○年○月○日申請
```

1 申請人等

ア 申請される方（申請人）	住　所	東京都○区○町○丁目○番○号	
	氏　名	○　○　○　○	印
	資　格（本人との関係）	任意後見受任者	連絡先（電話番号） ○○-○○○○-○○○○

（注）申請人が法人の場合は、「名称又は商号」「主たる事務所又は本店」を記載し、代表者が記名押印してください。

イ 上記の代理人（上記の申請人から委任を受けた方）	住　所	
	氏　名	印
	連絡先（電話番号）	

（注1）代理人が申請する場合は、アの欄とともにイの欄にも記入してください（この場合アの欄の押印は不要です。）。
（注2）代理人が法人の場合は、「名称又は商号」「主たる事務所又は本店」を記載し、代表者が記名押印してください。

2 登記の事由

ア 変更の対象者
□成年被後見人、□被保佐人、□被補助人、☑任意後見契約の本人、□成年後見人、□保佐人、□補助人、□任意後見受任者・任意後見人、□成年後見監督人、□保佐監督人、□補助監督人、□任意後見監督人、□その他（　　　　　　　）
（　　　　　　　　）の

イ 変更事項
□氏名の変更、☑住所の変更、□本籍の変更、□その他（　　　　　　　）

（記入方法）上記のそれぞれの該当事項の□に☑のようにチェックしてください。(例:「☑成年後見人」の「☑住所の変更」)

3 登記すべき事項

変更の年月日	平成　○　年　○　月　○　日
変更後の登記事項	東京都○区○町○丁目○番○号

（記入方法）変更の年月日欄には住所移転日等を記入し、変更後の事項欄には新しい住所又は本籍等を記入してください。

4 登記記録を特定するための事項

（本人(成年被後見人、被保佐人、被補助人、任意後見契約の本人)の氏名は必ず記入してください。）

フリガナ	
本人の氏名	○　○　○　○

（登記番号が分かっている場合は、本欄に登記番号を記入してください。）

登記番号	第　　　　―　　　　号

（登記番号が分からない場合は、以下の欄に本人の生年月日・住所又は本籍を記入してください。）

本人の生年月日	明治・大正・㊼昭和・平成／西暦　　○年　○月　○日生
本人の住所	東京都○区○町○丁目○番○号
又は本人の本籍（国籍）	

5 添付書類

該当書類の□に☑のようにチェックしてください。

①□法人の代表者の資格を証する書面（※申請人又は代理人が法人であるときに必要）
②□委任状，その他（　　　　　　　）（※代理人が申請するときに必要）
③□登記の事由を証する書面（☑住民票の写し(欄外注参照)　□戸籍の謄本又は抄本）
　□その他（　　　　　　　）
④□上記添付書類は、本件と同時に申請した他の変更の登記申請書に添付した。

（注）住所変更の場合，法務局において住民基本台帳ネットワークを利用して住所変更の事実を確認することができるときは，住民票の写しの添付を省略することができます。法務局において住所変更の事実を確認することができないときは，住民票の写し等の送付をお願いすることがあります。

※登記手数料は不要です。

（出典：法務局ウェブサイト（http://houmukyoku.moj.go.jp/homu/content/000130919.pdf（2018.7.26)))

本書式は、本人などの氏名・住所・本籍など登記事項の一部に変更があった場合に用います。
　「登記の事由」については、①誰に、②どのような変更事由が発生したかをチェックします。例えば任意後見契約の本人の住所が変わった場合には、「任意後見契約の本人」及び「住所の変更」欄にチェックします。
　「添付書類」については、変更したことが分かる書面の欄にチェックし、当該書面を添付して提出することになります。

○登記申請書（終了の登記）

		○○　法務局　御中
登　記　申　請　書（終了の登記）		平成○年○月○日申請

1　申請人等

ア　申請される方（申請人）	住　所	東京都○区○町○丁目○番○号
	氏　名	○　○　○　○　　㊞
	資　格(本人との関係)	任意後見受任者　連絡先(電話番号)　○○－○○○○－○○○○

(注)　申請人が法人の場合は、「名称又は商号」「主たる事務所又は本店」を記載し、代表者が記名押印してください。

イ　上記の代理人（上記の申請人から委任を受けた方）	住　所	
	氏　名	㊞
	連絡先(電話番号)	

(注1)　代理人が申請する場合は、アの欄とともにイの欄にも記入してください（この場合アの欄の押印は不要です。）。
(注2)　代理人が法人の場合は、「名称又は商号」「主たる事務所又は本店」を記載し、代表者が記名押印してください。

2　登記の事由

ア　終了の事由	☑成年被後見人の死亡，□被保佐人の死亡，□被補助人の死亡，□任意後見契約の本人の死亡，□任意後見受任者の死亡，□任意後見人の死亡，□任意後見契約の解除，□その他（　　　　　　　　）

(記入方法)　上記の該当事項の□に☑のようにチェックしてください。

イ　終了の年月日	平成　○　年　○　月　○　日

(注)　○死亡の場合は，その死亡日　○任意後見契約の合意解除の場合は，合意解除の意思表示を記載した書面になされた公証人の認証の年月日等　○任意後見契約の一方的解除の場合は，解除の意思表示を記載した書面が相手方に到達した年月日等

3　登記記録を特定するための事項

(本人(成年被後見人，被保佐人，被補助人，任意後見契約の本人)の氏名は必ず記入してください。)

フリガナ	
本人の氏名	○　○　○　○

(登記番号が分かっている場合は，本欄に登記番号を記入してください。)

登　記　番　号	第　○○○○　－　○○○○　号

(登記番号が分からない場合は，以下の欄に本人の生年月日・住所又は本籍を記入してください。)

本人の生年月日	明治・大正・㊜和・平成／西暦　○　年　○　月　○　日生
本人の住所	東京都○区○町○丁目○番○号
又は本人の本籍（国籍）	

4　添付書類

該当書類の□に☑のようにチェックしてください。

①□法人の代表者の資格を証する書面（※申請人又は代理人が法人であるときに必要）
②□委任状　□その他（　　　　　　　　　　　　）（※代理人が申請するときに必要）
③□登記の事由を証する書面
　ア☑死亡の場合（☑戸籍（除籍）の謄抄本（欄外注参照），□死亡診断書，
　　　□その他（　　　　　　　　））
　イ□任意後見監督人選任前の一方的解除の場合（解除の意思表示が記載され公証人の認証を受けた書面＝配達証明付内容証明郵便の謄本＋配達証明書(はがき)）
　ウ□任意後見監督人選任前の合意解除の場合（合意解除の意思表示が記載され，公証人の認証を受けた書面の原本又は認証ある謄本）
　エ□任意後見監督人選任後の解除の場合（上記イ又はウの書面（ただし，公証人の認証は不要）＋家庭裁判所の許可審判書（又は裁判書）の謄本＋確定証明書）
　オ□その他（　　　　　　　　）

（注）死亡の場合，法務局において住民基本台帳ネットワークを利用して死亡の事実を確認することができるときは，戸籍（除籍）の謄抄本の添付等を省略することができます。法務局において死亡の事実を確認することができないときには，戸籍（除籍）の謄抄本等の送付をお願いすることがあります。

※登記手数料は不要です。

（出典：法務局ウェブサイト（http://houmukyoku.moj.go.jp/homu/content/000130920.pdf（2018.7.26)））

第4章　ホームロイヤー契約（任意後見）　　　　141

　本書式は、本人の死亡など任意後見契約が終了した場合に用います。
　「登記の事由」については、該当する終了事由にチェックします。
　「添付書類」については、必要となる書面の欄にチェックし、当該書面を添付して提出することになります。

○任意後見登記事項証明書（監督人選任前）

登記事項証明書

任意後見

任意後見契約
　　【公証人の所属】東京法務局
　　【公証人の氏名】○○○○
　　【証書番号】平成30年第10号
　　【作成年月日】平成30年4月5日
　　【登記年月日】平成30年4月6日
　　【登記番号】第2018－○○○○号

任意後見契約の本人
　　【氏　　名】○○○○
　　【生年月日】昭和○年○月○日
　　【住　　所】東京都○区○町○番○号
　　【本　　籍】○県○市○町○番地

任意後見受任者
　　【氏　　名】○○○○
　　【住　　所】○県○市○町○番○号
　　【代理権の範囲】別紙目録記載のとおり

　　┌─────────────────────────────────┐
　　│　上記のとおり後見登記等ファイルに記録されていることを証明する。　│
　　│　平成○年○月○日　　　　　　　　　　　　　　　　　　　　　　　│
　　│　　　　　　　　　　　　　　　　東京法務局　登記官　○○　○○　㊞ │
　　└─────────────────────────────────┘

［証明書番号］2018－○○○○○（1／3）

登記事項証明書

任意後見

代理権目録

代理権目録

1　財産の管理・保存・処分等に関する事項
　・甲に帰属する別紙「財産目録」（※省略）記載の財産及び本契約締結後に甲に帰属する財産（預貯金を除く。）並びにその果実の管理・保存
　・上記の財産（増加財産を含む。）及びその果実の処分・変更
　　　売却
　　　賃貸借契約の締結・変更・解除
　　　担保権の設定契約の締結・変更・解除
2　金融機関との取引に関する事項
　・甲に帰属する別紙「預貯金目録」（※省略）記載の預貯金に関する取引（預貯金の管理、振込依頼・払戻し、口座変更・解除等。以下同じ。）
　・預貯金口座の開設及び当該預貯金に関する取引
　・貸金庫取引
　・保護預り取引
　・金融機関とのその他取引（当座勘定取引、融資取引、保証取引、担保提供取引）
　・証券取引（国債、公共債、金融債、社債、投資信託等）、為替取引、信託取引（予定（予想）配当率を付した金銭信託（貸付信託）を含む。）
　・金融機関との全ての取引
3　定期的な収入の受領及び費用の支払に関する事項
　・定期的な収入の受領及びこれに関する諸手続
　　　家賃・地代
　　　年金・障がい手当金その他の社会保障給付
　・定期的な支出を要する費用の支払及びこれに関する諸手続
　　　家賃・地代
　　　公共料金
　　　保険料
4　生活に必要な送金及び物品の購入等に関する事項
　・生活費の送金

・日用品の購入その他日常生活に関する取引
　　・日用品以外の生活に必要な機器・物品の購入
　5　相続に関する事項
　　・遺産分割又は相続の承認・放棄
　　・贈与若しくは遺贈拒絶又は負担付の贈与若しくは遺贈の受諾
　　・寄与分を求める申立て
　　・遺留分減殺の請求
　6　保険に関する事項
　　・保険契約の締結・変更・解除
　　・保険金の受領
　7　証書等の保管及び各種の手続に関する事項
　　・次に掲げるものその他これらに準じるものの保管及び事項処理に必要な範囲内の使用
　　　　登記済権利証、実印・銀行印・印鑑登録カード
　　・株券等の保護預り取引に関する事項
　　・登記の申請
　　・供託の申請
　　・住民票、戸籍謄本、登記事項証明書その他の行政機関の発行する証明書の請求
　　・税金の申告・納付
　8　介護契約その他の福祉サービス利用契約等に関する事項
　　・介護契約（介護保険制度における介護サービスの利用契約、ヘルパー・家事援助者等の派遣契約等を含む。）の締結・変更・解除及び費用の支払
　　・要介護認定の申請及び認定に関する承認又は審査請求
　　・介護契約以外の福祉サービスの利用契約の締結・変更・解除及び費用の支払
　　・福祉関係施設への入所に関する契約（有料老人ホームの入居契約等を含む。）の締結・変更・解除及び費用の支払
　　・福祉関係の措置（施設入所措置等を含む。）の申請及び決定に関する審査請求
　9　住居に関する事項
　　・居住用不動産の購入
　　・居住用不動産の処分
　　・借地契約の締結・変更・解除
　　・借家契約の締結・変更・解除
　　・住居等の新築・増改築・修繕に関する請負契約の締結・変更・解除
　10　医療に関する事項
　　・医療契約の締結・変更・解除及び費用の支払
　　・病院への入院に関する契約の締結・変更・解除及び費用の支払

11　以上の各項目に関して生じる紛争の処理に関する事項
　・裁判外の和解
　・仲裁契約
　・行政機関等に対する不服申立て及びその手続の追行
　・任意後見受任者が弁護士である場合における次の事項
　　　訴訟行為（訴訟の提起、調停若しくは保全処分の申立て又はこれらの手続の追行、応訴等）
　　　民事訴訟法第55条第2項の特別授権事項（反訴の提起、訴えの取下げ、裁判上の和解、訴訟の放棄、認諾、上告、復代理人の選出等）
　・任意後見受任者が弁護士に対して訴訟行為及び民事訴訟法第55条第2項の特別授権行為について授権すること
12　復代理人・事務代行者に関する事項
　・復代理人の選任
　・事務代行者の指定
13　以上の各事項に関連する事項
　・以上の各事項の処理に必要な費用の支払
　・以上の各事項の処理に関する一切の事項

登記年月日　平成30年4月6日　　［証明書番号］2018－○○○○○　(2／3)

登記事項証明書

［任意後見］

上記のとおり閉鎖登記ファイルに記録されていることを証明する。

平成○年○月○日

　　　　　　　　　　　　　東京法務局　登記官　○○　○○　㊞
　　　　　　　　　　　　　［証明書番号］2018－○○○○○　(3／3)

　任意後見契約締結時に登記がなされます。これにより任意後見契約を締結した事実を証明することになります。
　任意後見監督人が選任されるまでは、任意後見受任者は代理権を行使することはできません。

○任意後見登記事項証明書（監督人選任後）

登記事項証明書

　　　　　　　　　　　　　　　　　　　　　　　　　　　　　　　　任意後見

任意後見契約
　　【公証人の所属】東京法務局
　　【公証人の氏名】○○○○
　　【証書番号】平成30年第10号
　　【作成年月日】平成30年4月5日
　　【登記年月日】平成30年4月6日
　　【登記番号】第2018－○○○○号

任意後見契約の本人
　　【氏　　名】○○○○
　　【生年月日】昭和○年○月○日
　　【住　　所】東京都○区○町○番○号
　　【本　　籍】○県○市○町○番地

任意後見人
　　【氏　　名】○○○○
　　【住　　所】東京都○区○町○丁目○番○号
　　【代理権の範囲】別紙目録記載のとおり（※省略）

任意後見監督人
　　【氏　　名】○○○○
　　【住　　所】東京都○区○町○丁目○番○号
　　【選任の裁判確定日】平成○年○月○日
　　【登記年月日】平成○年○月○日

　　上記のとおり後見登記等ファイルに記録されていることを証明する。

　　平成○年○月○日

　　　　　　　　　　　　　　　　　東京法務局　登記官　○○　○○　㊞

［証明書番号］20○○－○○○○○（1／3）

任意後見監督人が選任された時点でその旨の登記がなされます。これにより任意後見契約の効力が発生したことを証明することになります。

　任意後見人の代理権は本登記の代理権目録に記載された権限に限りますので、任意後見人としては、法律行為を行う際は、同権限を超えていないか常に注意が必要となります。

第4章 ホームロイヤー契約（任意後見）

○任意後見監督人選任申立書

<u>申立後は，家庭裁判所の許可を得なければ申立てを取り下げることはできません。</u>

受付印	任 意 後 見 監 督 人 選 任 申 立 書
収入印紙（申立費用）　　円 収入印紙（登記費用）　　円 予納郵便切手　　　　　　円	（この欄に収入印紙８００円分をはる。） （はった印紙に押印しないでください。）

| 準口頭 | 関連事件番号　平成　　年（家　　）第　　　　　　号 |

| 東京家庭裁判所　　御中
　　　　□立川支部
平成　○年　○月　○日 | 申立人の
記名押印 | ○○○○　　　　　　　　印 |

| 添付書類 | （審理のために必要な場合は，追加書類の提出をお願いすることがあります。）
□ 本人の戸籍個人事項証明書（戸籍抄本）　　□ 任意後見契約公正証書の写し
□ 本人の後見登記事項証明書　　　　　　　　□ 本人が登記されていないことの証明書
□ 本人の診断書（東京家庭裁判所が定める様式のもの）
□ 本人の財産に関する資料　　　　　　　　　□ |

申立人	住　所	〒○○○－○○○○　　　　　　　　　　　　電話　○○（○○○○）○○○○ 東京都○区○町○丁目○番○号　　　　　　　　　　（　　　　方）
	フリガナ 氏　名	○○○○	大正 ⑱昭和⑲　○年○月○日生 平成
	本人と の関係	※　1 本人　2 配偶者　3 四親等内の親族（　　　　　　　　） 　④ 任意後見受任者　5 その他（　　　　　　　　　　　）

本人	本　籍	都道 府県
	住　所	〒○○○－○○○○　　　　　　　　　　　　電話　○○（○○○○）○○○○ 東京都○区○町○丁目○番○号　　　　　　　　　　（　　　　方）
	フリガナ 氏　名	○○○○	明治 大正 ⑱昭和⑲　○年○月○日生 平成

（注）　太わくの中だけ記入してください。　※の部分は，当てはまる番号を○で囲み，3又は5を選んだ場合には，（　）
　　　内に具体的に記入してください。

任後監督(1/2)

（東京家庭裁判所ウェブサイト掲載の書式を基に執筆者が独自に作成）

申　立　て　の　趣　旨
任　意　後　見　監　督　人　の　選　任　を　求　め　る　。

申　立　て　の　理　由
（申立ての理由，本人の生活状況などを具体的に記入してください。）
〇〇〇〇と〇〇〇〇は、平成〇年〇月〇日、〇〇法務局において、任意後見契約を締結した（平成〇年第〇号）。その後、〇〇〇〇の判断能力が低下し、後見相当の状態になった。そこで、今回、任意後見監督人選任の申立てをした。 　なお、本人も本申立てについては、同意している。

任意後見契約	公正証書を作成した公証人の所属		法務局	証書番号　平成　　年第　　号
	証書作成年月日	平成　　年　　月　　日	登記番号	第　　　　　―　　　　　号

任意後見受任者	住　所	〒〇〇〇－〇〇〇〇　　　　　　　　　　　電話　〇〇（〇〇〇〇）〇〇〇〇 東京都〇区〇町〇丁目〇番〇号 （　　　　　方）
	フリガナ 氏　名	〇　〇　〇　〇　　　　　大正・昭和・平成　〇年〇月〇日生
	本人との関係	長　男
	勤務先	電話　　（　　　）

（注）　太わくの中だけ記入してください。

任後監督（2/2）

（東京家庭裁判所ウェブサイト掲載の書式を基に執筆者が独自に作成）

1 任意後見監督人の選任

(1) 概　要

任意後見契約が登記されている場合において、精神上の障害により本人の事理を弁識する能力が不十分な状況にあるときは、家庭裁判所は、申立てにより、任意後見監督人を選任します（任意後見4①本文、家事別表1⑩）。ここで、「事理を弁識する能力が不十分な状況」とは、法定後見における補助に求められる判断能力以上に判断能力が不十分な状況にある場合をいいます。

任意後見監督人の選任は、本人がその意思表示をすることができない場合を除き、本人の申立て又は本人の同意が要件となっています（任意後見4③）。

(2) 任意後見監督人を選任できない場合（任意後見4①ただし書）。

以下に該当する場合は、任意後見監督人は選任されません。

① 本人が未成年者であるとき

② 本人が成年被後見人、被保佐人又は被補助人である場合において、当該本人に係る後見、保佐又は補助を継続することが本人の利益のために特に必要であると認めるとき

③ 任意後見受任者が、次に掲げる者であるとき

　㋐ 民法847条各号（4号を除きます。）に掲げる者

　㋑ 本人に対して訴訟をし、又はした者及びその配偶者並びに直系血族

　㋒ 不正な行為、著しい不行跡その他任意後見人の任務に適しない事由のある者

(3) 法定後見との関係

任意後見契約と法定後見の間では、本人の意思を尊重して任意後見契約が優先され、任意後見契約の登記があるときは法定後見の申立ては原則として却下されます。詳細は、**本章〔基本契約書〕2(2)**を参照してください。

(4) 任意後見監督人の欠員ないし増員

　（ア）欠　員

任意後見監督人が、死亡、辞任、解任、欠格事由の発生などにより欠けた場合には、家庭裁判所は、申立権者の請求により、又は職権で任意後見監督人を選任します（任意後見4④）。

　（イ）増　員

任意後見監督人が選任されている場合においても、家庭裁判所は、必要があると認めるときは、申立権者の請求により、又は、職権で、更に任意後見監督人を選任することができます（任意後見4⑤）。

2　手続

　(1)　申立権者

申立権者は本人、配偶者、4親等内の親族又は任意後見受任者です（任意後見4①本文）。

　(2)　管轄裁判所

管轄裁判所は、本人の住所地の家庭裁判所となります（家事217①）。

　(3)　申立費用

①　申立手数料（収入印紙）　800円

②　予納郵券　各裁判所の定めるところによります。

③　登記手数料（登記印紙）　1,400円

　(4)　添付書類

添付書類はそれぞれ以下のとおりです。

　　（ア）　本人について

戸籍個人事項証明書（戸籍抄本）、住民票又は戸籍附票、登記事項証明書（任意後見）、診断書

　　（イ）　任意後見監督人候補者について

候補者を立てた場合、同候補者の住民票又は戸籍附票

　(5)　審理

審理は以下の流れで行われます。

①　家庭裁判所は、任意後見監督人を選任するには、本人の心身の状態並びに生活及び財産の状況、任意後見監督人となる者の職業及び経歴並びに本人との利害関係の有無、本人の意見その他一切の事情を考慮しなければなりません（任意後見7④、民843④）。

②　家庭裁判所は、任意後見契約に関する法律4条1項の規定により任意後見監督人を選任するには、本人の精神の状況に関する医師その他適当な者の意見を聴かなければなりません（家事219）。

③　家庭裁判所は、任意後見監督人を選任するには、本人の陳述を聴かなければなりません（家事220①一）。なお、本人の心身の障がいにより聴取が不可能な場合には、陳述聴取は不要とされています。

④　家庭裁判所は、任意後見監督人を選任するには、任意後見監督人候補者の意見を聴かなければなりません（家事220②）。

⑤　家庭裁判所は、任意後見契約に関する法律4条1項の規定により任意後見監督人を選任するには、任意後見契約の効力が生ずることについて任意後見受任者の意見を聴かなければなりません（家事220③）。なお、任意後見監督人について欠格事由は存

在しますが（任意後見5・7④、民847）、資格については、特段制限はなく、個人（自然人）あるいは法人の中から適任者を選びます。個人（自然人）の場合には、親族などのほか、弁護士、司法書士等の法律実務家や社会福祉士等の福祉専門家、法人の場合には、社会福祉協議会、福祉関係の公益法人、社会福祉法人等が想定されています。

⑥　任意後見監督人選任の審判は、申立人、本人、任意後見受任者、任意後見監督人となるべき者に対して告知します（家事74①・222一）。

⑦　任意後見監督人選任の申立てを却下する審判に対しては即時抗告ができます。即時抗告権者は申立人となります（家事223一）。なお、任意後見監督人選任の審判に対して即時抗告はできません。

3　任意後見監督人選任の登記

　任意後見契約に関する法律4条1項の規定による任意後見監督人を選任する審判が効力を生じた場合には、裁判所書記官は、遅滞なく、登記所に対して後見登記法に定める登記の嘱託をしなければなりません（家事116一、家事規77①三）。

・申立事情説明書

申立事情説明書
（　任意後見　）

※　この事情説明書は，申立人（申立人が記載できないときは，本人の事情をよく理解している人）が記載してください。

記入年月日及び記入者の氏名
　　平成○年○月○日　　氏名：＿＿○　○　○　○＿＿＿＿印
　　　　（記入者が申立人以外の場合は申立人との関係：＿＿＿＿＿＿＿）

あなたの平日昼間の連絡先（携帯電話又は勤務先等）を記入してください。
　　携帯電話：○○○（○○○○）○○○○＿＿＿
　　連絡先名：＿＿＿＿＿＿＿＿＿＿＿＿＿＿＿
　　電話番号：＿＿＿＿（　　　）＿＿＿＿
　　※裁判所名で電話しても　よい・差し支える　（希望時間等＿＿＿＿＿＿＿）

第1　申立ての事情について

1　申立ての経緯について
　(1)　任意後見契約の締結の時期及び経緯
　　　契約日：　平成○年○月○日
　　　契約場所　☑＿○○＿公証役場　　□自宅　　□病院・施設　　□＿＿＿＿
　　　契約した事情（どのような経緯で任意後見契約をしましたか。）

　　　　○○○○から、自分で財産管理ができなくなった場合の財産管理を頼まれて、任意後見契約を締結することにした。また、将来、施設に入る場合の諸契約の締結も併せて頼まれた。

　(2)　今回の任意後見監督人選任事件を申し立てるきっかけ
　　　　（何がきっかけで，申し立てをしましたか。）

　　　㋐　預貯金等の管理・解約
　　　イ　保険金受取
　　　ウ　不動産の処分
　　　エ　相続手続
　　　オ　訴訟手続等
　　　㋕　介護保険契約（施設入所又は福祉サービス契約のため）
　　　キ　その他（＿＿＿＿＿＿＿＿＿＿＿＿＿＿＿＿＿＿＿＿＿＿＿）

2　本人の財産の管理状況
　　本人の財産を現在事実上管理しているのは誰ですか。
　　　□　本人自身
　　　☑　申立人（あなた）
　　　□　その他の人（氏名及び本人との関係＿＿＿＿＿＿＿＿＿＿＿）
　　　□　誰が管理しているのか分からない

-1/5-

（東京家庭裁判所ウェブサイト掲載の書式を基に執筆者が独自に作成）

第4章 ホームロイヤー契約（任意後見）

3 本人の親族について
 (1) 本人に配偶者，子，親及び兄弟姉妹がいましたら，その方の氏名，住所等を記入してください。

番号	氏　　名	年齢	本人との関係	住　所　／　電話番号
①	○○○○	○	○○	東京都○区○町○丁目○番○号 TEL　○○－○○○○－○○○○
2				TEL　－　－
3				TEL　－　－
4				TEL　－　－
5				TEL　－　－
6				TEL　－　－
7				TEL　－　－

（書ききれない場合は別紙にお書きください）

 (2) 前記親族の中で，この申立てを知っている人がいる場合は，その人の上記(1)番号欄に○を付けてください。

 (3) (2)の親族で，この申立てに対して反対の人がいれば，その人の名前，反対の内容を記載してください。

＿＿＿＿＿＿＿＿＿＿＿＿＿＿＿＿＿＿＿＿＿＿＿＿＿＿＿＿＿＿＿＿＿＿＿＿＿＿
＿＿＿＿＿＿＿＿＿＿＿＿＿＿＿＿＿＿＿＿＿＿＿＿＿＿＿＿＿＿＿＿＿＿＿＿＿＿
＿＿＿＿＿＿＿＿＿＿＿＿＿＿＿＿＿＿＿＿＿＿＿＿＿＿＿＿＿＿＿＿＿＿＿＿＿＿
＿＿＿＿＿＿＿＿＿＿＿＿＿＿＿＿＿＿＿＿＿＿＿＿＿＿＿＿＿＿＿＿＿＿＿＿＿＿
＿＿＿＿＿＿＿＿＿＿＿＿＿＿＿＿＿＿＿＿＿＿＿＿＿＿＿＿＿＿＿＿＿＿＿＿＿＿
＿＿＿＿＿＿＿＿＿＿＿＿＿＿＿＿＿＿＿＿＿＿＿＿＿＿＿＿＿＿＿＿＿＿＿＿＿＿
＿＿＿＿＿＿＿＿＿＿＿＿＿＿＿＿＿＿＿＿＿＿＿＿＿＿＿＿＿＿＿＿＿＿＿＿＿＿
＿＿＿＿＿＿＿＿＿＿＿＿＿＿＿＿＿＿＿＿＿＿＿＿＿＿＿＿＿＿＿＿＿＿＿＿＿＿

（東京家庭裁判所ウェブサイト掲載の書式を基に執筆者が独自に作成）

第2　本人の状況について

1　本人の生活
　　本人は現在どこで生活していますか。
　　　□　病院，老人ホーム等の施設で生活している。

　　　　　入院・入所日：平成　　　年　　　月　　　日

　　　　　施設名：＿＿＿＿＿＿＿＿＿＿＿＿＿＿＿＿＿＿

　　　　　所在地：〒　　　－
　　　　　　　　　＿＿＿＿＿＿＿＿＿＿＿＿＿＿＿＿＿＿＿＿＿＿

　　　　　電話＿＿＿＿（　　　　）＿＿＿＿＿（担当職員名）＿＿＿＿＿

　　　　　最寄駅：＿＿＿＿線＿＿＿＿駅下車　徒歩・バス（　　　行き）・車　　　分

　　　　□　転院・移転予定あり（平成＿＿年＿＿月頃：移転先＿＿＿＿＿＿＿＿＿＿）
　　　　□　転院・移転予定なし

　　　☑　自宅（又は親族宅）で生活している。
　　　　　（同居者：＿＿＿＿＿＿＿＿＿＿＿＿＿＿＿＿＿＿＿＿＿＿＿）
　　　　　　自宅（又は親族宅）での本人の介護は，次のとおりである。
　　　　　　　□　介護サービスを受けている
　　　　　　　☑　親族が介護している
　　　　　　　　（介護者：＿＿＿＿＿○○○○＿＿＿＿＿＿）
　　　　　　　□　介護は受けていない
　　　　　最寄駅：＿＿＿＿線＿＿＿＿駅下車　徒歩・バス（　　　行き）・車　　　分

2　次の認定を受けている場合は記入してください。
　　　□　愛の手帳（　1度・2度・3度・4度　），療育手帳（A・B・　　　）
　　　☑　精神障害者手帳　（　1級・②級・3級　）
　　　□　介護認定　（要支援　1・2　，要介護　1・2・3・4・5　）
　　　□　いずれもない。

3　本人の病歴（病名，認知症や障害の発現時期，受傷時期，受診時期，その後の通院・入院歴等）を記入してください。
　（例：平成28年5月脳梗塞，平成29年9月～平成30年2月○×病院入院）

-3/5-

（東京家庭裁判所ウェブサイト掲載の書式を基に執筆者が独自に作成）

4 本人の経歴（出生，学歴，職歴，結婚，出産等）を分かる限り記入してください。

年月日	職歴・学歴	年月日	身分の変動，家族関係
○.○.○	出生	○.○.○	☑結婚・□養子縁組
○.○.○	○○　中学校卒業		
○.○.○	○○高等学校卒業		

5 本人に関して，これまでに家庭裁判所の手続を利用したことがありますか。
　　☑　ない
　　□　ある　　時　　期　　平成＿＿＿年＿＿＿月頃
　　　　　　　　裁判所名　　＿＿＿＿＿＿＿家庭裁判所＿＿＿＿＿＿＿支部・出張所
　　　　　　　　申立人名　　＿＿＿＿＿＿＿＿＿＿＿＿＿＿
　　　　　　　　事件番号　　平成＿＿＿年（家）第＿＿＿＿＿＿＿号

　　　　　　　　事　件　名　　後見開始・保佐開始・補助開始・任意後見監督人選任
　　　　　　　　　　　　　　　その他（＿＿＿＿＿＿＿＿＿＿＿＿＿＿＿）

6 本人のこの申立てに対する認識について
　(1)　本人は任意後見契約を締結したことを記憶していますか。
　　　　□　記憶している　　　　　☑　記憶していない

　(2)　本人はこの申立てがされることを知っていますか。
　　　　□　知っている。
　　　　　　本人は，任意後見監督人を選任（契約を発効）することに同意していますか。
　　　　　　　□　同意している。
　　　　　　　□　同意していない。
　　　　　　　□　分からない（本人が理解できない場合も含む）。
　　　　☑　分からない（本人が理解できない場合も含む）。
　　　　□　知らない。

-4/5-

（東京家庭裁判所ウェブサイト掲載の書式を基に執筆者が独自に作成）

7 本人の現在の状況について
　(1)　裁判所まで来ることは
　　　　☑　可能である。　　□　不可能，又は容易に来ることができない。
　(2)　会話能力
　　　　□　会話は成り立つ。　☑　話はできるが，意味が通じない。　□　発語はできない。
　(3)　本人が裁判所へ来ることができなければ，家庭裁判所調査官が本人のところへ面接調査に伺いますが，留意すべき点（訪問可能な時間帯，訪問する際の本人の精神面への注意等）があれば記載してください。

　　_____
　　_____
　　_____
　　_____
　　_____

（東京家庭裁判所ウェブサイト掲載の書式を基に執筆者が独自に作成）

1 総論

申立事情説明書は、どういう経緯で申し立てたのか、本人の生活状況等はどのようなものかなどを記載するものです。裁判所は診断書その他の資料と合わせて申立事情説明書を基に、本人に成年後見人等をつけるべきか判断することになりますので、できる限り具体的に記載する必要があります。

2 申立ての事情について

申立ての経緯については、まず、任意後見契約の締結日は公正証書上明らかですので、その日付を記載します。任意後見監督人選任事件を申し立てることになった事情については、該当するものに全て〇をつけます。

本人の財産の管理状況については、任意後見契約を締結している場合、通常、誰が管理しているか不明であるということは少ないと思われますので、管理者の欄にチェックします。

本人の親族については、配偶者、子、父母、兄弟姉妹など、近い親族のみで構いません。

3 本人の状況について

(1) 本人の生活

本人が施設で生活しているのか自宅で生活しているのかを記載します。

(2) 障害・介護等認定

障害者手帳・介護認定等を受けている場合は、該当する項目を記載します。

(3) 本人の病歴

本人が申し立てる場合は別としては、他の者が申し立てる場合、病歴を把握していないこともあるので、その場合分かる範囲で記載します。

(4) 本人の経歴

本人が申し立てる場合は別としては、他の者が申し立てる場合、経歴を把握していないこともあるので、その場合分かる範囲で記載します。

(5) 過去の家庭裁判所の手続の利用歴

過去に後見申立てをしたなどの事実があれば記載します。

(6) 本人のこの申立てに対する認識について

本人の判断能力がどの程度かを理解する上で必要となりますので、本人の認識を記載します。

(7) 本人の現在の状況について

任意後見監督人を選任するに当たり、本人を審問することなどもあり得るため、裁判所に来られるか否かについて記載します。

・任意後見受任者事情説明書

任意後見受任者事情説明書

※ この事情説明書は，任意後見受任者が記載してください。
　記入年月日及び記入者の氏名

　　　平成 ○ 年 ○ 月 ○ 日　　氏名：　○　○　○　○　　　印

　　　☑ 申立人である　→　1の記載は不要です。2から記入してください。

1　あなた（任意後見受任者）の住所等を記入してください。

　(1) 住　　　　　所　　（〒　　－　　　）　　　電話　（　　）＿＿＿＿＿

　(2) 生　年　月　日　　大正・昭和　　年　　月　　日生（　　歳）

　(3) 本人との関係 ＿＿＿＿＿＿　(4) 職業（勤務先）＿＿＿＿＿＿＿＿＿＿

　(5) 平日昼間の連絡先　＿＿＿＿＿＿＿＿＿＿　電話　（　　）＿＿＿＿＿

2　あなたは次のいずれかの事由に該当しますか。
　　　　□　未成年者
　　　　□　家庭裁判所で成年後見人等を解任された者
　　　　□　破産者で復権していない者
　　　　□　本人に対して訴訟をしたことがある者，その配偶者又は親子である者
　　　　☑　いずれにも該当しない。

3　身上・経歴等
(1) あなたの同居家族を記入してください。

氏　　名	年齢	続柄	職業（勤務先，学校名）	同居・別居の別	備考
○○　○○	○	妻	専業主婦	同　居	
○○　○○	○	長女	中学生	同　居	

(2) あなたの経歴（出生，学歴，職歴，結婚，出産等）を記入してください。

年月日	職歴・学歴	年月日	身分の変動，家族関係
○・○・○	出生	○・○・○	結婚
○・○・○	○○中学校卒業		
○・○・○	○○高校卒業		
○・○・○	○○大学○○学部卒業		
○・○・○	○○株式会社入社		
	（現在に至る）		

-1/2-

（東京家庭裁判所ウェブサイト掲載の書式を基に執筆者が独自に作成）

第4章 ホームロイヤー契約（任意後見）

(3) あなたの経済状態について記入してください。

① 職業： ＿＿＿〇〇＿＿＿
② 収入： 月収・(年収) 約 ＿＿〇＿＿ 万円　　内訳：給与等 ＿＿〇＿＿ 万円
　　　　　　　　　　　　　　　　　　　　　　　　　　年金等 ＿＿＿＿＿ 万円
　　※　その他の収入（内容：＿＿＿＿＿＿＿＿）＿＿＿＿＿万円
※　夫など家族の収入で生計を立てているときは、その人の収入を記入してください。

③ 負債（借入先，借入目的，金額）　　□ 負債はない。

借入先	借入目的	金　額
〇〇銀行	住宅ローン	〇　万円
		万円
		万円

4　本人とあなたとの任意後見契約の効力が生ずることについて，どう思われますか。
　　☑ 必要　　□ 不要（理由をお書きください。）

5　本人の今後の療養看護の方針や計画について，お考えになっているところを具体的に記入してください。（今後の生活の拠点，必要となる医療や福祉サービス，身の回りの世話等）

　　現在、本人は、自宅で一人暮らしをしているところ、認知症なども進み、一人での生活は困難となっているため、施設に入所させたいと考えている。

6　本人の財産を適正に管理していく上で，問題点や心配なことがある場合には，具体的に述べてください。

　　特になし。

7　あなたが，本人のために立て替えて支払ったものがあれば，その額及び内容並びに，その返済を求める意思があるか否かを記載してください。

金　額	内　　容	返済を求める意思
円		□求める。□求めない。

8　任意後見人の役割，責任について理解していますか。
　　☑ はい
　　□ 次のことがわからない，または次の点についてもっと知りたい。

（東京家庭裁判所ウェブサイト掲載の書式を基に執筆者が独自に作成）

1 総論

冒頭に記載されているように、この書面は、任意後見受任者が必ず自らで作成します。また、本書面を基に、家庭裁判所が、当該受任者が後見人にふさわしいかを判断することになるため、記載事項は正確に記載する必要があります。

2 任意後見受任者の住所、氏名等

ここでの住所は現住所を記載します。電話番号は固定電話、携帯電話両方を記載することが望ましいです。

3 欠格事由の欄

欠格事由に該当する場合には選任されませんので、正確にチェックする必要があります。

4 身上・経歴等

同居家族については、全員記載します。

経歴について、まず学歴については最終学歴のみとの指示があれば最終学歴のみ、なければ中学・高校以降については記載することが望ましいです。職歴についても、転職の回数がそれほど多くないのであれば、全て記載します。

身分の変動については、結婚・出産・離婚などを記載します。

経済状態について、職業については、会社員、自営などを記載します。収入については、直近の年収を記載します。

負債については、あまり負債が多く、収入と見合っていないような場合には、任意後見人として不適切と判断されることもあるので正確に記載します。住宅ローンについても記載します。

5 任意後見契約の効力の発生

効力発生が必要だと考えられる場合、「必要」の欄にチェックします。

6 本人の今後の療養看護の方針や計画

任意後見監督人選任後、どのように療養看護するのか具体的に記載します。その際、現在の療養看護の状況（利用している介護サービスの内容・頻度等）についても記載すると、より家庭裁判所に状況が伝わりやすくなります。

7 財産管理をしていく上での問題点等

現状の収支で問題なく生活を維持できるのか、このままでは赤字になる可能性があるのかなどを記載します。

8 立替金

立替金がある場合には、あらかじめ後見監督人に伝えておく必要があります。

9 任意後見人の役割、責任

任意後見人の役割等について理解しているのであれば、「はい」の欄に、理解してい

ないことがあるのであれば、「次のことがわからない，又は次の点についてもっと知りたい。」の欄にチェックし、具体的に記載します。

・親族関係図

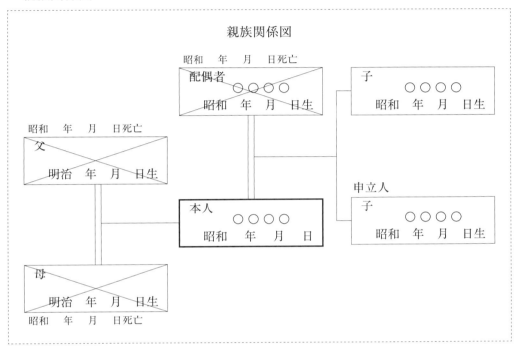

亡くなった人についても記載して×を付け、子が亡くなっている場合は、孫も記入します。

分かる範囲で記載すれば足ります。

・財産目録

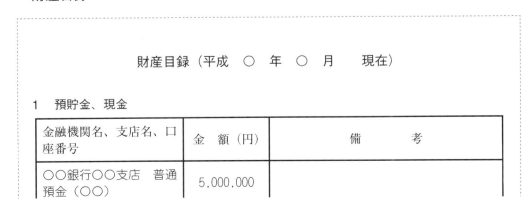

○○銀行○○支店　普通預金（○○）	5,000,000	

　　現金・預貯金総額　　10,000,000 円

2　保険契約・株式・投資信託等その他の資産

種類（証券番号等）	金額（評価額）（円）	備　　考
○○生命保険㈱　生命保険（○-○）	30,000,000	保険金額

3　不動産

所在，種類，面積等	備　　考
土　地 所在：○区○町○丁目 地番：○番○	

地目：宅地　地積：〇m²	
建　物 所在：〇区〇町〇丁目〇番地 家屋番号：〇番〇　種類：居宅　構造： 木造瓦葺2階建 床面積：1階〇m²、2階〇m²	

4　負債

種類（債権者）	金額（円）	備　　考
無	0	

　　　　負債総額　　　0円

※　パソコン・ワープロ等で財産目録を作成する方は，A4用紙で上記形式の財産目録を作成してください。

※　この用紙を使用する方で，書ききれない場合は，用紙をコピーして使用してください。

　　　　　　　　　　平成　〇　年　〇　月　〇　日
　　　　　　　　　　　作成者氏名　〇　〇　〇　〇　印

（東京家庭裁判所ウェブサイト掲載の書式を基に執筆者が独自に作成）

1　預貯金・現金について

　預貯金がある場合、口座番号を記載し、直近2か月分の通帳を提出します。

2　保険契約・株式・投資信託等その他の資産について

　契約番号を記載し、保険に加入している場合は保険証券を提出します。

3　不動産について

　不動産がある場合、必ず不動産全部事項証明書を提出します。

4　負　債

　負債がある場合、裏付けとなる金銭消費貸借契約書などを提出します。

・収支状況報告書

収支状況報告書（平成〇年〇、〇月）

1　収　入

番号	区分、内容	金額（円）	備　考
1	年　金	200,000	

　　　　　　　　　　A　合　計　　　200,000　円

2　支　出

番号	区分、内容	金額（円）	備　考
1	生活費（食費等）	100,000	
2	水道光熱費	30,000	
3	税金（固定資産税ほか）	20,000	
4	保険料（健康保険、介護保険）	16,000	

　　　　　　　　　　B　合　計　　　166,000　円
　　　　　　　　　　A　－　B　＝　　34,000　円

収入・支出共に直近2か月分の平均値を記載します。

第4章 ホームロイヤー契約（任意後見）

・診断書

診　断　書　（成年後見用）　　平成２１年４月改訂

1　氏名　○○○○　　生年月日　M・T・Ⓢ・H　○年　○月　○日生（　○　歳）

　　住所　東京都○区○町○丁目○番○号

2　医学的診断
　　診断名
　　　　認知症

　　所　見（現病歴，現在症，重症度，現在の精神状態と関連する既往症・合併症など）

　　　平成20年頃より、記銘力障害、見当識障害がみられるようになり、その後被害妄想などもみられるようになり、現在に至る。現在、脳萎縮が著しく進行している状態である。

　　　　　　　　　　（該当する場合にチェック　□遷延性意識障害　　□重篤な意識障害）

3　判断能力判定についての意見（下記のいずれかにチェックしてください。）
　　☑ 自己の財産を管理・処分することができない。（後見相当）
　　□ 自己の財産を管理・処分するには，常に援助が必要である。（保佐相当）
　　□ 自己の財産を管理・処分するには，援助が必要な場合がある。（補助相当）
　　□ 自己の財産を単独で管理・処分することができる。

　判定の根拠
　(1) 見当識
　　　□障害がない　□まれに障害が見られる　☑障害が見られるときが多い　□障害が高度
　(2) 他人との意思疎通
　　　□できる　　□できないときもある　　☑できないときが多い　　□できない
　(3) 社会的手続や公共施設の利用（銀行等との取引，要介護申請，鉄道やバスの利用など）
　　　□できる　　□できないときもある　　□できないときが多い　　☑できない
　(4) 記憶力
　　　□問題がない　□問題があるが程度は軽い　☑問題があり程度は重い　□問題が顕著
　(5) 脳の萎縮または損傷
　　　□ない　　□部分的に見られる　　☑著しい　　　　□不明
　(6) 各種検査
　　　長谷川式認知症スケール　　（☑　○　点（○月○日実施），□未実施　□実施不可）
　　　ＭＭＳＥ　　　　　　　　　（□　　　点（　月　日実施），□未実施　□実施不可）
　　　その他の検査

　(7) その他特記事項

　　備　考（本人以外の情報提供者など）

以上のとおり診断します。　　　　　　　　平成○　年　○月　○日
担当医師氏名／担当診療科名

氏　名　　○○○○　　　　　　　　　印　　（　　○○　　科）

病院又は診療所の名称・所在地
　　○○病院
　　東京都○区○町○丁目○番○号　　　tel　○○（○○○○）○○○○
　　　　　　　　　　　　　　　　　　　fax　○○（○○○○）○○○○

（東京家庭裁判所ウェブサイト掲載の書式を基に執筆者が独自に作成）

診断書の書式は家庭裁判所によって異なるので、必ず申立てをする家庭裁判所の書式を確認してください。家庭裁判所は、「3　判断能力判定についての意見」に必ずしも拘束されるものではありませんが、実際には医師の判断に沿って判断することが多いので、医師には、慎重に判断するよう求める必要があります。

第4章 ホームロイヤー契約（任意後見） 167

○任意後見監督人の辞任許可申立書

	受付印	**家事審判申立書　事件名**（任意後見監督人の辞任許可　）
		（この欄に申立手数料として1件について800円分の収入印紙を貼ってください。）
	収入印紙　　円 予納郵便切手　円 予納収入印紙　円	（貼った印紙に押印しないでください。） （注意）登記手数料としての収入印紙を納付する場合は、登記手数料としての収入印紙は貼らずにそのまま提出してください。

準口頭		関連事件番号　平成○年（家○）第○○○○号

○○家庭裁判所　御中 平成○年○月○日	申立人（又は法定代理人など）の記名押印	○○○○　印

添付書類	（審理のために必要な場合は、追加書類の提出をお願いすることがあります。）

<table>
<tr><td rowspan="6">申立人</td><td>本籍
（国籍）</td><td colspan="2">（戸籍の添付が必要とされていない申立ての場合は、記入する必要はありません。）
○○ 都道府県　○○市○○区○○　○丁目○番○号</td></tr>
<tr><td>住所</td><td colspan="2">〒○○○-○○○○　電話　○○（○○○○）○○○○
東京都○区○町○丁目○番○号　　（　　　方）</td></tr>
<tr><td>連絡先</td><td colspan="2">〒　-　　電話　（　）
（　　　方）</td></tr>
<tr><td>フリガナ
氏名</td><td>○○○○</td><td>大正・昭和・平成　○年○月○日生
（　○　歳）</td></tr>
<tr><td>職業</td><td colspan="2">弁護士</td></tr>
</table>

<table>
<tr><td rowspan="5">※
本人</td><td>本籍
（国籍）</td><td colspan="2">（戸籍の添付が必要とされていない申立ての場合は、記入する必要はありません。）
都道府県</td></tr>
<tr><td>住所</td><td colspan="2">〒○○○-○○○○　電話　○○（○○○○）○○○○
東京都○区○町○丁目○番○号　　（　　　方）</td></tr>
<tr><td>連絡先</td><td colspan="2">〒　-　　電話　（　）
（　　　方）</td></tr>
<tr><td>フリガナ
氏名</td><td>○○○○</td><td>大正・昭和・平成　○年○月○日生
（　○　歳）</td></tr>
<tr><td>職業</td><td colspan="2">無職</td></tr>
</table>

（注）　太枠の中だけ記入してください。
　　　※の部分は、申立人、法定代理人、成年被後見人となるべき者、不在者、共同相続人、被相続人等の区別を記入してください。

別表第一（1/2）

(942210)

（裁判所ウェブサイト掲載の書式を基に執筆者が独自に作成）

申　立　て　の　趣　旨
申立人が本人○○○○の任意後見監督人を辞任することを許可する審判を求める。

申　立　て　の　理　由
1　申立人は、平成○年○月○日に、本人○○○○の任意後見監督人に選任されて以降、監督人として業務を遂行してきた。
2　しかしながら、平成○年○月○日、交通事故に遭い、長期入院が必要となり、今後監督人としての業務を遂行することが困難となった。
3　そのため、任意後見監督人を辞任させていただきたく、本申立てをする。

別表第一（2/2）

（裁判所ウェブサイト掲載の書式を基に執筆者が独自に作成）

1　任意後見監督人の辞任

任意後見監督人は正当な事由があるときは家庭裁判所の許可を得てその任務を辞することができます（任意後見7④、民844）。正当な事由として考えられるものは、任意後見監督人側に後見事務の遂行に支障が生じるようなやむを得ない事情が存在する場合（遠隔地への転居、老齢・疾病、後見事務が長期間に及ぶ場合）や後見監督人と任意後見人、あるいは被後見人との間で信頼関係が破壊されている場合などが考えられます（於保不二雄・中川淳編『新版注釈民法(25)親族(5)－818条～881条』319頁（有斐閣、1994）参照）。

2　手　続

(1)　申立権者

申立権者は任意後見監督人となります（任意後見7④、民844）。

(2)　管轄裁判所

管轄裁判所は、任意後見監督人の選任の審判をした家庭裁判所となります。

抗告裁判所が当該任意後見監督人を選任した場合にあっては、その第一審裁判所の家庭裁判所となります（家事217②）。

(3)　申立費用

①　申立手数料（収入印紙）　800円
②　予納郵券　各裁判所の定めるところによります。
③　登記手数料（登記印紙）　1,400円

(4)　添付書類

①　登記事項証明書
②　申立理由にかかる疎明資料
③　その他裁判所が指示する書類

(5)　審　理

家庭裁判所が申立てを理由ありと判断したときは許可の審判を下します。逆に申立ての理由なしと判断した際は却下の審判を下すことになります。

許可及び却下の審判に対しては不服の申立てはできません。

3　辞任の登記

任意後見監督人の辞任許可の審判が効力を生じた場合、裁判所書記官は遅滞なく登記所に対して後見登記法に定める登記を嘱託しなければなりません（家事116一、家事規77①五）。

○任意後見監督人の解任申立書

受付印	**家事審判申立書　事件名（任意後見監督人の解任）**	
	（この欄に申立手数料として1件について800円分の収入印紙を貼ってください。）	
収入印紙　　　　円 予納郵便切手　　円 予納収入印紙　　円	（注意）登記手数料としての収入印紙を納付する場合は、登記手数料としての収入印紙は貼らずにそのまま提出してください。 （貼った印紙に押印しないでください。）	

準口頭	関連事件番号　平成　○　年（家○）第　○○○○　号

○○家庭裁判所　御中 平成　○年　○月　○日	申立人（又は法定代理人など）の記名押印	○○○○　印

添付書類	（審理のために必要な場合は、追加書類の提出をお願いすることがあります。）

申立人
- 本籍（国籍）：○○都道府**県**　○○市○○区○○　○丁目○番○号
- 住所：〒○○○-○○○○　東京都○区○町○丁目○番○号　電話　○○（○○○○）○○○○　（　　　方）
- 連絡先：〒　－　　電話（　　）　（　　方）
- フリガナ／氏名：○○○○　大正・**昭和**・平成　○年○月○日生（○歳）
- 職業：会社員

※ 任意後見監督人
- 本籍（国籍）：都道府県
- 住所：〒○○○-○○○○　東京都○区○町○丁目○番○号　○○法律事務所　電話　○○（○○○○）○○○○　（　　方）
- 連絡先：〒　－　　電話（　　）　（　　方）
- フリガナ／氏名：○○○○　大正・**昭和**・平成　○年○月○日生（○歳）
- 職業：弁護士

※ 本人
- 本籍（国籍）：都道府県
- 住所：〒○○○-○○○○　東京都○区○町○丁目○番○号　電話　○○（○○○○）○○○○　（　　方）
- 連絡先：〒　－　　電話（　　）　（　　方）
- フリガナ／氏名：○○○○　大正・**昭和**・平成　○年○月○日生（○歳）
- 職業：無職

（注）太枠の中だけ記入してください。
※の部分は、申立人、法定代理人、成年被後見人となるべき者、不在者、共同相続人、被相続人等の区別を記入してください。

別表第一（1/2）

（裁判所ウェブサイト掲載の書式を基に執筆者が独自に作成）

申　立　て　の　趣　旨
本人〇〇〇〇の任意後見監督人〇〇〇〇を解任するとの審判を求める。

申　立　て　の　理　由
1　申立人は、本人〇〇〇〇の長女である。
2　〇〇〇〇は、平成〇年〇月〇日、本人〇〇〇〇の任意後見監督人に選任された。
3　しかるに、任意後見監督人は、選任後、一度も任意後見人の報告を受けないなどその職務を適正に行っていない。
4　そこで、任意後見監督人を解任していただきたく、本申立てをした。

別表第一（2/2）

（裁判所ウェブサイト掲載の書式を基に執筆者が独自に作成）

1　任意後見監督人の解任

　任意後見監督人に不正な行為、著しい不行跡その他後見の任務に適しない事由があるときは、家庭裁判所は、被後見人若しくはその親族若しくは検察官の請求により又は職権でこれを解任できます（任意後見7④、民846）。ここで「不正な行為」とは、違法な行為又は社会的にみて非難されるべき行為をいい、「著しい不行跡」とは品行ないし操行が甚だしく悪いことをいうと解されています。

　また、「その他後見の任務に適しない事由」があるときとは、任意後見監督人の権限濫用、管理失当、任務の怠慢などがある場合と解されています（於保不二雄・中川淳編『新版注釈民法(25)親族(5)－818条～881条』324～326頁（有斐閣、1994）参照）。

2　手　続

(1)　申立権者

　申立権者は、本人、本人の親族、検察官となります（任意後見7④、民846）。

　なお、後見人が申立権者になれるかについては、明文がないことなどから否定的に解されています。

(2)　管轄裁判所

　管轄裁判所は、任意後見監督人の選任の審判をした家庭裁判所となります。

　抗告裁判所が当該任意後見監督人を選任した場合にあっては、その第一審裁判所の家庭裁判所となります（家事217②）。

(3)　申立費用

① 　申立手数料（収入印紙）　800円
② 　予納郵券　各裁判所の定めるところによります。

（登記手数料（登記印紙）は不要です。）

(4)　添付書類

① 　登記事項証明書
② 　申立理由にかかる疎明資料
③ 　その他裁判所が指示する書類

(5)　審　理

　審理は以下の流れで行われます。

① 　家庭裁判所は、任意後見監督人を解任する場合には、任意後見監督人の陳述を聞かなければなりません（家事220①二）。
② 　家庭裁判所は、解任の事由があると判断した場合には解任の審判を下し、解任事由がないと判断した場合には却下の審判を下します。

③　解任審判及び解任申立却下審判に対しては、それぞれ即時抗告できます。

　　解任審判の即時抗告の申立権者は、任意後見監督人であり（家事223①二）、解任申立却下審判の即時抗告の申立権者は、申立人、本人又はその親族です（家事223①三）。

3　解任の登記

　任意後見監督人を解任する審判が効力を生じた場合、裁判所書記官は遅滞なく登記所に対して後見登記法に定める登記を嘱託しなければなりません（家事116一、家事規77①五）。

○審判前の保全処分申立書

受付印	**家事審判申立書　事件名（　審判前の保全処分　）**	
	（この欄に申立手数料として1件について800円分の収入印紙を貼ってください。）	
収入印紙　　　　円 予納郵便切手　　円 予納収入印紙　　円	（注意）登記手数料としての収入印紙を納付する場合は、登記手数料としての収入印紙は貼らずにそのまま提出してください。（貼った印紙に押印しないでください。）	

準口頭	関連事件番号　平成 ○ 年（家 ○）第 ○○○○ 号

○○ 家庭裁判所 御中 平成 ○ 年 ○ 月 ○ 日	申立人（又は法定代理人など）の記名押印	○ ○ ○ ○ 印

添付書類	（審理のために必要な場合は、追加書類の提出をお願いすることがあります。）

申立人

本籍（国籍）	（戸籍の添付が必要とされていない申立ての場合は、記入する必要はありません。） ○○ 都道府県　○○市○○区○○ ○丁目○番○号
住所	〒○○○-○○○○　電話 ○○（○○○○）○○○○ 東京都○区○町○丁目○番○号　○○マンション○○号（　　方）
連絡先	〒　-　電話（　）（　　方）
フリガナ　氏名	○ ○ ○ ○　　大正・昭和・平成　○年○月○日生（○歳）
職業	

※ 任意後見監督人

本籍（国籍）	（戸籍の添付が必要とされていない申立ての場合は、記入する必要はありません。） 都道府県
住所	〒○○○-○○○○　電話 ○○（○○○○）○○○○ 東京都○区○町○丁目○番○号（　　方）
連絡先	〒○○○-○○○○　電話 ○○（○○○○）○○○○ 東京都○区○町○丁目○番○号　○○法律事務所（　　方）
フリガナ　氏名	○ ○ ○ ○　　大正・昭和・平成　○年○月○日生（○歳）
職業	弁護士

※ 本人

本籍（国籍）	（戸籍の添付が必要とされていない申立ての場合は、記入する必要はありません。） 都道府県
住所	〒○○○-○○○○　電話 ○○（○○○○）○○○○ 東京都○区○町○丁目○番○号（　　方）
連絡先	〒　-　電話（　）（　　方）
フリガナ　氏名	○ ○ ○ ○　　大正・昭和・平成　○年○月○日生（○歳）
職業	無職

（注）太枠の中だけ記入してください。
※の部分は、申立人、法定代理人、成年被後見人となるべき者、不在者、共同相続人、被相続人等の区別を記入してください。

別表第一（1/2）

(942210)

（裁判所ウェブサイト掲載の書式を基に執筆者が独自に作成）

第4章 ホームロイヤー契約（任意後見）

申　立　て　の　趣　旨
次の1及び2記載の審判を求める。
1　任意後見監督人〇〇〇〇の解任についての審判が効力を生ずるまでの間、本人〇〇〇〇の任意後見監督人〇〇〇〇の職務の執行を停止する。
2　上記期間中、任意後見監督人〇〇〇〇の職務代行者を選任する。

申　立　て　の　理　由
1　本日、申立人は、任意後見監督人〇〇〇〇を解任する審判を申し立てた。
2　任意後見監督人は、選任後、一度も任意後見人の報告を受けないなどその職務を適正に行っていない。
3　そのため、任意後見監督人を解任する必要があるが、それとは別に、解任の審判が効力を生じるまで、任意後見監督人の職務を停止させなければ、本人に回復しがたい不利益が生じる可能性がある。
4　そこで、同監督人の職務を停止させ、別の職務代行者に、任意後見人に対して報告を求める、あるいは本人の財産調査等を行わせる必要がある。
5　上記の次第から、保全処分を申し立てる。
6　任意後見監督人の職務代行者には、御庁において適切な者を選任していただきたい。

別表第一（2/2）

（裁判所ウェブサイト掲載の書式を基に執筆者が独自に作成）

1　審判前の保全処分

任意後見監督人解任審判の申立てがあった場合、本人の利益のため必要があるときは、家庭裁判所は、当該申立てをした者の申立てにより、任意後見監督人を解任する審判の申立てについての審判が効力を生ずるまでの間、任意後見監督人の職務の執行を停止し、又はその職務代行者を選任することができます（家事225①・127①）。

2　手　続

（1）申立権者

申立権者は、本案の申立人又は家庭裁判所の職権となります（家事225①・127①）。

（2）管轄裁判所

管轄裁判所は、本案が係属している家庭裁判所又は高等裁判所となります（家事105）。

（3）申立費用

① 申立手数料（収入印紙）　不要
② 予納郵券　各裁判所の定めるところによります。
③ 登記手数料（登記印紙）　1,400円

（4）添付書類

① 保全処分を求める事由を疎明する資料
② 職務代行者候補者の住民票（又は戸籍の附票）

（5）審理手続

審理は以下の流れで行われます。

① 審判前の保全処分の申立ては、その趣旨及び保全処分を求める事由を明らかにしなければならず、この際、申立人は保全処分を求める事由を疎明しなければなりません（家事106①②）。
② 家庭裁判所は、審判前の保全処分の申立てがあった場合において、必要があると認めるときは、職権で事実の調査及び証拠調べをすることができます（家事106③）。
③ 任意後見監督人の職務の執行を停止する審判は、任意後見監督人、他の任意後見監督人又は職務代行者となるべき者に告知されて効力を生じます（家事225①・127②）。
④ 職務代行者を選任する審判は、職務代行者となるべき者に告知されて効力を生じます（家事74②）。
⑤ 任意後見監督人の職務執行を停止する審判に対しては任意後見監督人が、職務執行停止についての却下審判に対しては申立人が、即時抗告をすることができます（家事223二・110）。

3　任意後見の登記

任意後見監督人の職務の執行を停止する審判及びその職務代行者を選任し又は改任する審判が効力を生じた場合、裁判所書記官は遅滞なく登記所に対して後見登記法に定める登記を嘱託しなければなりません（家事116二、家事規77②二）。

第4章 ホームロイヤー契約（任意後見）

○任意後見人の解任申立書

受付印		家事審判申立書　事件名（　任意後見人の解任　）	
		（この欄に申立手数料として1件について800円分の収入印紙を貼ってください。）	
収入印紙　　円 予納郵便切手　円 予納収入印紙　円		（貼った印紙に押印しないでください。） （注意）登記手数料としての収入印紙を納付する場合は、登記手数料としての収入印紙は貼らずにそのまま提出してください。	

準口頭　　関連事件番号　平成　○　年（家○）第　○○○○　号

○○家庭裁判所　御中 平成　○　年　○　月　○　日	申立人 （又は法定代理人など） の記名押印	○　○　○　○　印

添付書類	（審理のために必要な場合は、追加書類の提出をお願いすることがあります。）

申立人	本　籍 （国　籍）	（戸籍の添付が必要とされていない申立ての場合は、記入する必要はありません。） 　　　　都　道 ○○　　　　府　県　　○○市○○区○○　○丁目○番○号	
	住　所	〒○○○－○○○○　　　　　　　　電話　○○（○○○○）○○○○ 東京都○区○町○丁目○番○号　　　　　　　　　　（　　　　　方）	
	連絡先	〒○○○－○○○○　　　　　　　　電話　○○（○○○○）○○○○ 東京都○区○町○丁目○番○号　○○法律事務所　（　　　　　方）	
	フリガナ 氏　名	○　○　○　○	大正 昭和　○年○月○日生 平成　（　○　歳）
	職　業	弁護士	

※ 任意後見人	本　籍 （国　籍）	（戸籍の添付が必要とされていない申立ての場合は、記入する必要はありません。） 　　都　道 　　府　県	
	住　所	〒○○○－○○○○　　　　　　　　電話　○○（○○○○）○○○○ 東京都○区○町○丁目○番○号　　　　　　　　　　（　　　　　方）	
	連絡先	〒　　－　　　　　　　　　　　　電話　　　（　　） 　　　　　　　　　　　　　　　　　　　　　　　　（　　　　　方）	
	フリガナ 氏　名	○　○　○　○	大正 昭和　○年○月○日生 平成　（　○　歳）
	職　業	会社員	

※ 本人	本　籍 （国　籍）	（戸籍の添付が必要とされていない申立ての場合は、記入する必要はありません。） 　　都　道 　　府　県	
	住　所	〒○○○－○○○○　　　　　　　　電話　○○（○○○○）○○○○ 東京都○区○町○丁目○番○号　　　　　　　　　　（　　　　　方）	
	連絡先	〒　　－　　　　　　　　　　　　電話　　　（　　） 　　　　　　　　　　　　　　　　　　　　　　　　（　　　　　方）	
	フリガナ 氏　名	○　○　○　○	大正 昭和　○年○月○日生 平成　（　○　歳）
	職　業	無職	

（注）　太枠の中だけ記入してください。
※の部分は、申立人、法定代理人、成年被後見人となるべき者、不在者、共同相続人、被相続人等の区別を記入してください。

別表第一（1/2）

(942210)

（裁判所ウェブサイト掲載の書式を基に執筆者が独自に作成）

申　立　て　の　趣　旨
本人○○○○の任意後見人○○○○を解任するとの審判を求める。

申　立　て　の　理　由
1　申立人は、本人○○○○の任意後見監督人である。
2　○○○○は、平成○年○月○日、本人○○○○の任意後見人に就任後、職務を遂行してきたが、以下に述べるような不適切な行為が認められる。
（1）本人○○○○の預貯金を勝手に引き出し、自らの使途に充てている。
（2）本人○○○○の通帳の提出を求めても、応じない。
（3）定期報告の時期に報告をしない。
3　申立人としては、任意後見人○○○○を解任する審判を得て、法定後見に移行したいと考えている。
4　よって、本申立てをする。

別表第一（2/2）

（裁判所ウェブサイト掲載の書式を基に執筆者が独自に作成）

1　任意後見人の解任

　任意後見人に不正な行為、著しい不行跡その他その任務に適しない事由があるときは、家庭裁判所は、申立権者の請求により、又は職権で、任意後見人を解任することができます（任意後見8）。ここで「不正な行為」とは、違法な行為又は社会的にみて非難されるべき行為をいい、「著しい不行跡」とは品行ないし素行が甚だしく悪いことをいうと解されています。

　また、「その他後見の任務に適しない事由」があるときとは、任意後見人の権限濫用、管理失当、任務の怠慢などがある場合と解されています（於保不二雄・中川淳編『新版注釈民法(25)親族(5)－818条〜881条』324〜326頁（有斐閣、1994）参照）。

2　手　続

(1)　申立権者

　申立権者は、任意後見監督人、本人、その親族又は検察官です（任意後見8）。

(2)　管轄裁判所

　管轄裁判所は、本人の住所地の家庭裁判所となります（家事217②）。

(3)　申立費用

① 　申立手数料（収入印紙）　800円
② 　予納郵券　各裁判所の定めるところによります。

（登記手数料（登記印紙）は不要です。）

(4)　添付書類

① 　登記事項証明書
② 　申立理由に係る疎明資料
③ 　その他裁判所が指示する書類

(5)　審理手続

審理は以下の流れで行われます。

① 　家庭裁判所は、任意後見人を解任する審判をするには、任意後見人の陳述を聴かなければなりません（家事220①三）。
② 　任意後見人を解任する審判は、本人、任意後見監督人及び任意後見人に告知しなければなりません（家事74①・222三）。
③ 　本人及び任意後見人は、任意後見人を解任する審判に対して即時抗告をすることができます（家事223四）。
④ 　申立人、任意後見監督人並びに本人及びその親族は、任意後見人の解任の申立てを却下する審判に対して即時抗告をすることができます（家事223五）。

3　解任の登記

　任意後見人を解任する審判が効力を生じた場合、裁判所書記官は、遅滞なく登記所に対して後見登記法に定める登記を嘱託しなければなりません（家事116一、家事規77①五）。

4　任意後見契約の終了

　任意後見人の解任により、任意後見契約は終了します。

第4章 ホームロイヤー契約（任意後見）

○審判前の保全処分申立書

受付印	**家事審判申立書　事件名（　審判前の保全処分　）**
収入印紙　　　円 予納郵便切手　円 予納収入印紙　円	（この欄に申立手数料として1件について800円分の収入印紙を貼ってください。） 　　　　　　　　　　　　　　　　（貼った印紙に押印しないでください。） （注意）登記手数料としての収入印紙を納付する場合は、登記手数料としての収入印紙は貼らずにそのまま提出してください。

準口頭　　関連事件番号　平成　○　年（家　○　）第　○○○○　号

○○　家庭裁判所　御中 平成　○　年　○　月　○　日	申立人 （又は法定代理人など） の記名押印	○　○　○　○　　印

添付書類　（審理のために必要な場合は、追加書類の提出をお願いすることがあります。）

申立人

本籍（国籍）	（戸籍の添付が必要とされていない申立ての場合は、記入する必要はありません。） ○○　都道府県　　○○市○○区○○　○丁目○番○号
住所	〒○○○－○○○○　　　　　電話　○○（○○○○）○○○○ 東京都○区○町○丁目○番○号　　　　　　　（　　　　方）
連絡先	〒○○○－○○○○　　　　　電話　○○（○○○○）○○○○ 東京都○区○町○丁目○番○号　○○法律事務所（　　　方）
フリガナ 氏名	○　○　○　○　　　　大正・昭和・平成　○年○月○日生（　○　歳）
職業	弁護士

※ 任意後見人

本籍（国籍）	（戸籍の添付が必要とされていない申立ての場合は、記入する必要はありません。） 都道府県
住所	〒○○○－○○○○　　　　　電話　○○（○○○○）○○○○ 東京都○区○町○丁目○番○号　　　　　　　（　　　　方）
連絡先	〒　　－　　　　　　　　　　電話　　　（　　　　） 　　　　　　　　　　　　　　　　　　　　　（　　　　方）
フリガナ 氏名	○　○　○　○　　　　大正・昭和・平成　○年○月○日生（　○　歳）
職業	会社員

※ 本人

本籍（国籍）	（戸籍の添付が必要とされていない申立ての場合は、記入する必要はありません。） 都道府県
住所	〒○○○－○○○○　　　　　電話　○○（○○○○）○○○○ 東京都○区○町○丁目○番○号　　　　　　　（　　　　方）
連絡先	〒　　－　　　　　　　　　　電話　　　（　　　　） 　　　　　　　　　　　　　　　　　　　　　（　　　　方）
フリガナ 氏名	○　○　○　○　　　　大正・昭和・平成　○年○月○日生（　○　歳）
職業	無職

（注）　太枠の中だけ記入してください。
　　　※の部分は、申立人、法定代理人、成年被後見人となるべき者、不在者、共同相続人、被相続人等の区別を記入してください。

別表第一（1/2）

(942210)

（裁判所ウェブサイト掲載の書式を基に執筆者が独自に作成）

申　立　て　の　趣　旨
任意後見人〇〇〇〇の解任についての審判が効力を生ずるまでの間、本人〇〇〇〇の任意後見人〇〇〇〇の職務の執行を停止する旨の審判を求める。

申　立　て　の　理　由
1　本日、申立人は、任意後見人〇〇〇〇を解任する審判を申し立てた。
2　任意後見人〇〇〇〇には、①本人〇〇〇〇の預貯金を勝手に引き出し、自らの使途に充てている、②本人〇〇〇〇の通帳の提出を求めても、応じない、③定期報告の時期に報告をしないなど、その任務に適しない行為が認められる。
3　そこで、申立人としては、任意後見人〇〇〇〇を解任したいと考えているが、解任の審判が効力を生じるまでに任意後見人〇〇〇〇が不当に本人〇〇〇〇の財産を流出させる恐れがあるため、早急に任意後見人〇〇〇〇の職務を停止する必要がある。
4　よって、本申立てをする。

別表第一（2/2）

（裁判所ウェブサイト掲載の書式を基に執筆者が独自に作成）

1 審判前の保全処分

　任意後見人解任審判の申立てがあった場合、任意後見人がその権限を濫用するなど被後見人の利益を害するおそれがある場合は、当該行為を防止するために本案の申立人の申立てにより、本案事件についての審判が効力を生ずるまでの間、任意後見人の職務を停止することができます（家事225②・105①）。職務の執行停止の審判は、対世的効力を有するため、任意後見人の有している代理権は第三者との関係においても絶対的にその効力が停止されます。

　任意後見監督人の解任の審判申立事件を本案として職務執行代行者の選任申立てをする場合（家事127①⑤）と異なり、職務代行者選任の保全処分の手続は存在しません。理由としては、①任意後見人解任審判により任意後見契約は終了すること、②本人が決めた任意後見人の職務代行を裁判所が選任するのは適当でないことなどが挙げられています（金子修編著『逐条解説　家事事件手続法』689頁（商事法務、2013））。

2 手続

(1) 申立権者

　申立権者は、本案の申立人又は家庭裁判所の職権となります（家事225①・127①）。

(2) 管轄裁判所

　管轄裁判所は、本案が係属している家庭裁判所又は高等裁判所となります（家事105）。

(3) 申立費用

① 申立手数料（収入印紙）　不要
② 予納郵券　各裁判所の定めるところによります。
③ 登記手数料（登記印紙）　1,400円

(4) 添付書類

　保全処分を求める事由を疎明する資料

(5) 審理手続

審理は以下の流れで行われます。

① 審判前の保全処分の申立ては、その趣旨及び保全処分を求める事由を明らかにしなければならず、この際、申立人は保全処分を求める事由を疎明しなければなりません（家事106①②）。
② 家庭裁判所は、審判前の保全処分の申立てがあった場合において、必要があると認めるときは、職権で、事実の調査及び証拠調べをすることができます（家事106③）。
③ 任意後見人の職務の執行を停止する審判は、任意後見人、他の任意後見人又は任意後見監督人に告知されて効力を生じます（家事225②・127②）。

④　任意後見人の職務執行を停止する審判に対しては本人及び任意後見人が、職務執行停止についての却下審判に対しては申立人が、即時抗告をすることができます（家事110）。

3　任意後見の登記

　職務執行停止の審判が発効した場合、裁判所書記官は、遅滞なく登記所に対して、後見登記法に定める登記を嘱託しなければなりません（家事116二、家事規77②二）。

第4章 ホームロイヤー契約（任意後見）

○任意後見契約の解除についての許可申立書

受付印	家事審判申立書　事件名（任意後見契約の解除についての許可）

（この欄に申立手数料として1件について800円分の収入印紙を貼ってください。）

（貼った印紙に押印しないでください。）
（注意）登記手数料としての収入印紙を納付する場合は、登記手数料としての収入印紙は貼らずにそのまま提出してください。

収入印紙	円
予納郵便切手	円
予納収入印紙	円

準口頭　関連事件番号　平成　○年（家○）第　○○○○　号

○○家庭裁判所　御中
平成　○年　○月　○日

申立人（又は法定代理人など）の記名押印　○○○○　印

添付書類　（審理のために必要な場合は、追加書類の提出をお願いすることがあります。）

申立人

本籍（国籍）	（戸籍の添付が必要とされていない申立ての場合は、記入する必要はありません。） ○○ 都道府県　○○市○○区○○　○丁目○番○号
住所	〒○○○-○○○○　電話　○○（○○○○）○○○○ 東京都○区○町○丁目○番○号　　　（　　　方）
連絡先	〒　-　電話　（　） （　　　方）
フリガナ 氏名	○○○○　　大正・昭和・平成　○年○月○日生（○歳）
職業	無職

任意後見人 ※

本籍（国籍）	（戸籍の添付が必要とされていない申立ての場合は、記入する必要はありません。） 都道府県
住所	〒○○○-○○○○　電話　○○（○○○○）○○○○ 東京都○区○町○丁目○番○号　　　（　　　方）
連絡先	〒　-　電話　（　） （　　　方）
フリガナ 氏名	○○○○　　大正・昭和・平成　○年○月○日生（○歳）
職業	会社員

（注）太枠の中だけ記入してください。
※の部分は、申立人、法定代理人、成年被後見人となるべき者、不在者、共同相続人、被相続人等の区別を記入してください。

別表第一（1/2）

（942210）

（裁判所ウェブサイト掲載の書式を基に執筆者が独自に作成）

申立ての趣旨

申立人〇〇〇〇、任意後見人〇〇〇〇間の下記任意後見契約を解除することを許可するとの審判を求める。

記

公正証書を作成した公証人の所属する法務局　〇法務局

証書番号　平成〇年第〇号

証書作成年月日　平成〇年〇月〇日

登記番号　第〇〇－〇〇号

本人　〇〇〇〇

任意後見人　〇〇〇〇

申立ての理由

1　申立人〇〇〇〇と任意後見人〇〇〇〇は、申立ての趣旨記載の任意後見契約を締結した。

2　平成〇年〇月〇日、東京家庭裁判所より、任意後見契約に関する法律第4条第1項に基づいて任意後見監督人選任の審判が下され、〇〇〇〇が任意後見監督人に選任された。

3　しかるに、任意後見人は、後見人就任後、申立人の資産を流用する、任意後見監督人への事務報告を怠るなど任務に違反する行為を行っている。

4　そこで、申立人は、任意後見契約を解除し、任意後見を終了させることとしたい。

5　よって、本申立てをする。

別表第一（2/2）

（裁判所ウェブサイト掲載の書式を基に執筆者が独自に作成）

1 任意後見契約の解除

(1) 任意後見監督人選任前については、本人又は任意後見受任者は、公証人の認証を受けた書面によって、いつでも任意後見契約を解除することができます（任意後見9①）。

(2) 任意後見監督人選任後については、本人又は任意後見人は、正当な事由がある場合に限り、家庭裁判所の許可を得て、任意後見契約を解除することができます（任意後見9②、家事別表1⑫）。この場合、申立人である本人又は任意後見人は、許可の審判の後、相手方に対し解除の意思表示をする必要があります。

(3) 任意後見契約の解除により、任意後見契約は終了します。ここでいう解除とは、契約を全部解除することを意味します。仮に、任意後見人の代理権の範囲を一部変更、減縮などする場合には、一旦、任意後見契約を解除して新たな任意後見契約の公正証書を作成することが必要となります。

2 手 続

(1) 申立権者

申立権者は、本人又は任意後見人です（任意後見9②）。

(2) 管轄裁判所

管轄裁判所は、任意後見監督人選任審判をした家庭裁判所となります。

ただし、抗告裁判所が当該任意後見監督人を選任した場合には、その第一審裁判所である家庭裁判所となります（家事217①）。

(3) 申立費用

① 収入印紙　800円
② 予納郵券　各裁判所の定めるところによります。

(4) 添付書類

① 本人、任意後見人、任意後見監督人の戸籍謄本（全部事項証明書）
② 住民票又は戸籍附票
③ 登記事項証明書

(5) 審理手続

審理は以下の流れで行われます。

① 家庭裁判所は、任意後見契約の解除についての許可をするには、本人及び任意後見人の陳述を聴かなければなりません（家事220四）。
② 審理の結果、正当な事由があれば、家庭裁判所は、当該任意後見契約の解除を許可する審判をします。

③　任意後見契約解除の審判は、申立人、本人、任意後見人及び任意後見監督人に対して告知しなければなりません（家事74①・222四）。

④　本人及び任意後見人は、任意後見契約解除許可の審判に対して即時抗告をすることができます（家事223六）。

⑤　申立人は、申立てを却下する審判に対して即時抗告をすることができます（家事223七）。

3　任意後見の登記

　任意後見監督人選任後の任意後見契約解除による終了登記申請書に、解除の意思表示を記載した書面（配達証明書付き内容証明郵便謄本）、家庭裁判所の許可審判書謄本及び確定証明書を添付して申請します。

○解除通知書

解除通知書

　貴殿を受任者、私を委任者（本人）とする平成○年○月○日付任意後見契約公正証書（○○法務局所属公証人○○○○作成、平成○年第○○号）による任意後見契約は、平成○年○月○日、○○家庭裁判所の許可を得たので、本通知書をもって解除します。
　なお、解除の許可の審判の謄本と確定証明書は、別便の書留郵便にて送付しましたので、ご査収下さい。
　以上、通知します。

平成○年○月○日
東京都○区○町○丁目○番○号
　○　○　○　○　殿

　　　　　　　　　　　　　　東京都○区○町○丁目○番○号
　　　　　　　　　　　　　　　　○　○　○　○　㊞

　任意後見監督人選任後の解除の場合の通知書です。解除許可審判の謄本・確定証明書は内容証明郵便に同封できないので、別便で送ります。

第5章

家族信託契約

〔基本契約書〕

1 はじめに

信託契約は、委託者と受託者との契約により設定される信託です（信託3一）。家族信託契約の活用方法は様々ですが、信託契約において、高齢者である本人が委託者となり、親族などを受託者、自己又は第三者（配偶者など）を受益者とすることで、高齢者やその家族のための財産管理・承継制度として活用することが可能です。例えば、高齢者（委託者）が親族（受託者）に預貯金や不動産を信託し、受託者は信託財産の中から生活費等を定期的に交付したり、本人の自宅不動産を本人の居住のために管理する、といった活用が典型例でしょう。本章の基本契約書では、①高齢者が自己（及び配偶者）のために自己の財産を親族（例：子）に信託する、②高齢の親が、自己及び障害のある子のために自己の財産を親族（例：甥・姪）に信託する、といったケースを想定しています。

ただし、信託業法上、専門職が受託者となることはできないとされているため（信託業3・7①）、受託者として考えられるのは、実際には親族（又は親族で構成される一般社団法人）に限定されるでしょう（本章 条項例 第6条の解説参照）。そのため、高齢者にとって、身内に頼れる親族がいない場合は、ホームロイヤー契約（見守り及び財産管理）若しくはホームロイヤー契約（任意後見）の利用を検討する必要があります。

2 ホームロイヤー契約（見守り及び財産管理）及びホームロイヤー契約（任意後見）等との関係、違い

(1) ホームロイヤー契約（見守り及び財産管理）及びホームロイヤー契約（任意後見）との比較・使い分け

契約による事前準備型の財産管理制度としては、家族信託契約の他に、ホームロイヤー契約（見守り及び財産管理）（第3章）及びホームロイヤー契約（任意後見）（第4章）があり、いずれも契約時には本人に契約締結能力があることが必要です。

もっとも、各制度には以下のような違いがあるので、制度選択に当たっては十分比較検討することが求められます。

○各制度比較表

	見守り及び財産管理（委任）契約	任意後見契約	家族信託契約	成年後見	補足・コメント
所有権移転 財産管理権限の根拠・地位	× ↓ 代理人	× ↓ 代理人	○ ↓ 所有権者	× ↓ 代理人	
身上監護	○	○	×	○	
管理財産（又は代理権の範囲）を選べるか	○	○	○	× （全財産）	
第三者のための財産管理・活用	○	△ （ただし、任意後見監督人のチェックあり）	○	×	
（本人死亡後の）財産承継機能	×	×	○ （後継ぎ遺贈機能も○）	×	×の場合、遺言又は（法定相続人の）遺産分割による。
倒産隔離機能	×	×	○ （受託者の倒産から保護）	×	
本人の行為能力の制限	なし	なし	なし （所有権が受託者に移転しているので制限不要）	あり	
取消権	×	×	× （所有権が受託者に移転しているので不要）	○	
監督機関	定めによる	任意後見監督人	定めによる （信託監督人・受益者代理人等）	裁判所（後見監督人）	任意後見監督人、後見監督人を本人が選ぶことはできない（裁判所の専権事項）。

報酬	定めによる	定めによる （ただし、任意後見監督人の報酬は裁判所が決定）	定めによる	裁判所が決定	
効力発生時期	定めによる	判断能力の低下 ＋裁判所による任意後見監督人の選任	定めによる	判断能力の低下 ＋裁判所による後見開始の審判	
終了時期	死亡時（期間を定めることも可能）	死亡時	定めによる（死亡後も第三者のために存続可能）	死亡時	いずれも死後事務は別途、死後事務委任契約（特約）が必要。

① 身上監護

まず、ホームロイヤー契約（見守り及び財産管理）及びホームロイヤー契約（任意後見）は、本人の代理人として、本人の財産管理のみならず身上監護についての事務を行う権限があるのに対し、家族信託契約における受託者の権限は、信託財産の管理・処分に限定されるので、身上監護については権限がありません。したがって、介護サービスや施設入所の契約締結など、身上監護に関する事務を第三者が行うことが想定される場合は、ホームロイヤー契約（見守り及び財産管理）又はホームロイヤー契約（任意後見）が必要です。

② 第三者のための財産管理・活用・承継

ホームロイヤー契約（見守り及び財産管理）、ホームロイヤー契約（任意後見）、家族信託契約のいずれも、管理財産や代理権の範囲を契約により定めることができます。本人の生存中、家族など第三者のために本人の財産を管理・活用することも契約で定めることはできますが、ホームロイヤー契約（任意後見）の場合は任意後見監督人の了解を得る必要があり、実際には制約があると思われます。

本人の死亡後の財産承継問題、例えばいわゆる親亡き後、配偶者亡き後の問題に対応するには、ホームロイヤー契約（見守り及び財産管理）又はホームロイヤー契約（任意後見）では対応できず、遺言又は家族信託契約を検討すべきでしょう。また、いわゆる後継ぎ遺贈を実現するには、家族信託契約を利用する必要があります。

なお、家族信託契約において委託者以外の第三者を受益者とする場合には、特に

税務リスク（贈与税、相続税）に注意する必要があります。

③　財産保全機能

　ホームロイヤー契約（見守り及び財産管理）、ホームロイヤー契約（任意後見）、家族信託契約のいずれも、第三者が本人の財産を管理するので財産の保全機能を有するといえますが、効力が発生したことによって本人の行為能力自体は制限されず、成年後見のような取消権もありません。

　もっとも、家族信託契約は、受託者に信託財産の所有権が移転することから（物権的効力）、消費者被害や特殊詐欺など、本人が不当な契約を締結することにより財産が散逸することを防止する方策として有効です。また、信託財産は受託者の責任財産ともならないので（信託財産の独立性、倒産隔離機能。（信託23・25））、財産保全としては非常に優れた制度といえます。ただし、不動産等の名義が変わることに抵抗感がある高齢者も少なくないと思われますので、家族信託契約の利用を検討する際は、高齢者がこの点を受け入れるかどうかが重要なポイントになることが多いでしょう。

④　報酬・監督機関

　ホームロイヤー契約（見守り及び財産管理）、ホームロイヤー契約（任意後見）、家族信託契約のいずれも、報酬は契約で定めることができます。親族の場合は無償であることも多いでしょう。

　もっとも、ホームロイヤー契約（任意後見）では、監督機関として、裁判所により任意後見監督人が必ず選任され、本人が候補者を指名しても拘束力がないこと、任意後見監督人の報酬が別途発生することには留意すべきです。

　ホームロイヤー契約（見守り及び財産管理）、家族信託契約では監督機関は必須ではありませんが、契約で定めることは可能です。ホームロイヤー契約（見守り及び財産管理）や家族信託契約の継続中に本人の判断能力が低下することも想定されますので、契約上、何らかの監督スキームを設けておくことが本人にとっても安心だと思われます。この場合、監督機関となる第三者を確保しておくことが必要となります。

⑤　始期（効力発生時期）・終期

　ホームロイヤー契約（任意後見）は、精神上の障害により事理弁識能力が不十分な状況となり、申立てにより任意後見監督人が選任された時から効力が発生し（任意後見2）、本人の死亡により終了します。

　これに対し、ホームロイヤー契約（見守り及び財産管理）及び家族信託契約の効力発生時期は、契約で定めることができます。ホームロイヤー契約（見守り及び財

産管理）はホームロイヤー契約（任意後見）と同じく本人の死亡により終了しますが、家族信託契約は本人の死亡後も第三者を受託者として継続させることが可能です。

本人死亡後の死後事務（死亡後の諸手続や葬儀・埋葬等に関する事務）の委任については、第6章を参照してください。

(2) 財産管理契約・任意後見契約・法定後見との併用・連携

本人の身内に頼れる親族がおり、その親族が本人の財産管理を担う場合、上記の比較検討を踏まえて、どの制度を利用するかを選択することになりますが、本人の資産が高額であったり、収益物件が含まれているなど、財産管理の負担が大きい場合や財産の保全・承継に万全を期す場合には、家族信託契約と他の制度の併用も検討に値します。例えば、不動産や高額の預貯金などの重要な財産は親族Aに信託し、専門職Bが財産管理契約又は任意後見契約によって、身上監護及び日常的な預貯金等の管理を担うという役割分担により、親族Aによる管理の負担軽減を図るとともに、重要な財産を保全することが期待できます（後掲〇財産管理イメージ図参照）。また、日常的な財産管理や身上監護は財産管理契約・任意後見契約により専門職Bが担当するが、特定の不動産や金融資産については別枠で管理・運用してほしい、本人死亡後の財産承継について特別の手当をしておきたい（後継ぎ遺贈など）、といったニーズがある場合にも、親族Aと専門職Bの役割分担が有効だと考えられます。この場合、家族信託契約の効力発生を任意後見契約の効力発生時としたり、信託財産の管理、活用について任意後見人との連携を図るスキームも検討すべきでしょう。

財産管理契約・任意後見契約を締結せず、家族信託契約のみを利用する場合においても、受託者である親族Aが全て独力で信託事務を遂行し、本人（委託者）の財産管理及び身上監護をカバーすることは困難と思われます。このような場合、例えば、専門職Bは、本人（委託者）とホームロイヤー契約（見守り）を締結しておき、文字どおり本人（委託者）のかかりつけ弁護士として、様々な相談に乗り、また親族Aによる信託事務を支援することが検討されるべきです。

なお、当初は家族信託契約のみを利用し、財産管理契約や任意後見契約を締結していなかった場合であっても、本人の判断能力が低下した段階で親族A以外の者が成年後見人に選任されると、家族信託契約と成年後見が併存することになります。また、ホームロイヤー契約（見守り及び財産管理）、ホームロイヤー契約（任意後見）を締結していても、代理権の範囲が十分でない、後見人の取消権による対応が必要といった事情から、成年後見の申立てが必要になる場合もないわけではありません。家族信託契約の作成に当たっては、そのような事態も想定し、財産管理契約・任意後見契約に

おける代理権や管理財産の範囲等も考慮に入れた、総合的なスキームを構築することが求められます。

以上に対し、本人の身内に頼れる親族がいない場合は、前述のとおり、信託業法の規制により専門職が受託者になることはできませんので、専門職がホームロイヤーとして、財産管理契約又は任意後見契約により本人の財産を管理することになります。

○財産管理イメージ図

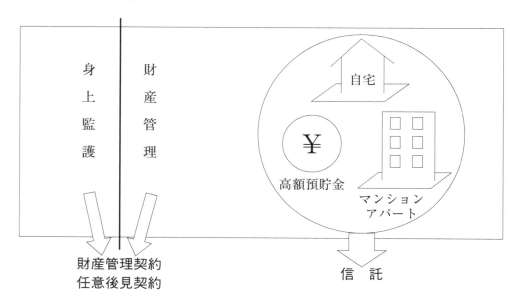

3 信託のリスク・注意点

家族信託契約を利用する場合は、上述の受託者規制などのほか、以下の点にも注意が必要です。

(1) 信託税制

家族信託契約の作成に当たっては、贈与税、相続税の発生リスクに注意する必要がありますので、税理士と連携しながらスキームを作成することが望まれます。

(2) 遺留分への配慮

信託にも遺留分の規定が適用されると解されています。

(3) 信託期間の長期化

信託期間は長期間にわたることが想定されるので、関係者の病気、判断能力の低下、死亡などをはじめ、様々な状況が変わる可能性があることを念頭において、契約書を作成すべきです。

第5章　家族信託契約

(4) 信託口座、信託登記の対応

信託口座の開設は、金融機関によって対応が異なります。また不動産は信託登記が必要ですので、司法書士との連携が必要です。

(5) 実効性のある監督の必要性

家族信託契約において、裁判所の関与は例外的な場面に限られているため、家族信託契約が後見制度の潜脱のために利用される危険があることも指摘されています。

したがって、家族信託契約の作成に当たっては、信託監督人、受益者代理人、任意後見人・ホームロイヤーの指図権などの実効的な監督スキームを盛り込むことを検討する必要があるでしょう。

(6) 遺言との抵触リスク

財産の承継を内容とした家族信託契約をした委託者が遺言を作成した場合、理論上は遺言の対象たる相続財産に信託財産が含まれないことになりますが、両者が実質的に抵触し、優劣が問題となるリスクがあることに留意しましょう。

実務上は、このようなリスクを回避するため、信託契約と遺言を同時に作成する場合も多いようです。

◆家族信託契約書（アウトライン）

家族信託契約書

委託者〇〇〇〇（以下「甲」という。）と受託者〇〇〇〇（以下「乙」という。）は、次のとおり、信託契約を締結する。

第1条（信託契約）
第2条（信託目的）
第3条（信託財産）
第4条（信託財産の追加）
第5条（委託者）
第6条（受託者）
第7条（受託者の信託事務）
第8条（信託事務の第三者への委託）
第9条（善管注意義務）

第10条（分別管理義務）
第11条（帳簿等の作成・報告・保存義務）
第12条（信託費用の償還）
第13条（信託報酬）
第14条（受益者）
第15条（受益権の譲渡・質入れの禁止）
第16条（信託監督人）
第17条（信託監督人の事務）
第18条（受託者の解任）
第19条（新受託者の選任）
第20条（信託監督人の報酬）
第21条（信託の変更と終了）
第22条（信託期間）
第23条（清算事務）
第24条（帰属権利者等）

　平成〇年〇月〇日

　　　　　　　　　　　　委託者（甲）
　　　　　　　　　　　　　住　所　東京都〇区〇町〇丁目〇番〇号
　　　　　　　　　　　　　氏　名　〇　〇　〇　〇　㊞

　　　　　　　　　　　　受託者（乙）
　　　　　　　　　　　　　住　所　東京都〇区〇町〇丁目〇番〇号
　　　　　　　　　　　　　氏　名　〇　〇　〇　〇　㊞

条項例

第1条（信託契約）

> 委託者は、次条の目的に基づき、第3条の信託財産を受託者に信託し、受託者はこれを引き受けた。

(1) 信託行為

信託法は、信託を設定する行為（信託行為）として、①信託契約、②遺言信託及び

③信託宣言（自己信託）の三つの方法を定めています（信託3）。このうちの①信託契約（信託3一）は、委託者と受託者との契約により信託を設定するものであり、本条はこの信託契約が成立したことを表すものです。

これに対し、②の遺言信託は、文字どおり遺言により信託を設定する行為です（信託3二）。また、③の信託宣言は、委託者自身が、自己の有する一定の財産について、「以後、この財産を信託財産として別扱いする。」と宣言することによって信託を設定する行為です。この信託宣言によって成立する信託のことを、第三者ではなく自己に信託するという意味で「自己信託」と呼びます（信託3三）。

(2) 方　式

信託行為をする際の方式に関しては、遺言信託については、信託法上特段の定めはないものの、遺言の一種であるため民法に定める遺言の要式に従う必要があり（民960）、また、自己信託については、公正証書等によるべきことが信託法上求められています（信託3三）。

これに対して、信託契約については、特定の方式や書面によるべきことは定められていません。しかし、売買や贈与等の他の契約と同様、トラブルを防ぐためには書面化しておくことが必須ですし、加えて、信託契約の場合、対象財産が多額に上るケースが多く、かつ、期間が長期にわたることも多いため、公正証書にしておくのがよりよいと思われます。信託契約書は多くの場合、支援者としての弁護士等の専門家が起案することが多いと思われますが、それに加えて公証人の目でもチェックが入れば、信託の経済的な側面はともかく法的側面においては、より安全性が高まるものと期待できます。なお、信託専用口座については、その開設に当たり信託契約書の公正証書化を要求する金融機関もあるようです。

第2条（信託目的）

> 本契約に基づく信託（以下「本信託」という。）の目的は、信託財産を受託者が管理又は処分等することにより、委託者の財産管理の負担とそれに伴う危険を低減し、受益者の安定した生活と充実した福祉を図ることにある。

(1) 信託目的とその制限

信託においては、必ず「一定の目的」が定められなければならず、その「目的」は、受託者が「財産の管理又は処分及びその他の（中略）必要な行為」をするときに従うべき基準となります（信託2①）。受託者には広範な事務裁量が認められており、その裁

量を使って受益者の利益の増進を図ることになりますが、反面、その裁量の逸脱が懸念されるところでもあります。その裁量を逸脱した場合には、権限外の行為として、受益者等には取消権が認められています（信託27①）。その判断の最終的な基準となるのが、この信託目的です。逆に、受託者の立場から自身の行為の当否・是非を判断する場合には、この信託目的に立ち返って判断する必要があります。

この「目的」は、当該信託における当事者のニーズを踏まえて定められるべきものであり、多様な「目的」の定めが想定されますが、ただ、全く自由に定めてよいものではなく、法律上以下のような制限があります。

> ①　専ら受託者の利益を図るもの（信託2①かっこ書）
> ②　脱法信託（信託9）
> ③　訴訟信託（信託10）
> ④　公序良俗に反するもの（民90）

※　その他、目的の制限ではありませんが、委託者による信託の設定が、その債権者の権利を害する場合には、詐害信託として信託の設定のための財産の処分が取り消されることがあり得ます（信託11）。

このうち、家族信託で特に問題になり得るのが①です。信託契約書内の目的の欄で、「専ら受託者の利益を図る」目的と読み取れるような条項をわざわざ設けることはまずないと思われますが、「専ら受託者の利益を図る」目的か否かの判断は、形式的な記載等からではなく、その信託によって当事者が達成しようとした経済的な効果に照らして実質的に判断されます。そのため、専門家として、信託の設定について相談を受けた際には、相談者が何を企図して信託を設定しようとしているのかを慎重に聞き取る必要があるでしょう。

なお、信託契約において、受託者が受益者の一人になること自体は認められており、受益者が一時的に受益権の全部を固有財産として保有することも禁じられていません（信託163二参照）。ただ、「99パーセントの受益権が受託者によって保有され、1パーセントだけが第三者に帰属しているといった場合」は、専ら受託者の利益を図る目的のものと評価され得るとされます（道垣内弘人『信託法（現代民法別巻）』47頁（有斐閣、2017））。また、受託者が受益権の内容や受益者自体を自由に変更できたり、他の当事者による受託者の解任が認められないような契約内容であったりすると、「専ら受託者の利益を図る目的」を推測されかねないといえるでしょう。

(2) 信託目的の定め方

　前述のとおり、信託目的は、受託者が従うべき行動の指針となるものです。「別紙記載の財産を受益者のために管理することを目的として」というような記載では、受託者の行動の指針となり得ません。恣意的な解釈を防ぎ、委託者の意思が確実に実現されるようにするためには、確定的な表現で、かつ、ある程度具体性を有するものであることが望まれます。

　一方で、信託目的を詳細に書き過ぎると、受託者の裁量が過度に狭められてしまう懸念もあります。また、信託契約発効後、信託条項（特に受託者の事務や受益権の内容等の技術的な部分）を変更する必要が出てきた場合、信託目的との齟齬が生じる可能性も高くなります。そのため、信託目録の変更の登記に際して、変更後の条項が信託目的条項に反するため、登記事務が滞る可能性もないとはいえません。その場合、信託目的も同時に変更すればよいようにも思えますが、信託目的は信託の背骨ですから、極論すればこれを変更すれば別の信託になってしまうリスクもあります。

　結局、信託契約書を作成する際には、両者のバランスを考慮しつつ、どのような目的を設定するかを決していく他ないでしょう。

【障がい者親亡き後の信託の場合】

> 　本契約に基づく信託（以下「本信託」という。）の目的は、主に信託財産の運用益をもって受益者の生活費等に充てることにより、障がいを有する受益者が、生涯にわたって安定した生活を送り、かつ、最善の福祉を受けられるよう支援することにある。

　家族信託における信託目的は、受益者の安定した生活と充実した福祉を支援すること等とすることが多く、冒頭の条項例でも同様の記載を入れましたが、上記では、更に、受託者に具体的な指針を与える趣旨から、信託財産の運用益をもって生活費等に充てるべきことを付記しました。

　もっとも、昨今のゼロ金利環境においては、金融資産の運用益には期待できず、賃貸不動産や安定した配当が見込める株式等が信託される場合にのみ、「運用益」に期待することができるでしょう。既存の信託銀行には、税制上の特典が受けられる「特定贈与信託」という信託商品がありますが、近年その利用は伸び悩んでいる状態のようです。商品として金銭しか信託できず、かつ上記のとおりのゼロ金利では、運用益による受益者への給付が期待でないため、元本を削っていくことにより給付することになり、そのことが障がい者（受益者）の保護者（委託者）にとって心細

く感じられるためともいわれています。

【受託者連続信託の場合】
　高齢のAを第一次受益者、Aの配偶者Bを第二次受益者とする場合を想定します。

> 　本契約に基づく信託（以下「本信託」という。）の目的は、信託財産を受託者が管理又は処分等することにより、受益者A及びBの安定した生活と充実した福祉を図ること、とりわけ、受益者Bが必要とする限り信託不動産を生活の本拠地として使用させ、受益者A亡き後も受益者Bが穏やかな人生を送れるように支援することにある。

　ここでは、A亡き後にBが自宅に住み続けられることを企図し、Bに「信託不動産を生活の本拠地として使用させ」ることを目的として追加しました。
　なお、委託者と受益者が異なる場合には、受益者が受託者に過度の要求をしてきて受託者の事務処理が困難を来すことも考えられます。そのようなときに、依拠すべき信託目的があれば、それを根拠に、受託者が受益者の無理な要求を拒めるという効用も、ある程度は期待できます。「安定」、「充実」、「穏やか」といった文言は、主観的かつ多義的ではありますが、例えば、信託財産を一度に処分して、現金給付を求めてくる受益者に対しては、対抗する根拠になると考えられます。

第3条（信託財産）

> 1　本信託の信託財産（以下「本信託財産」という。）は、別紙の信託財産目録記載の不動産及び金銭である。
> 2　委託者及び受託者は、本契約締結後速やかに、前項の不動産について、信託を原因とする所有権移転の登記申請をし、これと同時に、受託者は、信託の登記申請をする。
> 3　委託者は、本契約締結後速やかに、信託財産目録3記載の金銭を受託者に引き渡す。

(1)　信託財産の範囲と特定の必要性
　信託を設定するに当たっては、信託財産（当初信託財産）を定める必要があります。信託財産となり得る財産については、平成16年改正以前の信託業法に定められていたような制限はなく（改正以前の信託業法では、当初受託財産は金銭等の一定の財産に

限定されていました。)、移転ができる特定の財産(積極財産に限ります。)で、金銭的価値に見積もり得るものであれば、広く対象とし得ます。ただ、実際に家族信託において信託される財産としては、上記で取り上げた不動産、金銭等がほとんどでしょう(商事信託においてはその他に、有価証券、債権、著作権その他の知的財産権等が信託財産になる例もあります。)。

信託財産は特定されている必要があるため、信託契約を締結する際に、**本章〔契約締結時に作成する文書〕及び〔関係文書〕の〇信託財産目録を作成するのが一般的**です。詳細については、同目録のそれぞれの解説を参照して下さい。

なお、当初信託財産のほか、受託者がそれを第三者に売却して得た対価や、第三者に賃貸して得た賃料、火災により減失したときの損害保険金等の財産も信託財産に属することとなります(信託財産の物上代位性(信託16一))。

【敷金返還債務を信託財産責任負担債務とする場合】

> 本信託に信託される財産及び負債は、別紙「信託財産等目録」記載の、不動産、金銭及び信託財産責任負担債務とする敷金返還債務である。

信託によって、賃貸不動産の所有名義は委託者から受託者に移転します。それに伴い賃貸人の地位も移転して、敷金返還債務も委託者から受託者へ引き継がれるわけですが、これを明確に信託財産責任負担債務(受託者が信託財産に属する財産をもって履行する責任を負う債務(信託2⑨))とするには、信託契約書の中で確認しておいたほうがよいでしょう(信託21①三)。それによって、将来の返還債務に充当するための金銭の信託も必要になることを明確にすることができます。固定資産税や日常の修繕費などは、信託のキャッシュフローの中で賄えるものと思われますが、敷金返還については、タイミングが重なれば、備えが十分でなくその時の信託預金で賄えないという事態が生じ得ます。

なお、本条で、敷金返還債務を定めた際は、受託者の信託事務として**第7条4号**に敷金返還債務の履行を定めた方が明確となるでしょう。

(2) 信託の公示

信託財産は受託者に帰属していますが、受託者の固有財産とは別異に取り扱われ、信託財産に属する財産については、受託者の債権者は信託財産責任負担債務に係る債権(信託2⑨)に基づく場合を除き、これを差し押さえたりすることができず、受託者が破産しても破産財団には組み込まれないこととなります(信託財産の独立性(信託23))。

このように信託財産であるか否かは第三者に影響を与えるため、信託財産であることを対抗するためには公示を要することとされています（信託14）。

ただ、公示が要求されるのは、登記・登録をしなければ権利の得喪を第三者に対抗することができない財産に限られるため、不動産については登記が必要となりますが、金銭については、信託財産であることを公示しなくとも信託財産であることを第三者に対抗することができます。

(3) 信託の登記

信託に係る登記には、信託を原因とする所有権移転登記と信託の登記の二つがあります。前者は委託者と受託者の共同申請（不登60）である一方、後者は受託者が単独で行うことができますが（不登98②③）、これらは同時に行う必要があります（不登98①）。

(4) 信託財産としての預金

銀行実務においては、預金債権の譲渡が認められていません。すなわち、委託者名義の預金口座の名義を受託者に変更することは認められないのです。そのため、実務上、預金を信託財産に含める場合には、委託者の口座から一旦信託すべき金額を払い戻して、これを現金で受託者に引き渡すか、受託者の指定する信託口座に振り込むことが必要となります。

家族信託契約においては、受託者と支援専門職が契約内容を検討する際の主体となり、委託者が「お客様」的地位に置かれてしまうケースもあります。その場合でも、最低限委託者がやるべきこと（信託財産の信託譲渡に必要なこと）があり、これを本条3項で明示することにより、当事者への注意喚起の機能をも果たすことを期待しています。

第4条（信託財産の追加）

> 委託者は、受託者の同意を得て、本信託財産に属しない金銭を、本信託に追加することができる。

信託財産の追加に関しては信託法に定めがありませんが、委託者と受託者の合意により可能と解されており、商事信託の実務においても、金銭等の信託財産の追加は行われています。

ただ、不動産を信託財産に追加したい場合には、当事者間で元々不動産の追加を合意していたような場合を除き、従前の契約の対象として単純に付加するのではなく、

新たに当該不動産を信託財産とする信託契約を締結すべきと考えます。そうでなくとも、受託者の事務や信託報酬等の信託条項の変更の要否について検討することは最低限必要となるでしょう。というのは、不動産信託は、信託財産の中でも特に受託者にとって重い負担を課すものであり、たとえ従前より不動産を信託財産とする信託契約であったとしても、新たな不動産を対象に加えるとなると、受託者の事務負担やリスクが倍加してしまう可能性があるからです。商事信託においても、金銭や債権の信託と異なり、刻々状態が変化する不動産の信託については、信託の受託そのものについて受託者が慎重である上、信託報酬も相対的に高い傾向があります。

第5条（委託者）

> 本信託の委託者は、以下の者である。
> 氏　名：〇〇〇〇
> 住　所：東京都〇区〇町〇丁目〇番〇号
> 生年月日：昭和〇年〇月〇日

　本条は法律上必須なものではありませんが、委託者を含む関係者の理解に資するために規定します。というのは、家族信託の契約書は親族間で締結されることが多く、かつ、委託者は高齢であることが多いためです。

　遺言信託を除く信託においては、委託者の地位は相続により相続人らに承継されることになります（信託147の反対解釈）。本契約書では、委託者の死亡により信託が終了すると定められていますが（**第22条参照**）、そのような規定がない場合には、権利関係の錯綜を防ぐため、委託者の地位は相続により承継しない旨を定めておくのが安全です（もっとも、課税上の視点から、委託者の地位を受益者に順次に移転させることが提案されることもあるようです。）。

第6条（受託者）

> 本信託の受託者は、以下の者とする。
> 氏　名：〇〇〇〇
> 住　所：東京都〇区〇町〇丁目〇番〇号
> 生年月日：昭和〇年〇月〇日

信託契約においては、受託者を特定する必要があります。受託者は信託の中心人物ですから、信頼性があり、実務能力に優れた人（法人を含みます。）を慎重に選ばなければなりません。逆にそのような人がいなければ信託設定そのものを断念しなければならなくなります。受託者が自然人の場合は、氏名、住所、生年月日等で特定するのが通常です。法人の場合は、名称・商号、本店所在地等で特定することになります。
　未成年者、成年被後見人及び被保佐人は受託者になることができません（信託7）。
　破産者であっても受託者となること自体は制限されておらず、破産手続開始決定が任務終了事由とされているにとどまります（信託56①三）。しかし、高齢者・障がい者の財産（信託財産）を管理する責務を果たせるかは慎重に検討すべきです。
　また、信託業法の規制（信託業3・7、金融兼営1）により、業として信託を引き受けることは信託会社か信託銀行等の金融機関以外は禁止されていますので、専門職が受託者となることはできないと考えられます。したがって、実際の受託者として想定されるのは、委託者の親族です。
　もっとも、受託者が高齢、病気、死亡等により任務を行えなくなるリスクに備え、親族で一般社団法人を設立し、これを受託者とする方法もあります。法人を受託者とすれば、受託者の病気、死亡といったリスクは回避できますが、当該法人の社員又は役員は親族で構成されることが多いと思われますので、当該法人の運営に必要・適切な社員・役員を長期的・継続的に確保できるかといった問題や、法人内における親族間対立が発生すると信託事務処理に支障が生じるといったリスクなどを慎重に考慮して選択する必要があるでしょう。
　業として信託を受託する者として、信託銀行と信託会社があります。
　信託銀行は、いわゆるメガバンク系列の信託専業銀行を含めて規模は大きく業歴も古く、信託業務についてノウハウもあります。したがって、信託という仕組みを使いたいと希望される方は、まずはそのサービスあるいは類似のサービスを信託銀行が提供していないかを調査すべきです。信託法上、信託財産は受託者の倒産から隔離されているとはいえ、万一受託者に何かあれば事務が滞るおそれはあります。まずそのような心配のない信用力のある組織に受託してもらうことを考えるべきです。かつては信託銀行は信託業務のほとんどを企業向け等の大規模取引に限定していた感がありましたが、最近では個人向けのサービスも充実させてきています。ただし、信託銀行は個人向け信託としては基本的に金銭しか受託せず、また商品の内容も画一的なものになっています。したがって、金銭以外の不動産等を信託する希望があったり、親族間の利益調整のためオーダーメード的な配慮が必要な場合は、信託銀行のサービスでは対応しきれないでしょう。そのときに初めて民事信託を検討することになります。

現在の信託法・信託業法が施行されて以降、いくつかの信託会社が設立され、特徴ある受託業務を行っている会社もあります。設立母体も、専門職（法人）、一般企業、不動産会社等様々です。信託会社は免許を受け、ないしは登録を許可された会社であり、金融庁の監督下にありますから、信託業務について一定の信頼を置くことができます。しかし、信託会社であるから一律に信頼を寄せることができると短絡的に判断すべきではなく、その会社の内容を吟味したいところです。また、信託会社は、運用型と管理型の二つの類型があります。管理型は受託者としての裁量が限定されているため、必要とされる資本金額や組織体制が、運用型に比べると信託業法上緩やかに規定されています。管理型は、信託期間中委託者等からの指図が必要となる場面が多く、信託を設定したら後は全てお任せというわけにはいきません。また受託者の運用裁量が必要な信託商品類型は取り扱うことができません。もっとも、運用型信託会社が管理型信託会社よりも優れているということは一概にはいえません。あくまで希望される信託サービスをその信託会社が提供しているか否かで選択すべきであり、信託会社の信頼性を個々に判断すべきです。

【後継受託者を置く場合】

> 1　本契約の当初受託者は、次の者とする。
> 　　氏　　名：〇〇〇〇
> 　　住　　所：東京都〇区〇町〇丁目〇番〇号
> 　　生年月日：昭和〇年〇月〇日
> 2　当初受託者が死亡するなど任務終了事由が発生したときは、新受託者として次の者を指定する。
> 　　氏　　名：〇〇〇〇
> 　　住　　所：東京都〇区〇町〇丁目〇番〇号
> 　　生年月日：平成〇年〇月〇日

　家族信託契約は長期間にわたるため、受託者が死亡その他で欠けた場合に備えて、あらかじめ後継受託者を置くことができます。

　さらに、後継受託者の候補者も高齢、病気、死亡等により、新受託者に就任できない場合も想定されますので、その場合に受益者等が単独で新受託者を選任することができるとする条項を置くことも検討に値します。

　なお、信託契約に新受託者に関する定めがなく、又は指定された新受託者により信託の引受けがされない場合は、委託者と受益者の合意で新受託者を選任することができ、合意ができない場合などは申立てにより裁判所が選任することになります（信託62）。

【複数受託者を置く場合】

> 本契約の受託者は、次の両名とする。
> (1)　氏　　名：○○○○
> 　　　住　　所：東京都○区○町○丁目○番○号
> 　　　生年月日：昭和○年○月○日
> (2)　氏　　名：○○○○
> 　　　住　　所：東京都○区○町○丁目○番○号
> 　　　生年月日：昭和○年○月○日

　受託者を複数置くことができます。
　家族信託契約において、どのような場合に複数受託者を置くのが必要あるいは有効かについては、にわかに想像はできません。しかし、「受託者の義務は広範で厳格であるから、それを自分一人で担うのは荷が重い。夫婦で担うなら仕方がない。」といった感情が生まれることもあるとは思われます。ただし、複数の受託者を置くことによって信託事務の円滑な遂行に支障が生じるリスクがあることも考えられます。とすると、むしろ複数受託者候補の一方は、信託監督人又は受益者代理人とするほうが、信託事務の適切性や堅確性を達成できるとも思われます。
　複数受託者の場合、不動産の所有権登記は信託法のとおり「合有」となります（信託79）。一方、信託専用銀行口座を複数受託者名義で設定できるかというと、疑問です。自然人二人に対して一つの口座番号を付与する（一つの顧客コードを付与する）のは銀行の顧客管理上の考え方と相容れないものと思われます。さらにペイオフ（金融機関破綻の際の1,000万円までの預金保護）の名寄せは受託者単位とされているので、二人の受託者では集計できないといったことも発生するかもしれません。このような実務的な問題からも、複数受託者は避けた方がよいでしょう。

第7条（受託者の信託事務）

> 　受託者は、本契約に基づいて、以下の各号の信託事務を行う。
> (1)　信託財産目録記載1の不動産を受益者に生活の本拠として使用させるほか、必要な管理を行う。
> (2)　信託財産目録記載2の不動産を第三者に賃貸して賃料収入を得るほか、必要な管理を行う。
> (3)　受託者が必要かつ相当と認めるときに、前二号の不動産を処分する。ただし、

　　　　信託監督人の同意を得ることを要する。
　(4)　信託財産目録記載3の金銭及び前二号において受領した賃料、売却代金その他の収入を管理し、本信託に要する費用、手数料、保険料、公租公課、報酬その他の必要経費を支払う。
　(5)　受益者又はその成年後見人、保佐人若しくは補助人（以下、これらを合わせて「成年後見人等」という。）の要請に応じて、受益者の生活費、医療費及び介護費用等に充てるために、受益者又はその成年後見人等に現金又は銀行振込による給付をする。
　(6)　その他、本信託の目的を達成するために必要な事務を行う。

　受託者の信託事務については、信託目的が全うされるように、また、受託者がどのような事務を行えばよいのか迷うことなく信託事務を遂行できるように、信託財産ごとに、管理や処分のそれぞれの場面を想定しつつ、具体的に記載しておくことが求められます。

　信託財産に不動産が含まれる場合に、その不動産を子や孫に承継させることを信託目的としている場合には、受託者の処分行為を制限しておく必要があります。それに対し、委託者（受益者）が将来施設に入ることも予想され、そのための資金を、信託財産たる不動産を売却して賄うことが想定されている場合には、受託者に当該不動産の処分権限を与えておく必要があります。

　なお、本信託契約において不動産を処分する場合には、その財産的価値を考慮して、信託監督人の同意を得ることを条件としました。

【受託者の処分権限を制限する場合】

　(3)　受託者は、前二号の不動産を処分することはできない。

　信託財産に含まれる不動産を委託者の子や孫に承継させることを信託目的としているような場合に、受託者の処分行為を制限しておくための条項例です。

第8条（信託事務の第三者への委託）

　受託者は、前条の信託事務を第三者に委託することができる。

　平成18年改正以前の信託法においては、受託者の自己執行義務が課されていましたが、現行法では、経済活動の実態に合わせ、第三者への事務委託が可能とされていま

す（信託28）。具体的には、①信託行為に第三者委託が可能である旨の定めがあるとき、②相当と認められるとき、③信託行為に第三者委託を禁ずる旨の定めがある場合でもやむを得ないときには、第三者への委託が可能であることが定められています（なお、相当性や、やむを得ない事由の有無は信託の目的に照らして判断されることになります。）。

　実際に第三者に委託する場面としては、税理士や弁護士等の専門職や不動産管理会社への委託等が考えられるところです。

【第三者への委託を制限する場合】

> 受託者は、信託目的に照らしやむを得ないと認められる場合を除き、前条の信託事務を第三者に委託することができない。

　「信じて託す」という信託の制度の本来的な趣旨からすると、第三者への委託を制限しておくことも理に適っているように思われます。ただ、様々な分野で専門化が進む昨今、それぞれの専門家に依頼することが受益者の利益に資する場合も多いでしょうし、信託の内容によっては、積極的に専門家を利用し、管理していくことが受託者に求められている場合もあるでしょう。

　結局は、個別の信託行為の内容や、受託者の能力や人柄に照らして、第三者委託を制限すべきかを決すべきことになります。

第9条（善管注意義務）

> 受託者は、信託財産の管理、処分その他の信託事務について善良な管理者の注意をもって処理しなければならない。

　信託法29条2項は受託者は信託事務を処理するに当たり「善管注意義務」を負うとしており、このことを注意的に規定したものです。善管注意義務とは、「その職業や地位にある人として通常要求される程度の注意」とされていますので、専門職でない家族の場合は、必ずしも専門職と同程度の注意を要求されるわけではないでしょう。信託法29条2項は任意規定（これに対し、信託業法28条2項は強行規定）ですので、別段の定めにより注意義務のレベルを軽減することは可能ですが（もっとも、善管注意義務を全部免除することはできないとされており、「自己の財産に対するのと同一の注意」（民659参照）まで軽減できるかについては議論があります。）、高齢者の生活の基盤と

なる重要な財産の管理・処分を引き受けるのですから、安易に注意義務を軽減することは適切ではないでしょう。

　指図権者が存在して、指図権者＝委託者＝受益者である場合、指図に従った管理処分をする限り、受託者は原則として善管注意義務違反とはなりません。しかしその指図が違法であったり、明らかに不合理である場合に、それに受託者は従わなければならないのか、あるいは従っていれば、善管注意義務違反とはならないのかが問題となります。指図権者が高齢になればその判断が衰えて、不合理な指図をしないとも限りません。その場合は、指図権者に指示の変更や再考を促し、あるいは指示に従わないことの許諾を求めるべきだというのが多くの理解のようです（道垣内・前掲171～173頁）。

　なお、受託者には、善管注意義務のほかに、忠実義務（信託30）、利益相反取引の禁止（信託31）、競合行為の禁止（信託32）といった義務も課せられています。

第10条（分別管理義務）

> 　受託者は、信託財産と固有財産とを以下の各号に定める方法により、分別して管理しなければならない。
> (1)　預金　信託財産に属する預金専用の口座を開設する方法
> (2)　不動産　信託の登記

　信託法34条に定める分別管理自体は強行規定ですが、その方法は任意規定です。

　信託法34条1項2号ロの「金銭その他のイに掲げる財産以外の財産」とは、貨幣である現金と銀行預金等を含むものと理解されます。その場合、「計算を明らかに」していればよいのですから、一つの受託者の口座の中に、受託者の固有資産と信託財産が混蔵されていても、一つ一つの入出金がそれぞれに紐付けされ、結果としての日々の残高が固有財産残高と信託財産残高に分別できればよい、とも考えられます。しかし、仮に受託者に対する差押えがなされる場合、当該口座のある銀行支店は、信託財産部分だけ控除してこれに応ずること、つまり入り口から差押えを回避することは期待できません。この場合、もはや「分別」しているとはいえないでしょう。

　では、受託者個人の名義を冠した口座を二つ用意して、一つを固有財産口座、他方を信託口座として分別管理することは可能でしょうか。通帳の表紙に信託口座は「信託口」と受託者が自分で表記します。しかし、銀行は預金者情報の管理上同じ名義の口座を二つ作ることは許しません。上記の差押え回避の問題も依然として残ります。分別管理は銀行の義務ではなく、受託者の義務です。とすると、銀行預金は、受託者

が固有資産とは別に管理する、信託口座であることを明らかにするような名義を付した、専用口座による管理が望まれるといえます。民事信託に相応の理解がある銀行（信託銀行だけではなく、普通銀行、信用金庫等を含みます。）は、信託口座の開設をしてくれると思われます。

　不動産は登記が必要です。登記費用を惜しんで登記しないまま信託を運用するケースがあるようですが危険です。長期にわたり登記しないと、受託者の義務を果たしていないことになります。ここで、登記をすると、信託の設定と基本的な内容（特に受益者（あるいは後継受益者、残余財産受益者、帰属権利者等を含みます。））が公示されることになり、委託者の相続人のうち受益者と対立する他の相続人に、信託の設定と内容が明らかになってしまうとして躊躇する向きがあります。相続争いが前倒しされる、まだ委託者（被相続人）が亡くなっていないので対抗措置を取られる、として対抗措置ができなくなる委託者（被相続人）の死亡まで、伏せておきたいとの希望もあります。しかし、そもそも、相続の場面での家族信託契約の利用はその理念として、相続争いの防止があります。すなわち、家族信託契約締結に当たり、相続財産を調査し、信託財産を決定し、親族がそれぞれの役割（当事者）となることを積極的に了承して、取り組むべきものです。

　「契約である信託の方が、単独行為である遺言よりも強い。信託を撤回不能で組めば、後の遺言でひっくり返せない。」とおおざっぱに理解されていますが、信託は変更・終了させることもできますし、変更に反対する受託者があれば解任もできます。信託は相続争いをする相続人の最終兵器ではありません。

【小口現金を管理する場合】

> (3)　現金　信託財産に属する財産と受託者の固有財産とを外形上区別することができる状態で保管する方法

　まず、小口現金を信託の中で管理するのか（信託財産とするのか）という問題があります。そもそも、委託者のトータルな財産管理は、本人（本人の意思能力喪失後は後見人）が行うべきことです。信託では、そのうち重要な財産、多額な財産、管理処分に手間や知見を要する財産を特定して、受託者に管理をさせるものです。とすれば小口現金を信託財産として管理する必要性も合理性もないものと考えられます。

　ただし、これを信託財産にすることは可能です。その場合には、信託法34条1項2号ロの規定にかかわらず（すなわち「計算を明らかにする方法」ではなく）、信託法

34条1項2号イの動産に準じて、外形上区別することができる状態で保管することが求められるでしょう（道垣内・前掲140頁参照）。具体的には、受託者は信託財産を入れる財布を、固有財産を入れる財布と別に用意し、念を入れるなら信託財産専用金庫を用意してそこに入れて管理するものと思われます。

第11条（帳簿等の作成・報告・保存義務）

> 1　本信託の計算期間は、毎年1月1日から12月31日までとする。ただし、第1期の計算期間は、信託開始日から平成〇年12月31日までとし、最終期の計算期間は、直前の計算開始日から信託終了日までとする。
> 2　受託者は、信託法第37条第1項に従い、（現金出納帳及び）預金出納帳を作成しなければならない。
> 3　受託者は、信託法第37条第2項に従い、第1項の信託期間に対応する信託財産目録、収支計算書及び信託事務報告書を各計算期間の終了日から1か月以内に作成し、これを受益者及びその後見人等並びに信託監督人に交付しなければならない。
> 4　受託者は前二項に基づき作成した書面及び信託財産目録記載の不動産を売却した場合には、その売買契約書等を以下の各号に定める期間、保存しなければならない。
> 　(1)　（現金出納帳及び）預金出納帳
> 　　　作成の日から10年間
> 　(2)　信託財産目録及び収支計算書
> 　　　信託の清算の結了の日までの間
> 　(3)　売買契約書等
> 　　　作成の日から10年間

信託法36条による報告を求める受益者の権利は、単独受益者権（個々の受益者が単独で行使できる権利）で、信託契約により制限することはできません（信託92七）。受益者の受託者の監督の基礎となる重要な権利であり、財産管理制度である信託の本源的な要素であるといえます。

信託法37条は3項を除き片面的強行規定で（寺本昌広『逐条解説　新しい信託法〔補訂版〕』144～149頁（商事法務、2008））、信託契約において、受益者にとって不利な定めを設けることはできません。

受託者が、当該信託の全ての信託財産責任負担債務について信託財産に属する財産のみをもってその履行の責任を負う限定責任信託（信託2⑫）では、債権者保護のため、

会計帳簿や貸借対照表、損益計算書、附属明細表の作成が求められます（信託222②④）。

受益権の譲渡が性質上可能でかつ譲渡の制限がなく、受託者が単独で主要な信託財産の処分ができるような信託においては（信託93①ただし書参照、信託計算規則5①）、限定責任信託に要求される会計帳簿や貸借対照表、損益計算書、附属明細表の作成が求められます（信託計算規則5①②、信託222②④）。

他方、信託業者は信託財産状況報告書を作成して受益者に交付しなければなりません（信託業27①）。また同報告書に記載すべき情報も、信託財産の種別ごとに細かく定められています（信託業法施行規則37①各号）。

上記のとおり、帳簿等の作成報告は受託者にとって重要な義務ですが、かといって、限定責任信託等や信託業法によって求められる水準までは求められないでしょうし、求めるとすると法律や会計の専門家でない親族は受託者に就けなくなってしまいます。もっとも受託者は代理人としてではなく所有者として振る舞えるわけですから、後見等に含まれる財産管理契約と同等以上のきめ細かさが求められるでしょう。

そこで、帳簿その他の書類（信託37①）としては、現金出納帳（小口現金も管理するなら）及び預金出納帳で足りるとしています。預金出納帳としては、信託口座の預金通帳のコピーに、入出金の摘要として、その明細（例えば、A不動産5月分賃料、受益者定期給付、受益者入院のための臨時給付等）を記載すれば足りるでしょう。

貸借対照表、損益計算書その他の法務省令で定める書類（信託37②）としては、信託財産目録及び収支計算書で足りるとし、さらに、計算期間中の主要な事務（重要な信託財産の処分取得等）を記載した信託事務報告書を作成することとしました。

後掲の〔関係文書〕は、成年後見において要求される、財産目録、事務報告、収支状況報告、通帳等を参考にしたものもありますが、成年後見人よりも受託者の権能は直接的なので、全般にそれよりも厳格な事務運営が必要と思われます。一方、物の管理を目的とするにすぎない信託においては、財産目録に相当する書類が作成されていれば足りるとされます（寺本・前掲147頁）。

顧問税理士がいれば、顧問税理士に第三者委託をすることも可能と思われます。もっとも、任意規定が多い信託法の中での、信託法37条は数少ない強行規定ですので、この程度の帳簿や計算書類を作成するのは当然といえるかもしれません。

受託者が任務を怠る（信託40）可能性が一番高いのは、本条項例であると思われます。分別管理（第10条）は信託設定時にきちんと対応していれば、その後問題になることは少ないでしょう。他方、帳簿作成や計算書類の作成・報告等（本条）は、信託期間が続いている間はずっと続く作業です。委託者（親）、受託者（子）、受益者（親）と

いった、典型的な委託者財産管理負担軽減目的（犯罪被害防止目的）の信託の場合、子が自分の家計簿（帳簿）もつけないのに、自分の父の家計簿（帳簿）を几帳面につけるのか疑問です。税務署への調書の提出まで懈怠すると、受託者の注意義務違反を構成するのはもちろん、信託そのものの否認につながりかねません。現実に、こうした一番大切でかつ地味な作業を懈怠している例はないでしょうか。懈怠していると、将来相続が発生したときに、他の相続人との間で紛争（損害賠償を請求されたり、信託自体を否定される）も生じかねません。

　本条は、他人の財産を委ねられた者としては、必ず履践しなければならない義務です。

第12条（信託費用の償還）

> 受託者は、信託財産から、信託事務処理に係る費用の償還又は前払を受けることができる。

　平成18年改正前の信託法では、受益者にも費用請求することができるとされていました（旧信託36②）。しかし、新法（平成18年法律108号）ではかかる規定はなくなり、受託者と受益者の合意により受益者から償還・前払を受けることができるとする確認規定を置いています（信託48⑤）。ただ、信託財産において費用の償還のための現金不足が発生すると面倒なので（例えば受託者にその他の財産の処分権限が発生します（信託49②）。）、それに備えて受益者にも請求できる旨別途受益者と合意することも考えられます。あるいは、信託契約の中に費用償還義務を規定して、受益者も当事者として署名させることも考えられます。もっとも、実際には受益者＝委託者である自益信託がほとんどですので、費用償還のための現金が不足する見込みになれば、委託者に追加信託してもらえば足りるともいえます。

　他方、前払を受けるというような場面は想像しにくいといえます。

第13条（信託報酬）

> 受託者の報酬は以下のとおりとする。
> ① 定期報酬として、毎月3万円（税別）
> ② 臨時報酬として、信託不動産を売却した場合、売却代金の1％（税別）

受託者の報酬水準は、同じく財産管理事務を行う後見人の報酬が参考になるでしょう。信託財産の多寡、財産の種別（預金、債券等のみか、不動産を含むか、不動産には賃貸不動産も含むか等）、事務の複雑さ・頻繁さ（賃貸不動産の賃借人は何人か、受益者に対する報告は何をどの程度の頻度で求めるか等）等、受託者の事務に見合った報酬とする必要があります。もちろん、親族間の契約であることから無報酬としてもかまいません。

　他方、受託者の事務がほとんどなかったり、あっても全く見合わない高額報酬であると、過分な報酬部分が信託を仮装した贈与とみなされたり、さらには、信託全体を仮装信託（実質委託者から受託者への贈与）として税務上否認される要素となり得ることも指摘されています。

　いずれにしても報酬を受け取る場合には、定めを置く必要があります。

【信託報酬を無報酬とする場合】

> 受託者の信託報酬は無報酬とする。

　家族信託における信託の引受けは、営業として行うものでないことが前提ですので、商法512条の規定の適用はなく、信託報酬は無報酬であるのが信託法の定めです。したがって、有償とするのであれば、その旨を定める必要があります。他方、無償であれば、何らの定めをおく必要はありません。

　しかし、信託は期間が長期になりがちですし、受託者がその間変更される可能性もあります。当初受託者は信託契約の経緯を知って受託者になることを承諾したのですから、無報酬であることを納得しているかもしれませんが、後継受託者はこうした経緯を知らない可能性もあります。そうすると、何の定めも置かないと無報酬を不服とするかもしれません。そこで、信託契約に無報酬である旨を明定して、信託法の原則を隠れ蓑にして無報酬にした旨の誹りを封じる意義もあるでしょう。

第14条（受益者）

> 本信託の受益者は、委託者○○○○である。

　信託は、受益者のための財産管理制度です。預金類似の商事信託商品と家族信託のほとんどは、委託者＝受益者の自益信託です。自益信託であれば、信託設定時に税金

の問題は原則発生しません。本信託も、最終的には、信託財産を受託者である子に引き継ぐことを企図していますが、当初の受益者は委託者本人とする自益信託としています。受益者＝委託者が死亡した時に信託は終了して、財産が受託者である子に渡ることとなりますが、その時に相続税が発生するのが一般的です。

ただ、信託契約の内容等により課税関係は変わりますので、信託に詳しい税理士等の専門家に相談することが望まれます。

【受益者が複数いる場合】

```
　　本信託の受益者は、以下の者でありその受益債権割合は等分である。
①　委託者　○○○○
②　住　所　東京都○区○町○丁目○番○号
　　続　柄　委託者の配偶者
　　氏　名　○○○○
　　生年月日　昭和○年○月○日
```

受益者が複数いる場合、その間の公平義務（信託33）が問題になります。受益債権の割合が頭割り、すなわち等分であれば問題の発生は考えにくいところです。しかし、複数の受益者の属性が違えばニーズも異なり、その間の受益債権割合を等分ではなく、一方受益者に有利にすることも考えられます。その場合は、信託の目的からスタートして（一方受益者の福祉の充実を強調）、その間の区別が合理的であることを信託契約上で明確にしておく必要があるでしょう。さらに、不平等扱いをされる受益者を含み、受益者全員に当事者として信託契約書に押印させることも考えられます。

商事信託の設計時に問題となるのは、期間の長短、優先劣後など受益権の性格やリスクが異なるときの信託給付の差です。家族信託では優先劣後構造は考えにくいのですが、期間の長短や収益受益権と元本受益権の区別はあり得ます。特に後者においては両受益者間の公平問題と、税務上の評価の問題が絡みますので、取扱いには注意を要します。

【受益者が連続する場合】

```
1　本信託の受益者は、委託者○○○○である。
2　当初受益者死亡後の後継として、次の者を第二次受益者とする。
　　住　所　東京都○区○町○丁目○番○号
```

>　続　柄　委託者の配偶者
>　氏　名　○○○○
>　生年月日　昭和○年○月○日

　後継ぎ遺贈が認められないとされる民法と異なり、信託法では、受益者が連続する後継ぎ型の受益者連続信託が明文で認められています（信託91）。自分の死後、財産の次世代及びそれ以降への引継ぎ（信託法上は「承継」とはしておらず、受益権の消滅と取得としています。）を実現したいという、被相続人の希望がかなえられることになります。もっとも、際限なく後継されるものではなく、時間的な制限が設けられています（信託91）。実務的にも、三代以降まで指定するという契約はまれであって、せいぜい二代までではないかと思われます。具体的に指定する人がいまだ生まれておらず、超長期となる信託を誰が受託するのかという問題もあります。超長期間には経済事情等も変化している可能性が高いということも考慮してのことだろうと考えられます。

　税務上の扱いは信託法の認識とは異なります。また、収益受益権と元本受益権の課税上の問題には、受益者連続型の信託と認定されるか否かが関係しますので、注意を要します。

第15条（受益権の譲渡・質入れの禁止）

>　受益者は、受益権を譲渡又は質入れすることができない。

　高齢者保護信託においては、委託者（＝受益者）当人に受益権を継続保有させることにこそ意味があるため、譲渡はその趣旨を逸脱するものと思われ、また質入れはその必要がないためこれを禁止する定めを置くのが通常です。「その性質」（信託93・96）に依拠して契約に定めなく譲渡・質入れ禁止効を期待するのは危険だと思われます。

　商事信託における不動産管理処分信託では、信託設定時から受益権を不動産現物の代わりに流通させることを意図していることもあります。また受益権を小口化してこれを個人向けの投資商品として販売することを企図した信託の設計がなされていることもあります。対して家族信託では、信託設定当初から、受益者に対する銀行融資がセットされている場合を除き、譲渡・質入れは禁じた方が受託者にとって手間と手続に起因するリスクは少ないと思われます。

　信託受益権は、信託法上は譲渡・質入れできることが原則であることから、仮にこ

の譲渡質入れ禁止規定を欠くと、受益者限りで譲渡できてしまうリスクがあります。せっかく高齢の委託者兼受益者の保護を目的として、家族信託契約を組成したのに、その後受益者が第三者に騙されて受益権を譲渡させられては、元も子もないといえます。

【制限付きで、譲渡・質入れを許容する場合】

> 受益者は、受託者の同意がある場合に限り、受益権を譲渡又は質入れすることができる。

　委託者が金融機関から不動産に関して借入れをしている（例えばアパートローン）場合、信託設定と同時に受益権を担保として提供することを求められることがあります。その場合、免責的あるいは重畳的に債務を引き受けた受託者の同意により、当該金融機関のために、受益権に当該債務を担保する質権を設定することになります。このことは、金融機関本位の、やや過剰な保全強化になるのではないかと思われます。そもそもは、不動産だけに（根）抵当権を付けて保全していたものが、今度は、信託財産を構成する不動産プラス信託預金に質権を設定できることにもなるからです。受益権に対する質権に加えて、不動産に付いている（根）抵当権も引き続き維持するか否かの問題となりますが、金融機関にとっても信託当事者にとってもわざわざ外す経済的な意味は薄いですし、金融機関にとっては公示のある（根）抵当権を外すのは抵抗があるかもしれません。したがってそのままにしておくのが実際の運用ではないかと思われます。

第16条（信託監督人）

> 本信託の信託監督人として、以下の者を指定する。
> 氏　　名：〇〇〇〇
> 事務所の所在地：東京都〇区〇町〇丁目〇番〇号
> 生年月日：昭和〇年〇月〇日
> 職　　業：弁護士

　高齢者保護信託においては、受益者は高齢者であり、多くの場合、受託者に対する適切な監督が期待できません。そこで、受益者のために受託者を監督する信託監督人、あるいは受託者に代わって受益者の利益を主張する受益者代理人を置く必要性が高いといえます。

その際に、専門職が信託監督人あるいは受益者代理人に就くことは、信託の安定運営のため意義のあることです。当初契約に至るまで関わった専門職が、最後まで信託関係人として責任を全うするという心意気の表れともいえます。

　ただし、信託が争いの対象になった場合には、弁護士も当事者の一人になってしまっているので、注意が必要です。

　信託監督人は、受託者のする財産管理について監督を行うにすぎません。委託者(受益者)の身上監護が必要な場合には、後見人を選任する必要があり、後見人が信託監督人を兼ねることは可能と思われます。しかし、信託監督人は信託契約の履行に関して受託者を監督するのに対して、後見人は被後見人（委託者＝受益者）の全財産の保全を基本的な職務とします。信託契約が財産の積極的運用・処分を許容している場合、専ら被後見人の財産保全を目的とする成年後見人の立場と矛盾する場合もあり得ます。そこで微妙な関係になるおそれがあるので注意が必要です。

【受益者代理人を置く場合（受益者が障がい者の場合など）】

> 本信託の受益者代理人として、以下の者を指定する。
> 氏　名：〇〇〇〇
> 事務所の所在地：東京都〇区〇町〇丁目〇番〇号
> 生年月日：昭和〇年〇月〇日
> 職　業：弁護士

　受益者代理人は、本来は、受益者が多数であったり、不安定である（出入りがある）場合に、その意思統一が難しく、受託者のする信託事務に停滞が発生するのを防止するために、意思決定を信託代理人に集中させ（通常の意思決定権は代理される本人たる個々の受益者に帰属するところ、これを剥奪して）、意思決定を迅速に行えるようにする趣旨で設置されたものと思われます。しかし、受益者が障がい者や被後見人である場合にも受益者に意思表示を求めることが難しいので、受益者代理人を設置することが有益と思われます。

　信託監督人が受託者を監督するのに対して、受益者代理人は受益者を代理します。実務上は、信託監督人は受託者を監督するとはいっても、助言、改善提言等をするアドバイザー的要素を含む運営がなされることが期待されています。一方、受益者代理人は、受託者と対峙する立場で受益者の利益が最大になるように、受託者に要求していくこととなるものと考えられます。

第5章　家族信託契約

【辞任の要件を緩くする場合】

> 信託監督人は、後継の信託監督人を指定した上で、いつでも辞任することができる。

　信託監督人の人材としては、信託設定までのコーディネイターとして参与した専門職が期待されます。
　当該専門職への委託者の信頼は尊重されるべきですが、事情が変化したり、信託そのものやその受託者の事務履行等について争いが発生したりした場合に、手早く信託から離脱できるようにしておきたいというニーズもあるでしょう。そのような場合、上記のような定めを置くことが考えられます。

【辞任に関する確認規定を置く場合】

> 信託監督人は、委託者及び受益者の同意を得て、いつでも辞任することができる。

　信託法57条1項及び134条2項の定める内容に関する確認的な規定です。信託監督人が辞任を希望する際に、関係者との話合いを円滑に進められるようにする趣旨で、このような規定を置いておくことも考えられます。

【後継の信託監督人を定める場合】

> 後継の信託監督人として、以下の者を指定する。
> 氏　　名：○○○○
> 事務所の所在地：東京都○区○町○丁目○番○号
> 生年月日：平成○年○月○日
> 職　　業：弁護士

　信託監督人が高齢であったり、信託期間が長かったりする場合に、特に後継の信託監督人を定めておくことは有用であるといえます。もし、具体的な後継信託監督人を特定できない場合であっても、その選任方法について定めておくことは有用です。
　最後の手段としては裁判所に選任を求めることも可能（信託135①・62④）ですが、特定の候補を立てずに、ただ信託監督人を決めてくれと言われても裁判所としては困るので、その意味でも上記の手法は重要といえます。

第17条（信託監督人の事務）

> 1　信託監督人は、受託者から信託事務遂行に関する報告を受け、受託者の事務遂行を監督する。
> 2　信託監督人は、第11条第3項の定期報告及び第23条第2項の終了報告を受領し、これを精査する。
> 　また、信託監督人は、必要のあるときは、受託者に対し、信託事務の処理状況、信託財産に属する財産又は信託財産責任負担債務の状況等について報告を求めることができる。
> 3　信託監督人は、必要のあるときは、受託者に対し、具体的な事務遂行に関する助言、指導等をすることができる。
> 4　信託監督人は、善良な管理者の注意をもって、受益者のために誠実かつ公平に、前三項の権限及びその他の信託法上の権限を行使する。

　本章の家族信託契約においては、一般の親族が受託者となることから事務遂行能力が十分でないことが想定されますが、委託者及び受益者には監督能力を十分に期待できず、受託者の実質的な監督・指導権限を信託監督人に委ねるべき場面が生ずることが想定されます。本条はかかる信託監督人の事務を定める条項ですが、信託監督人の受託者に対する指導・アドバイザリー的役割を特に定めています（本条項例3項）。

　信託監督人は、本条の権限以外にも、信託法132条により受益者のために信託法92条各号（所定の号を除きます。）に掲げる権利に関する一切の裁判上又は裁判外の行為をする権限を有しており、その適切な行使が期待されます。そうした権限を契約上明示することも考えられます（後掲【信託監督人の権限を明示する場合】参照）。

　なお、本章の条項例では基本形として監督権限を信託監督人へ集中させていますが、例えば受益者代理人を置く場合（第16条【受益者代理人を置く場合（受益者が障がい者の場合など）】参照）には、重ねて信託監督人を置く必要性は薄いと思われます（むしろ、船頭多くして受託者の事務や意思決定の混乱の種にもなりかねません。）。また、受益者の個人的な知見によりその監督能力を期待できる場合などには、次条以下で監督人の権限は抑えるということもあり得ると思われます。

【信託監督人の権限を明示する場合】

> 5　第2項の報告により、受託者の権限外の行為又は利益相反行為が判明したときは、信託監督人は、信託法の定めに従って取消権を行使する。

　信託監督人は、特段の定めのない限り信託法に定められた権限を有しており、そ

の一部を契約上に明示する例です（本バリエーションは、信託法132条により信託監督人の権限とされている信託法92条5号・27条1項・2項及び信託法92条6号・31条6項・7項の取消権限を明示しています。）。

第18条（受託者の解任）

> 受託者の解任は、受託者に信託事務を遂行しがたい重大な事由が発生した場合に限り、信託監督人が、受益者又は受益者の成年後見人等の同意を得て行うことができる。

　受託者の解任については、信託法上、委託者及び受益者の合意による任意解任権限が定められています（信託58①）。本章の家族信託契約においては、委託者・受益者は、多くの実例にあるように高齢者であって、その死亡まで原則として信託は継続することから、委託者・受益者の能力は徐々に低下せざるを得ないと思われます。したがって、本信託の委託者・受益者は、適切に解任権を行使できないリスクを内包しているといえます（例えば、意思能力の減退から受託者が不正行為をしても解任権を行使しない、あるいは逆に第三者に唆されて適切な事務を遂行している受託者を解任してしまうことが危惧されます。）。そこでこれに代わり、信託監督人に解任権を与えてその監督権限の最終的な実効性を付与するのが本条項例です。もっとも、信託監督人に、委託者及び受益者のような自由な解任まで認めると、信託事務の停滞を生じかねないため、解任事由として「受託者に信託事務を遂行しがたい重大な事由が発生した場合」と制限を加え、また受益者の利益を不当に制限することのないように「受益者（中略）の同意」を条件として、一応の歯止めを設けました。

　本条項例では契約上の解任権を信託監督人にのみ与えていますが、この場合でも、委託者又は受益者による裁判所に対する解任の申立ては別途可能です（信託58④以下）。

　なお、受託者に解任事由が生じた場合でも、受託者の死亡、後見開始、破産、辞任等の場合には、解任を待たずに信託法56条によって受託者の任務が当然終了することになります。

【委託者及び受益者の任意解任権限を定める場合（併用型）】

> 1　委託者及び受益者は、いつでも、その合意により、受託者を解任することができる。

> 2　信託監督人は、受託者に信託事務を遂行しがたい重大な事由が発生した場合、受益者又は受益者の成年後見人等の同意を得て、受託者を解任することができる。

　信託開始時の委託者・受益者の年齢が比較的若く、能力低下まである程度の期間が想定されるケースなどでは、委託者や受益者による解任権限を定めることもあり得ると思われます。しかし、やはり委託者の能力低下後には行使は困難となることから、本章の家族信託契約においては、信託監督人等による解任権と併用するのが望ましいと考えられます。

　この点、委託者以外の者を受益者として設定する契約であれば、後掲のように受益者単独の解任権を定めることも考えられます。

　委託者や受益者が受託者の交代を企図する場合には、解任のほか、信託の変更又は信託の終了（第21条）という手段がありますが、端的な受託者の解任が、一般的に手間と費用は少なくなります（特に、一旦信託を終了してまた設定するとなると、信託財産の移転が2回になるという手間と費用が生じます。）。

【受益者の解任権限を定める場合①】

> 　受益者は、いつでも、受託者を解任することができる。

【受益者の解任権限を定める場合②】

> 　受益者は、受託者に信託事務を遂行しがたい重大な事由が発生した場合、受託者を解任することができる。

　委託者以外の者（配偶者や障がいのある子など）をも受益者とするケースで、なおかつその受益者単独での適切な解任権行使が期待できるケース（受益者代理人を設定する場合も含みます。）には、このように受益者単独の解任権を定めることが考えられます。特に、信託法上定められている信託法58条1項の委託者及び受益者による解任権は、委託者の死亡後には受益者単独での行使ができないとされていることなどから（信託58⑧）、受益者単独の解任権を契約で別途定める意義があります。

　ところで、受託者「選任」の場面では、解任の場合と異なり、信託法上、委託者不在の場合も受益者は単独で新しい受託者を選任できるとされています（信託62①⑧）。契約で受益者単独の解任権を認めることは、単独の選任権があることと整合する場面があると思われます。委託者死亡後も信託の継続が契約上可能でありかつ受益者がそれを望んでいる場合、現受託者が不適任につき解任しようとするときは、

通常、新受託者の選任につき、心当たりがある場合がほとんどではないかと思われます。

第19条（新受託者の選任）

> 前条又は信託法第56条第1項各号の定めにより受託者の任務が終了したときは、信託監督人は、速やかに、受益者又はその成年後見人等の同意を得て、新受託者を選任しなければならない。

受託者の任務が終了したときの新受託者の選任については、信託法62条1項が委託者及び受益者による選任権を用意していますが、本条項例は**第18条**と同様、委託者及び受益者の能力低下を想定し、信託監督人による選任を可能とする条項です。

ただし、前受託者の任務終了から1年間のうちに新受託者が就任しない場合には、信託は終了することになります（信託163三）。本条で指定された者が引受けをしない場合には、利害関係人の申立てを契機とする裁判所による選任が信託法上用意されています（信託62④）。

家族信託でもっとも懸念される事象に、受託者が欠けることがあります。上記のとおり、受託者が欠けた状態が1年続くと信託は終了します（信託163三）。1年内に選任された場合でも、選任までの期間に対する備えはありますが（信託63〜78）、実質的には信託事務は停滞することが予想されます。そのような事態に備えるため、信託契約締結時に既に後継受託者が定まっていることが本来望ましいところです（**第6条【後継受託者を置く場合】**参照）。しかし、後継受託者を信託設定時点で定められることは実務的には例外的に幸福な事態であるかもしれません。現実には当初の受託者さえその人選に困難を極めているのが現状ではないでしょうか。

【第6条で後継受託者を定めている場合】

> 1　前条又は信託法第56条第1項各号の定めにより受託者の任務が終了したときは、信託監督人は、第6条の後継受託者に対し、速やかに受託者の任務終了の旨を通知するとともに、相当の期間を定めて、就任の承諾をするかどうかを確答するべき旨を催告する。
> 2　前項の後継受託者が信託の引受けをせず、若しくはこれをすることができないときは、信託監督人は、受益者又はその成年後見人等の同意を得て、新受託者を選任することができる。

新受託者の就任までの間は（信託法63条～78条のような手当てがあるとはいえ）信託事務が停滞することから、後継受託者の速やかな就任を促すとともに、契約時に定めた後継受託者が直ちに就任できない場合にも、監督人が他の受託者を選任できるようにします。

【委託者及び受益者の選任権を定める場合（併用型）】

> 1　前条又は信託法第56条第1項各号の定めにより受託者の任務が終了したとき、委託者及び受益者は、信託法第62条の規定に従って新受託者を選任する。
> 2　前項による選任が速やかになされないときは、信託監督人は、受益者又はその成年後見人等の同意を得て、新受託者を選任しなければならない。

第18条【委託者及び受益者の任意解任権限を定める場合（併用型）】の場面と同様、委託者や受益者の能力が維持され得るケースでは、選任権を委託者や受益者にも設定することが考えられますが（信託62①参照）、この場合には信託監督人の選任権との優先関係を定めておく必要があります。

なお、委託者以外の者（配偶者や障がいのある子など）をも受益者とするケースでは、委託者の能力低下時の受益者単独の選任権を定めることもあり得ると思われます（信託法上、委託者の死亡時などには信託法62条8項によって単独選任権を得ますが、委託者の能力低下時には契約で別段の定めがなければ単独で選任権行使することができません。）。

第20条（信託監督人の報酬）

> 信託監督人の報酬は、毎月2万円（税別）とし、信託財産の中から次の各号のうちレ印を付した時期に指定口座へ振り込む方法で支払われるものとする。
> ☑　毎月〇日限り
> ☐　毎年の計算期間終了後1か月以内

信託監督人の報酬水準は、任意後見監督人の報酬水準が参考になるでしょう。

ただし、信託監督人の任務は信託の受託者の監督という財産管理事務に限定される一方で、信託契約は個別性が強く、信託受託者の裁量権は大きいため、このような受託者の監督をするという特性を考慮して決める必要があります。

第21条（信託の変更と終了）

> 委託者は、受益者又は受益者の成年後見人等との合意により、本信託の内容を変更し又は本信託を終了させることができる。
> ただし、信託の内容を変更するには、信託監督人の同意を得なければならない。

　本条は、信託法164条による信託終了を明示するとともに、信託終了を経ることなく信託の内容を変更できることとする定めです。ただし、本家族信託契約の委託者及び受益者は一般の高齢者ないしその親族であり、信託の変更については、（本条の信託の設計に関わっていることが想定される）信託監督人のチェックを経させることにしています。

　なお、受託者に不利な時期に信託を終了させたときは、受託者に生じた損害の賠償も問題になり得ますので、実行時には留意が必要です（信託164②）。

【受益者の判断による信託終了を認める場合（第22条において委託者の死亡を信託の終了事由としなかった場合）】

> 2　委託者の死亡後は、受益者は、受託者への書面による一方的意思表示により、本信託を終了させることができる。

　受益者複数・受益者連続等により受益者の能力行使が期待できるケースにおいて、委託者死亡後は、受益者の判断で信託を終了させ清算（残余財産の取得）に移行させられる旨を定める条項です。受益者に将来そのときのニーズで受益者の望む受益を実現させたい場合に、このような条項を入れることも考えられます。

　委託者の死亡後は、信託法の基本条項のみでは受益者単独での信託終了が困難になるため（信託164④）、信託行為時に予見できなかった特別の事情や公益確保のための信託終了の申立て（信託165・166）以外にも受益者のみで信託終了できるようにするには、このような特約を盛り込んでおくことが必要であると思われます。

第22条（信託期間）

> 1　本信託は、次の各号のうちレ印を付した事由に該当するに至ったときに開始する。

>   ☑ a　本契約締結
>   □ b　〇年〇月〇日の到来
>   2　本信託は、前条によるほか、委託者の死亡あるいは信託財産の消滅により終了する。

　信託の開始及び終了時期は、登記手続、銀行手続等の重要な前提手続のトリガーとなる関係で、明確性の点に特に留意しなければなりません。一定の事象発生時を基準時として信託開始・終了とする場合、登記手続や信託口座開設手続が受け付けられるかについて疑義があるときは、念のため事前に法務局（不動産がある場合）や銀行等に相談しておく方がよいと思われます。

　なお、受益者や帰属権利者が複数又は連続の場合は、信託終了時の定め方によって課税関係が変わることがあるため、その観点も注意が必要となります（課税の問題も考慮してスキーム検討する必要があります。）。

【法定後見の開始、任意後見監督人の選任等を始期とする場合】

> 　本信託は、委託者について後見人、保佐人、補助人又は任意後見監督人が選任されたときに開始する。

　高齢者の財産管理を目的とする家族信託契約は、本人の判断能力が十分な時点で契約し、将来本人の判断能力等が低下し信託の必要性が生じた時点で開始させたい場合も多いと思われます。信託期間の始期を将来の一定の（判断能力等の低下を示す）明確な事象に設定することで、いわゆる将来型の信託を実現することができます。

　本条項例は、委託者について将来、法定後見等が開始し、又は任意後見監督人が選任されたときを始期とする場合の条項例です。

　なお、介護保険の要介護認定を受けたときを始期とすることなども考え得るでしょう（後掲【要介護認定を受けたときを始期とする場合】参照）。

【ホームロイヤー契約（任意後見）と併用し、始期を連動させる場合】

> 　本信託は、委託者と〇〇との間の平成〇年〇月〇日付けホームロイヤー契約（任意後見）に基づき委託者について任意後見監督人が選任されたときに開始する。

　第4章と併用し、始期を連動させる場合の例です。

【要介護認定を受けたときを始期とする場合】

> 本信託は、委託者について介護保険法上の要介護状態区分において要介護○以上の認定を受けたときに開始する。
> 本信託開始後、状態区分の変更等により委託者の状態区分が要介護○を下回った場合でも、本信託は終了しない。

　一定の段階以上の要介護認定（又は要支援認定）を受けた場合を始期とする条項例です。本条項例では、要介護（要支援）認定の新規申請又は変更申請の場合の認定有効期間（認定の効力）が申請時に遡ること（介保27⑧・29②・32⑦・33の2②）を考慮し、信託の始期を「認定の効力が生じた日」「認定有効期間初日」等とせず「認定を受けたとき」としています（なお、その時点で委託者が意思能力を喪失していると、信託財産につき所有権移転登記をすることができません。あまり重度の認定としたり、信託の開始時期を遅らせると、法定後見の助けを借りなければならなくなる可能性もありますので、留意する必要があります。）。

　なお、要介護認定等を始期とする場合には、その後の区分変更により状態区分が下がったときに信託終了しない旨なども念のため明らかにしておくべきと思われます。

【委託者死亡後も、受益者全員の死亡時まで信託を継続させる場合】

> 本信託は、受益者全員の死亡時又は信託財産の消滅時に終了する。

　委託者のほか、配偶者や障がいのある子なども受益者とする家族信託契約において、委託者の死亡後も当該受益者全員が死亡するまで信託を継続させる場合の条項例です。

第23条（清算事務）

> 1　受託者は、本件信託が終了した場合には、清算受託者として、信託法第177条に定める清算事務を行わなければならない。
> 2　清算受託者は、前項の清算の最終計算について、信託財産目録、収支計算書及び終了事務報告書を作成し、これを次条の帰属権利者又はその成年後見人等及び信託監督人に交付し、その承認を求めなければならない。

本条項例は、従前の受託者が清算受託者となることを明らかにした上で、その清算事務を定め、作成書類を具体的に定める条項です。

清算事務として、遺言的な清算事務など（例えば、信託物件を換価の上親族らに分配するなど）特別な清算事務を定める場合には、**第8条**と同様の清算事務の第三者委託を定めることもあり得ると思われます。

第24条（帰属権利者等）

> 本信託に係る残余財産の帰属権利者は、（受託者）○○○○とする。ただし、第21条により本件信託が終了した場合その他（委託者兼受益者）△△△△の存命中に本件信託が終了した場合の残余財産の帰属権利者は△△△△とする。

帰属権利者は、信託終了時に定まるため、**第21条**や**第22条**その他の信託終了事由や、**第14条**の受益者の定めを踏まえて整合させる必要があります。

第21条による信託終了の場合、**第22条**に定める信託財産の消滅の場合、信託法163条各号による終了の場合などには、委託者はいまだ存命中であるため、ただし書の定めを設けました。

なお、帰属権利者（残余財産受益者）を定める際には、税務上の扱いについても確認しておく必要があります。

【帰属権利者等を複数指定しておく場合】

> 1　本信託に係る残余財産の帰属権利者は、○○○○とする。
> 2　○○○○の死亡後は、前項の帰属権利者は、△△△△とする。

清算開始時に帰属権利者が亡くなっていた場合の補充規定の例です。

なお、清算時に帰属権利者が死亡していた場合、同人の相続人がいるときは、当該相続人が帰属権利者となると考えられます（受益者連続型の場合は受益権は相続されないと別に定めます。）が、相続人がいない場合には、他に帰属権利者又は残余財産受益者がない場合は、清算受託者に帰属すると考えられています。

信託法182条の残余財産の帰属についての規定は、契約で指定されていればその者（信託182①）、指定がなかったり、指定された者が権利放棄すれば、委託者又はその相続人（信託182②）、それでも定まらなければ清算受託者としています（信託182③）。

残余財産の帰属についての定めを設けない契約も存在するようですが、遺言的機能を持つ信託はもちろん、そうではないものであっても、残余財産の帰属の取決めは重要であり、信託法に任せるというのはやや慎重さを欠く態度であるように思えます。

　受託者を帰属権利者とする場合、期中の受益者への給付を少なくすればするほど、自身への最終的な帰属財産が多くなるとの関係にあり、利益相反的な関係にあるともいえます。この点については、信託目的による牽制、例えば「十分な福祉」に届かない給付として受託者の事務の裁量逸脱とする、あるいはそこまでいかなくても、信託監督人からの監督権により牽制する、といった方法で、対応することになるであろうと思われます。上記のとおり、信託法182条は補充的とはいえ、受託者が単独で帰属権利者となることを認めていますので、受容できる程度のモラルハザードということであろうと思われます。

〔契約締結時に作成する文書〕

○信託財産目録

信託財産目録

1　不動産1
　(1)　土　地
　所　　在　○区○町○丁目
　地　　番　○番○
　地　　目　宅　地
　地　　積　300.01平方メートル
　(2)　建　物
　所　　在　○区○町○丁目
　家屋番号　○番○号
　種　　類　住　宅
　構　　造　木造瓦葺2階建て
　床 面 積　170.01平方メートル

> 2　不動産2
> 　　（略）
> 3　金融資産
> 　　金　　銭　金500万円

　信託は、信託された財産を目的に従って管理処分するものですから、信託財産を特定している必要があります。不動産については、上記信託財産目録のように所在等により特定すること、有価証券であれば、銘柄や数量により特定することが必要です。金銭については、預金として特定銀行の特定口座を指定する例がみられますが、二つの疑問が残ります。

　一つは、委託者名義の当該銀行口座はそのままでは信託財産としては管理できないことです。銀行実務として、委託者名義の口座を信託開始日に受託者名義の信託口座に変更することはなされていません（預金債権の譲渡を認めていません。）。実際には、委託者名義の口座から信託すべき金額を現金として払い戻して受託者の指定する信託口座に入金するか、委託者名義の口座から信託すべき金額を受託者の指定する信託口座に振り込むことになります。金額が大きければ後者の手続になるでしょう。

　二つ目の問題は、口座を指定しただけでは金額の特定に至らないことです（前日分まで記帳した通帳を見せられても、契約後に払い戻すことは可能ですし、口座振替などで委託者が認識していない引き落としがあるかもしれません。）。信託財産として信託された金額が契約時に特定されていなければ、受託者としては怖くて受託事務を始められません。いずれにせよ預金はそのままでは信託財産にはならず、いずれかの形で現金化された現金が信託財産となり、それが、信託としての管理を受けるため信託口座に入金されるのです。したがって、信託の開始時には、委託者のかかる行為（委託者の口座からの払戻し、信託口座への入金あるいは振込という行為）が不可欠になるといえます。往々にして、高齢者保護目的の信託においては、委託者は「お客さん」的な立場に置かれることから、委託者の必要な行為は、念のため信託契約書に明記した方が無難です。

　不動産にアパートローンなどが付いている場合、委託者の当該債務については別途（信託外で）受託者に債務引受（委託者としては免責的債務引受を主張、債権者である銀行としては重畳的債務引受主張をすると思われます。）をしてもらい、同時に信託契約本文に「信託財産責任負担債務」として、かかる債務を記載するとともに（信託21①三）、信託財産等目録に記載する必要があります（信託37②、信託計算規則4③）。

〔関係文書〕

〈家族信託契約期間中に作成する文書〉

○預金出納帳

預金出納帳

期　日　平成29年12月31日
作　成　平成30年1月5日
作成者　信託受託者　○○○○　㊞

年月日	取引内容	支　払	入　金	残　高
29.12.01	前月残			12,345,678
29.12.01	賃　料		400,000	12,745,678
29.12.10	定期給付	300,000		12,445,678
29.12.12	追加信託		1,000,000	13,445,678
29.12.25	臨時給付（○○代金領収書①）	1,000,000		12,445,678
29.12.31	当月残			12,445,678

　預金出納帳は、信託口座の預金通帳のコピーに、必要に応じて取引内容を補記すればよいでしょう。
　また、追加信託を受ける場合にはいきなり小口現金としないで、信託口座への振込にして追加信託の事実を明確にすることが望ましいです。

○現金出納帳

現金出納帳

期日　平成29年12月31日
作成　平成30年1月5日
作成者　信託受託者　○○○○　㊞

年月日	取引内容	支　払	入　金	残　高
29.12.01	前月残			678,901
29.12.01	買い物（領収書①）	1,234		677,667
	買い物（領収書②）	2,345		675,322
	買い物（領収書③）	4,567		670,755
	買い物（領収書④）	1,256		669,499
29.12.10	預金から		50,000	719,499
	買い物（領収書⑤）	3,842		715,657
	買い物（領収書⑥）	2,390		713,267
	買い物（領収書⑦）	7,564		705,703
	買い物（領収書⑧）	25,678		680,025
29.12.25	預金から		5,000	685,025
	買い物（領収書⑨）	56,789		628,236
29.12.30	預金から		100,000	728,236
29.12.31	当月残			728,236

　小口現金が信託財産である場合、現金出納帳への記帳は必須です。支払に対しては領収書を添付するべきですし、収入は預金口座からの引出しと同日同金額になるべきです。

　現金出納帳と預金出納帳を合わせて、統一的に管理するために、以下のような「現預金出納帳」を作成してもよいでしょう。

現預金出納帳

年月日	取引内容	小口現金	預　金
29.3.31	前月残	123,456	16,789,120
29.4.1	賃貸料		700,000

29.4.10	火災保険料		-78,000
29.4.11	○○百貨店買い物	-37,000	
29.4.15	委託管理費用		-150,000
29.4.18	振替	100,000	-100,000
29.4.30	当月残	186,456	17,161,120

○信託財産目録

信託財産目録

計算期間
　　　自　　平成29年1月1日
　　　至　　平成29年12月31日
　　作成　　平成30年1月10日
　　作成者　　信託受託者　○○○○　㊞

1　不動産1
　(1)　土　地
　　所　　在　○区○町○丁目
　　地　　番　○番○
　　地　　目　宅　地
　　地　　積　300.01平方メートル
　(2)　建　物
　　所　　在　○区○町○丁目
　　家屋番号　○番○号
　　種　　類　住　宅
　　構　　造　木造瓦葺2階建て
　　床　面　積　170.01平方メートル

2　不動産2

（略）

不動産の稼働状況

	不動産1	不動産2
空室数	1	2
稼働室数	7	10
空室の募集状況	管理会社にて募集中	同　左

3　金融資産

(1)　現　金

平成29年12月31日	平成28年12月31日	前回期日増減	信託設定時
1,234,567円	567,789円	444,333円	0円

(2)　預　金

平成29年12月31日	平成28年12月31日	前回期日増減	信託設定時
17,234,567円	15,890,123円	1,344,444円	15,000,000円

金融機関名　○○銀行○○支店

種別　普通預金

口座名義　番号　委託者○○受託者○○信託口　12345

　不動産の処分がなされず、管理のみが予定されている信託では、不動産の財産目録は当初信託設定時と変化はないと思われます。

　それが賃貸不動産である場合には、簡単にその賃貸状況を報告すべきです。

　現金は、小口現金を信託財産として管理する場合に、信託財産目録に載せることとします。

　預金は、なるべく一つの信託専用口座で管理すべきですが、複数に及ぶ場合には、口座ごとの明細（銀行、支店、預金種別、口座名義　番号）とそれぞれの残高が必要になります。

　もちろん、信託財産目録に代えて、信託財産の「貸借対照表」を作成することもできますが（信託37②）、手間の割に実益が少ないと思われます。資産の部においては不動産や有価証券について原則として簿価（取得原価）を記載することになりますが、

その調査が必要となります。また負債の部では、資産の残高（金額）に合わせて、信託元本として資産総額と同額を載せるだけになると思われます。本来、資産・負債を別々に見積もって純資産額を算出する会計とは異なる手順になります。簿価（取得原価）は資産を処分した場合の損益の計算根拠となるものですが、処分を予定しているわけではありませんので、過剰な情報といえます。むしろ当初の信託財産目録との信託計算期日における差異があるのならば、それを端的に認識できる報告の方が受益者にとり有益ではないかと考えられます。

○収支計算書

収支計算書

計算期間
自　　平成29年1月1日
至　　平成29年12月31日
作成　平成30年1月10日
作成者　信託受託者　○○○○　㊞

収支計算書				
収　入			支　出	
内　訳	金　額	内　訳	金　額	
不動産1賃料	12,000,000	不動産1管理委託費用	600,000	
不動産2賃料	6,000,000	不動産2管理委託費用	300,000	
		固定資産税	1,200,000	
		光熱費		
		火災保険料	300,000	
		修繕費		
		その他不動産関連支出		

不動産売却金		不動産取得金	
株式配当			
株式売却金		株式取得金	
		信託報酬	360,000
		信託監督人報酬	240,000
その他収入		その他費用	
合計	18,000,000	合計	3,000,000

　不動産については、1棟ごとに主要な収入・支出を分けて記載した方がよいでしょう。
　もちろん「損益計算書」を作成することは構わないですし、むしろ推奨されるでしょうが（信託37②）、それは法律や会計の専門家ではない個人の受託者にとっては負担になることもありますから、主に家族間で少数の財産を管理ないしは単純な処分だけする信託であるのならば、収支計算書で必要かつ十分であると思われます。あるいは税理士等に第三者委託をしてもよいでしょう。

○信託事務報告書

信託事務報告書

　　　　　　　　　信託の期間　自　　平成30年1月1日
　　　　　　　　　　　　　　　至　　平成30年12月31日
　　　　　　　　　作成　　　平成31年1月10日
　　　　　　　　　作成者　　信託受託者　　○○○○　㊞

不動産の取得売却に係る特記事項

不動産	日　付	所在等明細	取得・売却金等
不動産の取得	なし		
不動産の売却	なし		

不動産の賃貸借に係る特記事項

賃借人	開　始	終　了	留意事項
○○○○	信託開始日前	平成30年1月20日	賃料滞納解約
○○○○	平成30年2月20日		

不動産の賃料の改定等に係る特記事項

不動産	日　付	特記事項
不動産1	な　し	
不動産2	な　し	

不動産の管理に係る特記事項

不動産	日　付	内　容	費　用
不動産1	平成30年3月20日	外壁塗装	2,200,000円
不動産2	平成30年4月20日	漏水修理	800,000円

その他大口収入（財産増加）・支払（財産減少）等の特記事項

収入（財産増加）		支払（財産減少）	
内　容	金　額	内　容	金　額
な　し		な　し	

　信託は財産管理を目的とすることから、受託者の事務は何らかの金銭の移動を伴うものと思われます。それらの記録は預金出納帳、現金出納帳で足りますが、賃貸不動産は通常重要な信託財産であり、そこからあがるキャッシュフローもまた受益者にとって重要な信託配当原資であることから、賃貸不動産については、関連するキャッシュフローだけでなく、その前提となる賃貸状況、管理状況は、別途格別な報告が必要であると思われます。

〈家族信託契約終了時に作成する文書〉
○最終計算書 兼 清算に関する承諾書

最終計算書 兼 清算に関する承諾書

信託開始日　平成29年10月2日　　
信託終了日　平成39年11月20日　　
作成　　　　平成40年1月20日　　
作成者　　　清算信託受託者　○○○○　㊞

信託財産目録

1　不動産1
　(1)　土　地
　所　　在　○区○町○丁目
　地　　番　○番○
　地　　目　宅　地
　地　　積　300.01平方メートル
　(2)　建　物
　所　　在　○区○町○丁目
　家屋番号　○番○号
　種　　類　住　宅
　構　　造　木造瓦葺2階建て
　床　面　積　170.01平方メートル
2　不動産2
　（略）

不動産の稼働状況

	不動産1	不動産2
空室数	1	2
稼働室数	7	10
空室の募集状況	管理会社にて募集中	同　左

3 金融資産
 (1) 現　金

平成39年11月20日	平成38年12月31日	前回期日増減	信託設定時
1,234,567円	567,789円	444,333円	0円

 (2) 預　金

平成39年11月20日	平成38年12月31日	前回期日増減	信託設定時
38,234,567円	36,890,123円	1,344,444円	15,000,000円

金融機関名　○○銀行○○支店
種別　普通預金
口座名義　番号　委託者○○受託者○○信託口　12345

不動産の取得売却に係る特記事項

不動産	日　付	所在等明細	取得・売却金等
不動産の取得	な　し		
不動産の売却	な　し		

不動産の賃貸借に係る特記事項

賃借人	開　始	終　了	留意事項
○○	信託開始日前	平成30年1月20日	賃料滞納解約
××	平成30年2月20日		

不動産の賃料の改定等に係る特記事項

不動産	日　付	特記事項
不動産1	な　し	
不動産2	な　し	

不動産の管理に係る特記事項

不動産	日　付	内　容	費　用
不動産1	平成30年3月20日	外壁塗装	2,200,000円
不動産2	平成30年4月20日	漏水修理	800,000円

その他大口収入（財産増加）・支払（財産減少）等の特記事項

収入（財産増加）		支払（財産減少）	
内　容	金　額	内　容	金　額
な　し		な　し	

上記説明を受け、その内容を理解の上、承認しました。

平成40年1月20日

署名	押印

　税金（固定資産税、所得税）、公共料金、管理委託費用等の支払等については、信託財産と帰属権利者の、信託終了日（実は設定日も）を基準とした按分処理が必要で、不動産の売買契約がそのヒントになるでしょう。

　文例等によっては、清算受託者を税理士等専門職に変更するアイディアが示されています。清算事務は期中の事務と異なった専門性が求められることに応えてのことであろうと思われます。しかし、信託債権者が存在する場合、限定責任信託を除いて、債権者は受託者の固有財産も引き当てとして期待していますので、清算受託者をこれまでの受託者から変更することは一般には認められません。受託者の変更の要件を満たしていることが必要であると思われます（道垣内弘人『信託法（現代民法別巻）』414頁（有斐閣、2017））。

　清算受託者を帰属権利者とする定めも有効です。もっぱら自己の利益のために清算事務をするのではないかとの危惧がありますが、信託法182条3項で残余財産の帰属が決まらないときに、清算受託者に帰属することを認めています（道垣内・前掲419頁）。清算受託者は、その職務を終了したときは、遅滞なく、信託事務に関する最終の計算を行い、信託が終了した時における受益者（信託管理人が現に存する場合にあっては、信託管理人）及び帰属権利者の全てに対し、その承認を求めなければなりません（信託184①）。本書式では、その「承認」欄を設けてあります。

◯信託帳簿等の作成保存カレンダー

信託帳簿等の作成保存カレンダー

日　付	帳簿／財産状況開示資料等	報告／交付	保　存
信託設定時	信託財産目録＊1	信託契約書添付	―
月　末	現金出納帳＊2 預金出納帳＊2	不要	作成から10年、又は信託の清算の結了まで＊9
各信託期日	信託財産目録＊3 収支計算書＊3 信託事務報告書＊4	受益者＊7	信託の清算の結了まで＊10
都　度	財産の処分に係る契約書等＊5	不要	作成、取得から10年、又は信託の清算の結了まで＊11
信託終了	最終計算書 兼 清算に関する承諾書＊6	受益者、帰属権利者等＊8	信託法上定めなし、ただし実務的には、時効満了までの10年は保存するだろう

＊1：信託法16条・21条1項3号

＊2：信託法37条1項、信託計算規則4条1項・2項・5項・6項

＊3：信託法37条2項、信託計算規則4条1項・3項・5項・6項

＊4：信託法37条2項、信託計算規則4条1項・3項・5項・6項参照

＊5：信託法37条5項

＊6：信託法184条1項（参照）

＊7：信託法37条3項

＊8：信託法184条1項（参照）

＊9：信託法37条4項、ただし受益者に交付した場合免除

＊10：信託法37条6項、ただし作成から10年経過した後に受益者に交付したときは以降免除

> ＊11：信託法37条5項、ただし受益者に交付した場合免除

　信託受託者の便宜のために、受託者が作成・報告・保存するべき文書とその根拠条文を整理したものです。別途備忘のための文書作成カレンダーを作って、消込みをしていくのも有益だと思われます。

第6章

死後事務委任契約

〔基本契約書〕

1　死後事務委任契約とは

死後事務委任契約とは、委任者が受任者に対し、自己の死後の事務（葬儀・埋葬や施設利用料の支払その他の事務処理）について、生前に委任をする契約です。

通常、自己の死後の諸手続については、相続人が相続手続の中で行うことになります。しかし、例えば葬儀方法やペットの処遇に関しては、必ずしも生前の被相続人の意思が反映されるとは限りません。そもそも相続人その他の親族がおらず、又はいたとしても疎遠である場合には、自己の死後の事務処理を、自身が望む形で確実に実現することは困難です。

そこで、自己の死後に関する事務を、生前に第三者に対して委任してこれを実現するために死後事務委任契約を締結することになります。

なお、本章では、単独で死後事務委任契約のみを締結する場合を想定して条項例を記載していますが、死後事務委任契約は、それ自体を単独で行う場合の他、ホームロイヤー契約に組み込んで行う方法（第3章 条項例 第21条、第4章 条項例 第18条）や、遺言書に組み込んで行う方法もあります。

2　死後事務委任契約の性質

死後事務委任契約において、受任者は善管注意義務（民644）が課せられるとともに、事務処理が終了した後は遅滞なく（委任者死亡後は相続人に対し）報告する義務（民645）などの各義務を負います。他方、負担付死因贈与契約の場合には、受贈者が負担（義務）を履行することが必要という点で死後事務委任契約と類似の機能を有する場合がありますが、受贈者には善管注意義務等は課せられない点は違うところです。

また、死後事務委任契約は、「委任契約」ですので原則として無償であるところ、特約があれば報酬を請求することができます（民648①）。生前に本人と何らかの関係を有していた者が、本人死亡後本人のために事務処理を行った場合、事務管理（民697）が成立する可能性がありますが、事務管理の場合は報酬請求権がないとされています。

3　死後事務委任契約のメリット

死後事務委任契約は、元気なうちに自分の意思で死後の事務処理を依頼して、自分の意思を反映した死後事務処理を実現することができます。特に、死後でなければ実

現できない事務（自身の葬儀・埋葬・年忌法要など）については有益です。また、信頼できる親族等がいない場合に、飼っているペットを自分の死後に希望する施設に入所させたり、親族などに見られたくないツイッター、ブログなどのSNSの削除又は閉鎖を第三者に依頼することも考えられます。

4　問題点

　死後事務委任契約は、自身の生前の意思を死後に反映させる一つの手段として有益ではありますが、他方、法は死後の財産処理を相続法に委ねることを原則としているため、以下のような問題点があります。

(1)　相続人による死後事務委任契約の解除の可否

　委任契約は、当事者間の個人的な信頼関係を基礎とするため、当事者の一方が死亡した場合は終了することになります（民653一）。したがって、委任者が死亡した場合、死後事務委任契約も終了するとも考えられますが、上記規定は任意規定であることから、当事者間の合意により排斥することも可能といえます。

　もっとも、委任者の死亡によっても契約が終了しないとしても、委任者の死亡によりその地位を承継した相続人の契約解除権の行使の可否が問題となります。

　この点について最高裁平成4年9月22日判決（金法1358・55）では、委任者が自己の死後事務を含めた法律行為等の委任（入院中の諸費用の病院への支払、自己の死後の葬式を含む法要の施行とその費用の支払、入院中に世話になった家政婦や友人に対する謝礼金の支払の依頼）をした場合は、当然に、委任者の死亡によっても委任契約を終了させない旨の合意を包含すると認定し、さらに差戻審である高松高裁平成5年6月8日判決（平4（ネ）339）は、委任者の死亡によっても死後事務委任契約が終了しない旨の合意、また委任者の相続人の契約解除によっては同委任契約が終了しない旨の合意も含まれているとし、相続人の解除はできないとしました。

　さらに東京高裁平成21年12月21日判決（判タ1328・134）では、平成4年の最高裁判例を踏襲した上で、死後事務委任契約の内容が不明確又は実現困難であったり、委任者の地位を承継した者にとって履行負担が過重であるなど契約を履行させることが不合理と認められる特段の事情がない限り、委任者の地位の承継人が委任契約を解除終了させることを許さない合意をも包含する、としました。

　このように、死後事務委任契約は、相続人の解除権を一定の場合に制限していますが、どのような場合に、解除が認められる「特段の事情」があるのかは今後の解釈に

委ねられており検討が必要です（その他参考判例として、東京高裁平成11年12月21日判決（判タ1037・175）、高松高裁平成22年8月30日判決（判時2106・52）などがあります。）。

（2）　遺言及び遺言執行者との関係

　死後事務委任契約の前後に遺言が作成されており、当該遺言が死後事務委任契約と抵触する場合の優劣に関しては特に留意が必要でしょう。すなわち、例えば遺言により特定の財産を相続する者がある一方、死後事務委任契約により、相続人以外の者（家政婦や施設など）に対して当該財産を交付することが定められた場合などです。社会的に相当な範囲の謝礼金であれば別段、そうでなければ、法が死後の財産に関しては原則として遺言による処分を想定していることからすると、相続法の趣旨を潜脱する内容の死後事務委任契約は、後の紛争可能性を考えると控えるべきと考えます。

　なお、第3章 条項例 第21条1項ただし書、第4章 条項例 第18条1項ただし書では、遺言に別段の定めがある場合は遺言によるとして、遺言を優先する旨の条項となっています。

　また、遺言による死後事務の依頼（例えば葬儀）は、「遺言の法定事項ではないので、遺言執行者は遺言として執行することはできない」とされています（片岡武ほか著『家庭裁判所における成年後見・財産管理の実務〔第2版〕』603頁（日本加除出版、2014））。この場合は、遺言とは別に葬儀に関する死後事務委任契約を締結する必要があります。

◆死後事務委任契約書（アウトライン）

死後事務委任契約書

　委任者〇〇〇〇（以下「甲」という。）及び受任者〇〇〇〇（以下「乙」という。）は、以下のとおり契約を締結する。

第1条（契約の趣旨）
第2条（委任者の死亡による本契約の効力）
第3条（委任事務の範囲）
〔第4条（委任事務の詳細）〕
第5条（預託金の授受）

第6条（費用の負担）

第7条（報　酬）

第8条（契約の変更）

第9条（委任者からの解除）

第10条（受任者からの解除）

第11条（契約の終了）

第12条（預託金等の清算）

第13条（報告義務）

第14条（守秘義務）

　平成○年○月○日

　　　　　　　　　　　委任者（甲）
　　　　　　　　　　　　住　所　東京都○区○町○丁目○番○号
　　　　　　　　　　　　氏　名　○　○　○　○　㊞
　　　　　　　　　　　受任者（乙）
　　　　　　　　　　　　住　所　東京都○区○町○丁目○番○号
　　　　　　　　　　　　氏　名　○　○　○　○　㊞

（注）　第4条は、第3条との関係により適宜掲載します。

条項例

第1条（契約の趣旨）

> 甲は、乙に対し、本契約の定めるところにより、甲の死亡後における事務を委任し、乙はこれを受任する。

契約の趣旨には、この契約が死後事務の委任契約であることを明記します。

第2条（委任者の死亡による本契約の効力）

> 甲が死亡した場合においても、本契約は終了せず、甲の相続人は、委任者である

第6章　死後事務委任契約

> 甲の本契約上の権利義務を承継するものとする。

　前掲の最高裁平成4年9月22日判決（金法1358・55）及び差戻審である高松高裁平成5年6月8日判決（平4（ネ）339）においても示されたとおり、委任者の死亡によっても委任契約を終了させない旨の合意、そして委任者の相続人の契約解除（民法651条1項による解除）によっては同委任契約が終了しない旨の合意は有効ですので、当該合意をしたことを記載することが重要となります。

　なお、後者の合意については、本条では「本契約上の権利義務を承継する」としか定めていませんので、その具体的内容を別途定める必要があります（第9条参照）。

第3条（委任事務の範囲）

> 　甲は、乙に対し、甲の死亡後における次の事務（以下「本件死後事務」という。）を委任する。
> (1)　通夜、告別式、火葬、納骨、埋葬、年忌法要、永代供養に関する事務
> (2)　親族等関係者への連絡事務
> (3)　医療費、老人ホーム等の施設利用料等の清算事務
> (4)　家財道具や生活用品の処分に関する事務
> (5)　別途締結した任意後見契約の未処理事務
> (6)　行政官庁等への諸届け事務
> (7)　以上の各事務に関する費用の支払

　死後事務委任契約によって委任する事務の範囲を定めます。ここに定める内容が契約の中核となりますので、委任者と受任者がよく協議をした上で、内容を定める必要があります。なお、死後事務を処理するためには費用がかかることが予想されますので、本条項例7号のように、この費用の支払事務も委任しておくべきでしょう。

　項目を定めるだけで処理すべき事務の内容がある程度明確になるもの（本条項例3号など）もあれば、項目だけでは処理すべき事務の内容が明確にならないもの（本条項例1号など）、さらには委任者が具体的な処理方法の希望を有するものもあります。特に後二者については、別途、その詳細を定める必要があります（第4条参照）。

【その他の委任事務の範囲の例】

> ・墓石建立に関する事務

> ・公共サービス等の名義変更、解約、清算に関する事務
> ・家賃、地代、管理費等の支払事務及び敷金、保証金等の受領事務
> ・賃借する家屋の明渡しに関する事務
> ・相続財産管理人の選任の申立てに関する事務
> ・ペットの施設入所手続に関する事務
> ・ソーシャル・ネットワーク・サービスのアカウント（以下「ＳＮＳアカウント」という。）の処分に関する事務

　委任者の希望に応じて、委任事務の範囲の定め方は多種多様なものが考えられます。

　希望する施設にペットを入所させることや、ＳＮＳのアカウントの閉鎖などの事務については、近時その重要性が増しているように思われます。

〔第４条（委任事務の詳細）〕
　第３条に定めた事項のうち、さらに詳細に事務処理の方法を定めたい場合には、下記の例のように、これを明記する必要があります。

【通夜、告別式の方法等を定める場合】

> 第４条（通夜、告別式）
> 1　第３条第○号の通夜及び告別式は、次の寺に依頼するものとする。
> 　　寺　名　　○○寺
> 　　所在地　　東京都○区○町○丁目○番○号
> 　　連絡先　　○○－○○○○－○○○○
> 2　前項に要する費用は、金○万円を上限とする。

　通夜、告別式について依頼したい寺が決まっている場合には、これを指定します。同じ名称の寺が複数存在する場合もあるので、所在地や連絡先について明記しておくことが望ましいです。

　また、後日相続人等と争いが生じることを避けるためにも、合理的な範囲で費用の上限金額を定めておくとよいでしょう。

　なお、納骨や埋葬、永代供養についても、依頼したいお寺が決まっている場合には同様の定めになります。

【親族等関係者への連絡方法等を定める場合】

> 第4条（親族等関係者への連絡）
>   第3条第○号の連絡は、甲が死亡した場合に、甲があらかじめ指定する者に速やかに連絡するものとする。

　亡くなった事実を連絡してほしい先がある場合には、これを指定します。

　あらかじめ決まっている場合には氏名（名称）、住所（所在地）、連絡先を明記してもよいですし、明記したくない場合やまだ決まっていないような場合には上記条項例のように定めても構いません。

　なお、通常は親族には連絡をすることになりますので、親族への連絡が不要な場合には、これを明記した方がよいでしょう。

【ペットの施設入所手続について定める場合】

> 第4条（ペットの施設入所）
> 1　第3条第○号のペットの施設入所手続は、次の施設に依頼するものとする。ただし、入所期間は終身とする。
>   名　称　○○○○
>   所在地　東京都○区○町○丁目○番○号
>   連絡先　○○－○○○○－○○○○
> 2　前項に要する費用は、金○万円を上限とする。

　ペットを飼っている場合、自らの死後の世話について大きな懸念事項となりますので、ペットの施設入所手続について定めることが望ましいでしょう。なお、入所期間についてはペットが死ぬまで（終身）とするのが無難です。

【SNSアカウントの削除について定める場合】

> 第4条（SNSアカウントの削除）
> 1　第3条第○号のSNSアカウントの処分は、甲が登録しているSNSアカウントについて、乙がこれを削除するものとする。
> 2　前項のSNSアカウントの削除のために必要となるログインID、パスワード等の各種情報について、甲は、乙に対し、あらかじめこれらの内容を教示する。

> 3　前項の教示のないSNSアカウント及び教示された情報によっては削除できないSNSアカウントについては、乙はこれらを削除する義務を負わない。

　死後に自らのSNSアカウントを削除したい場合、削除事務を委任することになります。もっともSNSアカウントは、ログインID、パスワード、アカウント作成時に登録したメールアドレス、電話番号などの各種情報を入力しないと変更・削除等ができないようになっています。したがって、委任者は、受任者に対して、生前にこれらの情報を正確に伝えておかなければなりません。

　なお、死後事務委任契約として委任している以上、委任者の意思としては、受任者に対して、委任者の生前にはSNSアカウントへのアクセスを禁じていると解するのが合理的ですので、受任者はこの点に注意する必要があります。

第5条（預託金の授受）

> 1　甲は、乙に対し、本契約締結時に、本件死後事務を処理するために必要な費用及び乙の報酬に充てるために、金〇万円を預託する。
> 2　乙は、甲に対し、前項の預託金（以下「預託金」という。）について保管方法を記載した預り証を発行する。
> 3　預託金には利息を付さないものとする。

　死後事務の処理のために必要となる費用や受任者の報酬を賄うため、契約の段階で前もって預託金を差し入れておくことが考えられます。この場合、預託金の授受と保管方法を証明するために、受任者は預り証を発行すべきです。

　預託金ですので、委任事務終了時には清算をすることになりますが（**第12条参照**）、その際に利息の処理が発生しないよう、無利息であることを明記するのが望ましいです。

　なお、契約締結時の経済事情等により預託金を差し入れない場合もあり得ます。この場合は、委任事務終了時等に、管理する財産又は相続人等から支払を受けることになります（**第6条・第7条【預託金を設定していない場合】参照**）。しかし、相続人等が死後事務委任契約の存在を知らない場合などに、費用の清算に異議を唱えられることも考えられます。このようなトラブルを未然に防ぐ観点からは、預託金を設定することが望ましいといえます。

第6章　死後事務委任契約　　255

第6条（費用の負担）

> 本件死後事務を処理するために必要な費用は甲の負担とし、乙は預託金からその費用の支払をすることができる。

預託金を設定している場合には、委任された死後事務の処理をするに当たって発生した費用について、預託金から支払をすることができることを定めます。

【預託金を設定していない場合】

> 本件死後事務を処理するために乙が支払った費用については、本件死後事務終了後、乙は、その管理する甲の財産から、又は甲の相続人若しくは遺言執行者からその支払を受けることができる。

預託金を設定していない場合には、いったん受任者が費用を立て替えて、死後事務の処理を通じて管理することとなった委任者の財産から、又は相続人若しくは遺言執行者から支払を受けるようにします。相続人に対する請求については死後事務委任契約の委任者たる地位を相続したことによる費用償還義務（民650①）、遺言執行者に対する請求については遺言執行における管理処分権の帰属（民1012①）が理由となると考えられます。

支払時期については、条項例では委任事務終了後にしていますが、その都度支払を受けることを定めても構いません。

前記のとおり、相続人等が支払に異議を唱える可能性もありますので、預託金を設定することが望ましいでしょう。

第7条（報　酬）

> 甲は、乙に対し、本件死後事務の報酬として金〇万円を支払うものとし、本件死後事務終了後、乙は、預託金からその支払を受けることができる。

死後事務委任契約も委任契約である以上、何も定めをしなければ無償となってしまいますので、報酬について金額（若しくは算定方法）を明記します（民648①）。なお、

報酬の支払時期は原則として委任事務終了後となります（民648②）。

　預託金を設定している場合には、受任者の報酬について預託金から支払を受けられることを定めます。

　なお、預託金の設定の有無にかかわらず、報酬の額については委任者との間の合意により定められることになりますが、報酬が過大な場合には相続人等との間で紛争に発展する可能性があり、場合によっては合意の効力が否定されることもあり得ますので、報酬の額は慎重に定める必要があります。

【預託金を設定していない場合】

> 　甲は、乙に対し、本件死後事務の報酬として金○万円を支払うものとし、本件死後事務終了後、乙は、その管理する甲の財産から、又は甲の相続人若しくは遺言執行者からその支払を受けることができる。

　預託金を設定していない場合には、受任者が管理している委任者の財産、又は相続人等から報酬の支払を受けられるようにします。

第8条（契約の変更）

> 　甲及び乙は、甲の生存中、いつでも本契約の変更を求めることができる。

　委任者の生存中は、委任者が受任者に依頼したい事務の内容が変わることも十分に予想されますので、その際に柔軟に契約内容が変更できるようにします。

　この条項によっても一方的に契約内容が変更できるわけではありませんので、変更後の契約内容については協議の上決めることになります。変更された内容については変更契約書のように書面の形で残すことが望ましいです。

第9条（委任者からの解除）

> 1　甲は、乙に対し○日前に書面で予告することにより、本契約を解除することができる。
> 2　甲は、次の場合には、乙に書面で通知することにより、直ちに本契約を解除することができる。

(1) 乙が疾病、遭難等により本件死後事務を履行することができない場合
(2) 乙に本契約に違反する行為があり、相当の期間を定めて催告したにもかかわらず是正されない場合
(3) 乙に財産の横領、隠匿その他本契約に著しく違反する行為があった場合
3　甲の相続人は、第1項により本契約を解除することができない。

　死後事務委任契約も委任契約である以上、原則としていつでも解除することができます（民651①）（なお判例においても解除権が広く認められています（最判昭56・1・19民集35・1・1）。）。もっとも、いつでも解除できてしまうと当事者双方にとって不都合である場合も多いため、このような解除権を制限する条項を定めることになります。
　死後事務委任契約においては、ここで定めた解除権の特約が相続人にも引き継がれることになりますので、これを踏まえて特約の内容を定める必要があります。

第10条（受任者からの解除）

1　乙は、やむを得ない事由がある場合は、甲に対し○日前に書面で予告することにより、本契約を解除することができる。
2　前項の規定にかかわらず、乙の疾病その他予告期間を置くことを不相当とする事由があるときは、乙は、直ちに本契約を解除することができる。
3　乙は、甲に本契約に違反する行為があり相当の期間を定めて催告したにもかかわらず是正されない場合は、甲に書面で通知することにより、本契約を解除することができる。

　受任者からの解除権も、委任者からのそれと同様に、特約により制限することが可能です。
　死後事務委任契約が、委任者の受任者に対する信頼関係の上に成り立っていることからすれば、受任者からの解除権の行使は、委任者からのそれよりもさらに制限されてもよいでしょう。

第11条（契約の終了）

本契約は、次の場合に終了する。
(1) 乙が死亡したとき

(2) 乙が、法定後見（成年後見、保佐、補助）開始の審判又は任意後見監督人選任の審判を受けたとき
(3) 乙が、破産手続開始決定を受けたとき
(4) 乙が、○○士資格を喪失したとき
(5) 乙が、○○士会から業務停止又は、退会命令の処分を受けたとき

　死後事務委任契約の終了事由を定めます。
　死後事務委任契約は、委任者の死亡によっては終了しませんが、受任者の死亡の場合には終了するのが通常です。

【受任者が法人の場合】

　本契約は、次の場合に終了する。
(1) 乙が、破産手続開始決定を受けたとき
(2) 乙が、解散その他の事由により事業の継続ができなくなったとき
(3) 乙が、○○士会から業務停止、退会命令又は除名処分を受けたとき

　受任者が法人の場合において解散等によって業務を継続できなくなったときにも契約が終了することを定めた方がよいでしょう。また、受任者が弁護士、司法書士、税理士などの専門職の場合において資格喪失などにより当該専門事業が継続できなくなったときも、契約が終了することを定めた方がよいでしょう。

【任意後見契約とは別に死後事務委任契約を締結する場合】

(6) 甲乙間で別に締結した任意後見契約が終了したとき（甲の死亡を原因とする終了を除く。）

　任意後見契約と死後事務委任契約は別個の契約ですので、一方の契約が解除されたとしても直ちに他方が解除されるわけではありません。
　任意後見契約と死後事務委任契約を同じ受任者に依頼する場合、任意後見契約が解除された場合には死後事務委任契約も終了させるのが当事者の合理的な意思解釈でしょうから、その場合に死後事務委任契約も終了することを定めておくことが望ましいでしょう。

第12条（預託金等の清算）

> 1　乙は、本件死後事務終了後、遅滞なく預託金を清算し、余剰が発生した場合にはこれを甲の相続人又は遺言執行者に対し返還しなければならない。
> 2　前項の清算の結果、預託金が本件死後事務の費用又は報酬に不足する場合には、乙は、甲の相続人又は遺言執行者に対して、その不足額の支払を求めることができる。
> 3　乙は、本件死後事務の処理のために保管している物があるときは、本件死後事務終了後、遅滞なくこれを甲の相続人又は遺言執行者に対し返還しなければならない。
> 4　本契約が第9条乃至第11条の規定により終了した場合には、乙は、預託金その他の保管物を甲又は甲の相続人若しくは遺言執行者に返還する。

　預託金を設定している場合や、死後事務の処理のために物を保管している場合には、その清算・返還について、死後事務委任の処理が完了した場合と、解除や終了事由により契約が終了した場合とに分けて、定めを設ける必要があります。

第13条（報告義務）

> 1　乙は、甲に対し、本契約締結後1年を経過するごとに、預託金の保管状況について書面にて報告しなければならない。
> 2　乙は、甲の相続人又は遺言執行者に対し、本件死後事務終了後1か月以内に、次の事項について書面にて報告しなければならない。
> 　(1)　本件死後事務の処理のために講じた内容
> 　(2)　支出した費用の金額、内訳
> 　(3)　報酬の収受状況
> 　(4)　預託金の保管状況、清算結果

　死後事務委任契約は、その性質上、契約締結から死後事務に着手するまでに相当期間が経過することが予想されますので、預託金を設定している場合には、その保管状況を定期的に委任者に報告すべきです。

また、死後事務の処理が完了した場合には、相続人等に対して、処理結果（どの死後事務について、どのような処理をしたか）、かかった費用の状況（時期、種類、金額）、報酬の収受状況、預託金の状況について報告する必要があります。
　このような報告義務の定めは、委任者や相続人等との紛争を予防する効果があり、非常に重要なものですので、必ず書面にて報告するようにしてください（書式は任意のもので構いません。）。

第14条（守秘義務）

> 乙は、前条までの定めに基づく全ての事務処理に際して知り得た甲の秘密を正当な事由なく第三者に漏らしてはならない。

　受任者の当然の義務として、守秘義務条項は必ず定めるようにします。

〔関係文書〕

○遺言公正証書の中に死後事務に関する条項を入れる場合①

平成〇年第〇号

遺言公正証書

　本公証人は、遺言者〇〇〇〇の嘱託により、証人〇〇〇〇、同〇〇〇〇の立会いのもとに遺言者の下記遺言の趣旨の口述を筆記し、この証書を作成する。
（遺　贈）
第1条　遺言者は、遺言者の有する一切の財産を遺言執行者をして時価にて換価処分させ、その換価代金から換価に要する一切の実費及び第4条の費用等を控除した残余財産を〇〇に遺贈する。
（遺言執行者）
第2条　遺言者は、次の者を遺言執行者に指定する。
　　　　東京都〇区
　　　　〇〇法律事務所
　　　　弁護士　〇〇〇〇

（遺言執行者の権限）
第3条　遺言者は遺言執行者に対してこの遺言の内容を実現するための下記権限（各手続又は行為をするに当たり相続人の同意は必要としない。）を付与し、その手続の履行を委任する。
　(1)　遺産の調査・収集・管理（貸金庫・保護預り契約の解約、内容物引き取りを含む。）
　(2)　各遺産の取得者への名義移転（不動産登記手続を含む。）
　(3)　遺言の指示に基づく遺産の換価処分、処分代金の管理及び分配
　　　なお、遺言執行者は、遺言の執行上必要と認めたときは、いつでもこの遺言の目的たる財産をその時価により金銭に換価できるものとする。
　　　また、換価困難な財産については無償で処分できるものとする。
　(4)　遺言の指示に基づく債務の弁済と諸費用の支払
　(5)　その他遺言を実現するために必要な範囲内での一切の権限

（費用等の負担及び支出）
第4条　遺言執行者は次の費用等を第1条の換価代金から随時支出することができるものとする。
　①　遺言者の葬儀費用・永代供養料
　②　遺言者の借入金・入院費用・未払租税公課その他一切の債務
　③　この遺言の執行に要する費用及び遺言執行者の報酬

（執行報酬）
第5条　遺言執行者に対する執行報酬は、相続開始時における○○士の所属する○○事務所の報酬規則による。

以　上

本旨外要件（以下省略）

　遺言執行者に最後に残った病院代の支払や葬儀、永代供養を依頼する場合はこの程度で足ります。執行報酬は遺言者との話合いにより定額で定めたり、遺産の○○％と定める場合もあります。

○遺言公正証書の中に死後事務に関する条項を入れる場合②
＜条項例①＞

第○条
　遺言者は、宗教法人○○寺に金500万円を遺贈する。ただし、○○寺において遺言者の葬儀及び永代供養を行うことを負担とする。

菩提寺が決まっている場合は、死後事務委任ではなく、遺言書の中に負担付遺贈を定めることもあります。ただし、受遺者が負担付遺贈を受諾しない場合もあり得るので、あらかじめ受遺者の了解を取っておいた方がよいでしょう。
　死後事務委任契約が他にある場合、矛盾重複がないか確認する必要があります。

＜条項例②＞

> 第○条
> 　遺言者は、遺言者の愛犬○○（犬種・性別）及び金200万円をＮＰＯ法人○○に遺贈する。ただし、ＮＰＯ法人○○が○○の終身世話をし、○○死亡後は適切に埋葬供養することを負担とする。

　受遺者が負担付遺贈を受諾しない場合もあり得るので、あらかじめ受遺者の了解を取っておくべきです。

第7章

成年後見の申立て

〔申立書〕

　成年後見（法定後見）は、事理弁識能力が不十分な者について、その能力に応じて、本人や親族等の関係者の申立てに基づき、成年後見人、保佐人、補助人のいずれかを選任し、これら成年後見人等により本人の財産管理や身上監護を行わせることによって、本人の利益を保護することを目的とする制度です。

　本書でこれまで解説してきた財産管理契約や信託契約、任意後見契約があくまで本人の意思に基づくものであったのに対し、成年後見は法定の要件に基づき裁判所の判断により開始されるという点で、大きく異なるものです。

　なお、本章の書式の記載例は、必ずしも同一のケースのものではなく相互に関連しませんので、ご留意ください。また、基本的な申立書以外の申立書は、1頁目（表題部・当事者欄）を省略しています。

◆後見・保佐・補助開始申立書

　成年後見等の申立ては、成年被後見人となるべき者の住所地（住民登録をしている場所）を管轄している家庭裁判所に対して行います（家事117）。家庭裁判所は、それぞれ定型の用紙を用意していますので、申立てをする家庭裁判所の用紙を使用してください（以下では、東京家庭裁判所の書式を紹介します。）。

第7章 成年後見の申立て

申立後は，家庭裁判所の許可を得なければ申立てを取り下げることはできません。

受付印		**㊟後見・保佐・補助　開始申立書**	
		（収入印紙欄） 開始申立てのみは，800円（補助開始のみの申立てはできません。） 保佐開始申立て＋代理権付与のときは1600円分 補助開始申立て＋同意権付与＋代理権付与のときは2400円分 ※はった印紙に押印しないでください。	
収入印紙（申立費用）　円 収入印紙（登記費用）　円 予納郵便切手　　　　円		準口頭　関連事件番号平成　年（家　）第　　号	

東京家庭裁判所　　　　御中 　　　　　　　□立川支部 　平成 ○年 ○月 ○日	申立人の 記名押印	○○○○　　　　　　　　　印

添付書類	本人の戸籍個人事項証明書，本人・成年後見人等候補者の住民票又は戸籍附票 本人の登記されていないことの証明書，診断書

申立人

住所	〒○○○－○○○○ 東京都○区○町○丁目○番○号　　電話　○○（○○○○）○○○○ 　　　　　　　　　　　　　　　　携帯電話○○○（○○○○）○○○○ 　　　（　　　　方）　　　　　　　FAX　○○（○○○○）○○○○
フリガナ 氏名	○○○○　　　　　　大正 　　　　　　　　　　㊐昭和　○年○月○日生 　　　　　　　　　　平成
本人との関係	① 配偶者　2 父母　3 子（　　　）　4 兄弟姉妹甥姪 5 本人　6 市区町村長　7 その他（　　　　　　　　）

本人

本籍	東京㊒道　○区○町○丁目○番○号 　　　府県
住民票の住所	☑申立人と同じ　〒　－　　　　　電話　（　） 　　　　　　　　　　　　　　　　　　（　　方）
施設・病院の入所先	施設・病院名等 ☑入所等していない 〒　－　　　　　　　　　　　　電話　（　）
フリガナ 氏名	○○○○　　　男・㊛　明治 　　　　　　　　　　　大正 　　　　　　　　　　　㊐昭和　○年○月○日生 　　　　　　　　　　　平成

成年後見人等候補者
□申立人と同じ※

住所	〒　－　　　　　　　　　　電話　（　） 　　　　　　　　　　　　　　携帯電話（　） 　　　　　　　　　　　　　　FAX　（　）
フリガナ 氏名	昭和　　年　　月　　日生 　　　　　　　　　　　　平成
本人との関係	1 配偶者　2 父母　3 子（　　　）　4 兄弟姉妹甥姪 5 その他（　　　　　　　　　　　　　　　　　）

（注）太わくの中だけ記入してください。
※　申立人と成年後見人等候補者が同一の場合は，□にチェックをしてください。その場合は，
　　成年後見人等候補者欄の記載は省略して構いません。

後見（1/2）

（東京家庭裁判所ウェブサイト掲載の書式を基に執筆者が独自に作成）

申立ての趣旨	
●1, 2, 3いずれかを○で囲んでください。 → ●保佐申立ての場合は必要とする場合に限り、当てはまる番号（(1)，(2)）も○で囲んでください。	① 本人について**後見**を開始するとの審判を求める。
	2 本人について**保佐**を開始するとの審判を求める。 (1) 本人のために**別紙代理行為目録**記載の行為について保佐人に<u>代理権を付与するとの審判</u>を求める。 (2) 本人は，民法第１３条１項に規定されている行為の他に，下記の行為（日用品の購入その他日常生活に関する行為を除く。）をするにも，その保佐人の<u>同意を得なければならない</u>との審判を求める 記 _____
→ ●補助申立ての場合は必ず当てはまる番号（(1)，(2)）を○で囲んでください。	3 本人について**補助**を開始するとの審判を求める。 (1) 本人のために**別紙代理行為目録**記載の行為について補助人に<u>代理権を付与するとの審判</u>を求める。 (2) 本人が**別紙同意行為目録**記載の行為（日用品の購入その他日常生活に関する行為を除く。）をするには，その補助人の<u>同意を得なければならない</u>との審判を求める。

申立ての理由
本人は，☑ 認知症 □ 知的障害 □ 統合失調症 □ その他（　　　　　） 　　　により判断能力が低下しているため， 　　☑ 財産管理　　□ 保険金受領　　□ 遺産分割　　□ 相続放棄 　　□ 不動産処分　□ 施設入所　　□ 訴訟・調停 　　□ その他（　　　　　　　　　　　　　　　　　）の必要が生じた。 　※　詳しい実情は，申立事情説明書に記入してください。 (特記事項) _____ _____ _____

後見(2/2)

（東京家庭裁判所ウェブサイト掲載の書式を基に執筆者が独自に作成）

1　記載事項

(1)　成年後見人等候補者

成年後見人等として適任と思われる者がいる場合には、本人の意思を確認した上で、候補者として記載します。後見人等として誰を選任するかは、家庭裁判所の裁量に委ねられています。したがって、申立人が希望者を記載したとしても、当該候補者が選任されるとは限りません。

(2)　申立ての趣旨

「後見」「保佐」「補助」のうち、どの手続の開始を求めるのかを記載します（掲載の書式の場合は該当するものに○を付します。）。また、保佐の場合で「同意権の拡張」や「代理権の付与」を求めるときにはその範囲を記載します。補助の場合は、「同意権の付与」か「代理権の付与」の少なくともいずれか一方の申立てをする必要があります。

(3)　申立ての実情（「申立ての理由」）

申立ての理由や本人の生活状況などを簡潔に記載します。

2　申立費用

申立てに際し、収入印紙・郵便切手・現金が必要になります。

これらの費用は、申立人が支払うことになります。ただし、本人が支払うことが適当であると思われるときは家庭裁判所に申し立て、それが認められれば費用の償還を受けることができます。

(1)　収入印紙（申立手数料）

申立手数料は、1件800円です。保佐人の「同意権の拡張」「代理権の付与」、補助人の「同意権の付与」「代理権の付与」の各申立ては、開始の審判とは別の事件として数えられますので、それぞれについて800円が必要です。

申立書には収入印紙を貼付し、消印はしません。

なお、申立ての際に、裁判所の受付窓口で申立書の訂正を求められ、再度書き直して提出する必要が生じる場合もあるため、収入印紙は、貼付しないで裁判所に持参し、申立書の確認を受けた後に貼付するのがよいでしょう。

(2)　収入印紙（登記費用）　2,600円

後見等の開始後に、裁判所がその内容を登記するために必要な費用です。

貼付しないで、別途提出します。

(3)　郵便切手　数千円

裁判所から審判書等を送達するときに必要な郵送費用です。切手の金額や組合せ

は、申立てをする裁判所により異なりますので、事前に確認する必要があります。
　(4)　鑑定費用　実費
　後見、保佐の申立てで精神鑑定を行った医師に支払われる費用です。
　申立ての際に予納する必要はありませんが、鑑定が行われることになった場合には予納する必要があります。
　鑑定の内容によって金額が異なります。金額、納付時期は申し立てた家庭裁判所の指示によります。

〔申立時に作成する文書〕

1　必要的添付書類
　申立書の「添付書類」欄に記載されている書類です。
・本人の戸籍個人事項証明書（戸籍抄本）
・本人の住民票又は戸籍附票（外国籍の場合は、国籍・地域の記載された住民票）
・登記されていないことの証明書
・診断書：家庭裁判所に書式（「成年後見用診断書」）が用意されています。
・成年後見人等候補者の住民票又は戸籍附票

2　補充的添付書類
　申立書の「添付書類」欄に記載はありませんが、申立ての内容を補充する資料として、家庭裁判所に提出を求められる書類です。これらについても、それぞれの家庭裁判所に定型の書式が用意されています（後見人等候補者事情説明書については、弁護士が候補者となる場合の書式を紹介します。）。

○申立事情説明書

申　立　事　情　説　明　書
（後見開始）・保佐開始・補助開始

※　この事情説明書は，申立人（申立人が記載できないときは，本人の事情をよく理解している人）が記載してください。

記入年月日：平成 ○年 ○月 ○日　　記入者氏名：○　○　○　○　印
（記入者が申立人以外の場合は申立人との関係：　　　　　　　　）

裁判所との連絡方法について
1　申立人の平日昼間の連絡先（携帯電話又は勤務先等）を記入してください。
　[1]　携帯電話番号　　○○○（○○○）○○○○
　[2]　連絡先名　　　　○○○○　　　　　　電話番号　　（　）
　　　　裁判所名で電話しても　□よい　□差し支える
2　裁判所から連絡をするに当たり，留意すべきこと（電話できる時間帯等）があれば記載してください。

【申立ての事情について】

1　この申立ての主な目的は何ですか（具体的な内容や時期も記載してください。）。
　□　預貯金の解約又は保険金等の受取りのため
　□　被相続人（　　　　　　　，平成　年　月　日死亡）の遺産分割協議（相続放棄の申述を含む。）のため
　　※この場合は，添付資料として遺産目録を提出してください。
　□　不動産の処分（□売却，□賃貸，□賃貸借の解除，□抵当権等設定，□　　　）のため
　□　不動産の購入，建替，リフォーム等のため
　□　不動産以外の財産（動産，株式，社債等）の処分のため
　□　金銭の借入れのため
　☑　その他の財産管理（☑預貯金の管理，☑年金等の受領，□不動産賃料等の受領，☑医療費・介護費用・税金・保険料の支払い等）のため
　☑　施設入所又は福祉サービス契約等のため
　□　裁判所の手続（遺産分割調停，訴訟等）のため（現在事件が係属しているときは，裁判所名，事件番号，事件の内容も記載してください。）
　☑　その他
　（具体的な内容・時期）　債務整理

2　この申立ての内容に関して，これまでに家庭裁判所の手続を利用したことがありますか。
　☑　ない
　□　ある
　　　申立時期：平成　　年　　月頃　　申立人氏名：
　　　裁判所　：　　　家庭裁判所　　　支部・出張所
　　　事件番号：平成　年(家　)　　号　　事件名：

— 1/4 —

（東京家庭裁判所ウェブサイト掲載の書式を基に執筆者が独自に作成）

第7章 成年後見の申立て

3 本人の親族について

(1) 本人の配偶者，子，父母，兄弟姉妹等の親族（推定相続人にあたる方）について記載してください。（申立人や候補者については記入の必要はありません。）

関係 ○で囲む	住　所・氏　名	年齢 / 同居・別居の別 / それぞれの考え
配偶者 子 父・母 ㊤・弟 姉・妹	〒○○○－○○○○ 東京都○区○町○丁目○番○号 ○　○　○　○	年齢 ○ 歳　同居・㊥居（電話 ○○－○○○○－○○○○ ） この申立てについて　☑知っている　□知らない 申立てをすることに　☑賛成している　□反対している　□不明 候補者が後見人等になることに 　　　　　　　　　　☑賛成している　□反対している　□不明 ☑　同意書あり
配偶者 子 父・母 兄・㊤ 姉・妹	〒○○○－○○○○ 東京都○区○町○丁目○番○号 ○　○　○　○	年齢 ○ 歳　同居・㊥居（電話 ○○－○○○○－○○○○ ） この申立てについて　☑知っている　□知らない 申立てをすることに　☑賛成している　□反対している　□不明 候補者が後見人等になることに 　　　　　　　　　　☑賛成している　□反対している　□不明 ☑　同意書あり
配偶者 子 父・母 兄・弟 姉・㊤	〒○○○－○○○○ 東京都○区○町○丁目○番○号 ○　○　○　○	年齢 ○ 歳　同居・㊥居（電話 ○○－○○○○－○○○○ ） この申立てについて　☑知っている　□知らない 申立てをすることに　☑賛成している　□反対している　□不明 候補者が後見人等になることに 　　　　　　　　　　☑賛成している　□反対している　□不明 ☑　同意書あり
配偶者 子 父・母 兄・弟 姉・妹	〒　－	年齢　歳　同居・別居（電話　－　－　） この申立てについて　□知っている　□知らない 申立てをすることに　□賛成している　□反対している　□不明 候補者が後見人等になることに 　　　　　　　　　　□賛成している　□反対している　□不明 □　同意書あり
配偶者 子 父・母 兄・弟 姉・妹	〒　－	年齢　歳　同居・別居（電話　－　－　） この申立てについて　□知っている　□知らない 申立てをすることに　□賛成している　□反対している　□不明 候補者が後見人等になることに 　　　　　　　　　　□賛成している　□反対している　□不明 □　同意書あり
配偶者 子 父・母 兄・弟 姉・妹	〒　－	年齢　歳　同居・別居（電話　－　－　） この申立てについて　□知っている　□知らない 申立てをすることに　□賛成している　□反対している　□不明 候補者が後見人等になることに 　　　　　　　　　　□賛成している　□反対している　□不明 □　同意書あり

(2) 反対の意向を示している人や，上記推定相続人で同意書がない人がいる場合は，その理由や内容を具体的に記載してください。

4 申立書と一緒にお渡ししている「成年後見・保佐・補助申立ての手引」をお読みになって理解できなかったことや疑問なことがあれば記載してください。

（東京家庭裁判所ウェブサイト掲載の書式を基に執筆者が独自に作成）

【本人の状況について】
1　本人は現在どこで生活していますか。
　　☑　病院，老人ホーム等の施設で生活している。

　　　　病院・施設名：　　○○病院
　　　　入院・入所日：平成　○　年　○　月　○　日

　　　　所在地：　〒○○○―○○○○
　　　　　　　　　　東京都○区○町○丁目○番○号
　　　　　　　　　電話　○○（○○○○）○○○○　　　（担当職員名　○○様　）

　　　　最寄駅：　○○　線　○○　駅下車（徒歩）・バス（　　行・　バス停下車）　○　分

　　　　□　転院・移転予定あり（平成　　年　　月頃：移転先　　　　　　　　　）
　　　　☑　転院・移転予定なし

　　□　自宅又は親族宅で生活している。
　　　　□　介護サービスを受けている。
　　　　□　親族が介護している。（介護者：　　　　　　　　　）
　　　　□　介護は受けていない。

　　　　最寄駅：　　　　線　　　　駅下車　徒歩・バス（　　行・　バス停下車）　　分

2　次の認定を受けている場合は記入してください。
　　□　愛の手帳（　1度・2度・3度・4度　），療育手帳（A・B・　　　）
　　☑　精神障害者手帳　　（　1級・②級・3級　）
　　☑　介護認定　（要支援　1・2　，要介護　①・2・3・4・5　）
　　□　いずれもない。
3　本人の現在の状態について
 (1) 裁判所まで来ることは
　　　　□　可能である。
　　　　☑　不可能，または容易には来ることができない。
 (2) 移動することについて
　　　　□　自立歩行可能（自力で車椅子で移動できる場合も含む。）
　　　　☑　介添えにより車椅子で移動できる。
　　　　□　ベッドから起き上がることができない。
 (3) 会話能力
　　　　□　会話は成り立つ。
　　　　☑　あいさつ程度のやりとりはできるが，会話として意味が通じない。または通じないことが多い。
　　　　□　言葉が出ない。

（東京家庭裁判所ウェブサイト掲載の書式を基に執筆者が独自に作成）

4 (1) 本人の経歴（最終学歴，主な職歴，結婚，出産等）を記入してください。

年月日	最終学歴，主な職歴	年月日	身分の変動，家族関係
〇・〇・〇	最終学歴（　〇〇高校　）を卒業	〇・〇・〇	〇人きょうだいの〇番目として出生
〇・〇・〇	その後上京、〇〇勤務	・・	
〇・〇・〇	（60歳定年まで）	・・	
・・		・・	
・・		・・	
・・		・・	

(2) 本人の病歴（病名，発症・受症時期，その後の入院期間等）を記入してください。
　　　50歳代から、〇〇病発症。休職を繰り返していた。
　　　平成〇年〇月脳梗塞、平成〇年〇月慢性腎不全、その他高血圧、痛風など

5　本人の財産を，現在，事実上管理しているのは誰ですか。
　　□　本人自身
　　☑　申立人（あなた）
　　□　その他（氏名及び本人との関係　　　　　　　　　　　　　　　　　　　）
　　□　誰が管理しているか分からない。

6　本人はこの申立てがされることを知っていますか。
　　□　知っている。
　　　　本人は，後見人等を付けることに同意していますか。
　　　　　　□　同意している。
　　　　　　□　同意していない。（理由　　　　　　　　　　　　　　　　　）
　　　　　　□　分からない（本人が理解できない場合を含む。）。
　　　　候補者が後見人等になることについての本人の意向はどうですか。
　　　　　　□　本人は，候補者が後見人等になることに賛成している。
　　　　　　□　本人は，候補者が後見人等になることに反対している。
　　　　　　　　（理由　　　　　　　　　　　　　　　　　　　　　　　　）
　　　　　　□　分からない（本人が理解できない場合を含む。）。
　　☑　知らない（その主な理由は次のとおりである。）。
　　　　☑　本人は理解できる状態にない。
　　　　□　本人は理解できる状態だが，不安を与えたくないので，知らせていない。
　　　　□　本人は理解できる状態だが，申立てに反対すると思うので知らせていない。
　　　　□　その他（　　　　　　　　　　　　　　　　　　　　　　　　　　）

7　家庭裁判所調査官が本人のところへ面接調査に行く場合がありますが、留意点（訪問可能な時間帯，訪問する際の本人の精神面への注意等）があれば記載してください。

（東京家庭裁判所ウェブサイト掲載の書式を基に執筆者が独自に作成）

申立事情説明書では、申立ての主な目的、本人の親族の情報や親族が申立てに賛成しているかどうか、本人の生活状況や障がいの有無・程度、経歴、財産の管理状況などについて記載する項目があり、これらの事項について説明を記載することになります。

〇親族関係図
　本人の推定相続人は必ず全員記載するようにします。
　具体的な記載方法は**第4章〔関係文書〕・親族関係図**を参照してください。

○後見人等候補者事情説明書

後見人等候補者事情説明書
（後見開始，保佐開始，補助開始）

※ この事情説明書は，必ず後見人等候補者自身が記載してください。

記入年月日：平成 ○ 年 ○ 月 ○ 日　　　記入者氏名： ○ ○ ○ ○ 印

1　候補者の住所，氏名等について
　☑ 候補者は申立人である。
　☐ 申立書候補者欄に記載のとおり
　☐ 住所：　東京都○区○町○丁目○番○号
　（平日昼間の連絡先）○○-○○○○-○○○○　（電話・携帯）○○○（○○○○）○○○○

2　候補者は次のいずれかの事由に該当しますか。
　☐ 未成年者
　☐ 家庭裁判所で成年後見人等を解任された者
　☐ 破産者で復権していない者
　☐ 本人に対して訴訟をしたことがある者，その配偶者又は親子である者
　☑ いずれにも該当しない。

3　身上・経歴等
　(1)　候補者の家族を記入してください。

氏　　名	年齢	続柄	職業（勤務先，学校名）	同居・別居
○ ○ ○ ○	○	○	○○	同　居

　(2)　候補者の経歴（学歴，職歴，結婚，出産等）を記入してください。

年月日	最終学歴・主な職歴	年月日	身分の変動，家族関係
○・○・○	最終学歴（○○大学）を卒業	○・○・○	結　婚
・・		・・	
・・		・・	
・・		・・	
・・		・・	

　(3)　候補者の健康状態について記入してください。
　　　☑　良好である。
　　　☐　あまり良好ではない。
　　　　（具体的内容）

　(4)　候補者の経済状態等について記入してください。
　　　[1]　職業：　　　○○
　　　[2]　収入：　月収・(年収)　約　　○　万円
　　　　　　　　　内訳：給与等　月額　　○　万円
　　　　　　　　　　　　年金等　月額　　　　万円

-1/2-

（東京家庭裁判所ウェブサイト掲載の書式を基に執筆者が独自に作成）

その他の収入（内容：_____）　月額　　　　万円
　　　※収入がない場合
　　　　生活費を負担している人の氏名　_____
　　　　負担している人の月収　　　　_____万円
[3]　資産：不動産　☑ 有（　　　　　　　　　　　　　　）
　　　　　　　　　☐ 無
　　　　　　預貯金（株式，国債等を含む。）　合計約　　○　万円
[4]　負債：　　借入先　　　　借入目的　　　　　負債額
　　　　　　○○銀行　　　住宅ローン　　　　　　○　万円
　　　　　_____　_____　　　　　　万円
[5]　あなたが本人のために立て替えて支払ったものがあれば，その額及び内容並びに，その返済を求める意思があるか否かについて記入してください。

金　額	内　　容	返済を求める意思
		☐求める。 ☐求めない。

4　今後の方針，計画を具体的に記載してください。
(1) 療養看護の方針や計画について（今後の生活の拠点，必要となる医療や福祉サービス，身の回りの世話等）
　　当面、入院先病院で療養して頂き、財産状況もふまえて、施設への転居等を検討する。

(2) 財産管理の方針や計画について（大きな収支の変動，多額の入金の予定があれば，その管理方針等についても記載してください。）
　　資産調査、債務調査を行い、債務整理を行う。

5　後見人等の役割について
(1) 申立人から「成年後見・保佐・補助申立ての手引」を見せてもらいましたか。
　　☑ すべて読み，内容も理解している。
　　☐ すべて読んだが，理解できなかった部分がある。
　　　（不明，疑問な点）_____
　　☐ 読んでいない，または見せてもらっていない。
　　　　　→申立人に手引をお渡ししてありますので，お読みください。
(2) 後見人等に選任された場合には，次のことに同意しますか。
　　[1] 本人の意思を尊重し，その心身の健康に配慮して身上監護を行うこと。
　　[2] 本人の財産を後見人等自身のために利用しないことはもちろん，投資，投機等の運用をしたり，贈与，貸付をしたり，本人に借金や保証（抵当権設定を含む。）等させることがないよう誠実に管理すること。また，疑義が生じないように，収支を記録に残すこと。
　　[3] 家庭裁判所の指示に従い，後見等事務の監督を受けること。
　　☑ 同意する。
　　☐ 同意できない，又は疑問がある。
　　　（理由）_____

（東京家庭裁判所ウェブサイト掲載の書式を基に執筆者が独自に作成）

後見人等候補者事情説明書（専門職候補者名簿登載者用）

平成〇年〇月〇日

1　後見人等候補者の氏名等

ふりがな 氏　名	〇　〇　〇　〇　　　昭和〇年〇月〇日生
住　所	〒〇〇〇－〇〇〇〇 東京都〇区〇町〇丁目〇番〇号
事務所 所在地 ・名称	〒〇〇〇－〇〇〇〇 東京都〇区〇町〇丁目〇番〇号 〇〇法律事務所 ＴＥＬ〇〇－〇〇〇〇－〇〇〇〇　ＦＡＸ〇〇－〇〇〇〇－〇〇〇〇
職　種	☑　弁護士 所属弁護士会　〇〇弁護士会 ☐　司法書士 ☐　社会福祉士 ☐　税理士 ☐

2　今後の方針、計画を具体的に記載してください。
　(1)　療養看護の方針や計画について
　当面、入院先病院で療養して頂き、財産状況もふまえて、施設への転居等を検討する。

　(2)　財産管理の方針や計画について
　資産調査、債務調査を行い、債務整理を行う。

3　その他

　家庭裁判所は、後見等開始の審判をするときは、職権で、後見人等を選任します（成年後見について民843①、保佐について民876の2①、補助について民876の7①）。

①未成年者、②家庭裁判所で免ぜられた法定代理人、保佐人、補助人、③破産者、④被後見人に対して訴訟をし、又はした者並びにその配偶者及びその直系血族、⑤行方が知れない者は、後見人等にはなれません。これらを欠格事由といいます（民847・876の2②・876の7②）。

家庭裁判所は、「成年後見人を選任するには、成年被後見人の心身の状態並びに生活及び財産の状況、成年後見人となる者の職業及び経歴並びに成年被後見人との利害関係の有無（成年後見人となる者が法人であるときは、その事業の種類及び内容並びにその法人及びその代表者と成年被後見人との利害関係の有無）、成年被後見人の意見その他一切の事情を考慮しなければならない」とされています（民843④）。

これらの諸要素について検討するため、後見等開始の審判をする場合には、家庭裁判所は、原則として、成年被後見人となるべき者の陳述を聴かなければならないとされています（成年後見について家事120①一、保佐について家事130①一、補助について家事139①一）。実務上は、申立書に添付して後見人等候補者事情説明書（名称や書式は、裁判所によって異なります。）の提出が求められ、それに加えて、面接が行われることになります。後見人等候補者事情説明書では、主に、成年後見人等候補者の身上・経歴、健康状態、経済状態、成年被後見人等との利害関係の有無・内容、今後の財産管理・身上監護の計画、欠格事由の有無などを記載することになります（専門職候補者名簿登載者は、後見人等候補者事情説明書（専門職候補者名簿登載者用）を使用します。）。面接では、申立書や後見人等候補者事情説明書を前提にして補充的な聞き取りが行われ、後見人等候補者の適性について判断する材料とされることになります。

○財産目録

本人○○○○

財産目録（平成○年○月○日現在）

1　現金・預貯金

番号	金融機関名、支店名、口座番号	種類	金額	備考
1	ゆうちょ銀行　○○○ ○○○○○○○	通常	5,350	
2	○○銀行　○○支店 ○○○○○○○	普通	830	

| 3 | ○○銀行　○○支店　○○○○○○○ | 普通 | 20,218 | |

預貯金総額　　　26,398　円

2　負債（疑い含む）

番号	種類（債権者）	金額	備考
1	○○○○	560,000	
2	○○○○	430,000	
3	○○○○	51,576	

負債総額　　1,041,576　円

※　パソコン・ワープロ等で財産目録を作成する方は、Ａ４用紙で上記形式の報告書を作成してください。

※　この用紙を使用する方で、書ききれない場合は、用紙をコピーして使用してください。

平成○年○月○日

申立人　○○○○　㊞

被後見人の財産が一覧で判別できるよう、プラスの財産の他に、借金や負債などのマイナスとなる財産も全て記入しておくことで、財産の有無を明確にします。

○収支状況報告書

本人○○○○

収支状況報告書（平成○年○月○日現在）

1　収　入

番号	区分、内容	金額（円）	備考
1	厚生年金	200,000	

Ａ　合計　　200,000　円／月

2 支 出

番号	区分、内容	金額（円）	備考
1	施設費（　　　　　　　　）		
2	療養費（〇〇病院　　　）	100,000	
3	住居費（自宅家賃）	80,000	
4	税金（　　　　　　　　　）		
5	保険料（　　　　　　　　）		
6	保険料（　　　　　　　　）		
7	保険料（　　　　　　　　）		
8	ガス代	3,000	
9	水道代	3,000	
10	電気代	3,000	
11	新聞代		
12	電話代	5,000	
13	火災保険		
14	管理費		

　　　　　　　　　　　B　合計　　194,000　円／月

　　　　　　　　　A－B＝　　6,000　円

平成〇年〇月〇日

　　　　　　　　　　　　　　　　　　申立人　〇〇〇〇　㊞

被後見人の収入と支出を整理するために作成します。

〔関係文書〕

以下、成年後見が開始した後の関係文書について説明します。

〈初回報告〉

　後見人は、遅滞なく被後見人の財産の調査に着手し、1か月以内にその調査を終え、かつ、その目録を作成しなければならないとされています（民853①本文）。

　また、後見監督人があるときは、財産の調査及びその目録の作成は、その立会いをもってしなければ、効力を生じないとされています（民853②）。

　後見人は、その就職の初めにおいて、被後見人の生活、教育又は療養看護及び財産の管理のために毎年支出すべき金額を予定しなければならないとされています（民861①）。

　実務上は、成年後見人に選任されると、裁判所から後見開始の審判書と共に、財産目録及び年間収支予定表の提出期限を記した書面が届きます。

　このような、後見人が裁判所から選任された後で最初にする財産目録等の報告を、初回報告と呼んでいます。

◎財産目録（初回報告用）

開始事件 事件番号 平成○年（家）第○○号 【本人氏名：○○○○】

財 産 目 録 （平成○年 3 月 31 日現在）

平成○年 4 月 10 日　　作成者氏名　○○○○　印

本人の財産の内容は以下のとおりです。

1　預貯金・現金

金融機関の名称	支店名	口座種別	口座番号	残高（円）	管理者
○○銀行	○○支店	普通	2345678	1,234,567	後見人
ゆうちょ銀行		定期	1450－2365	3,000,000	後見人
○○銀行	○○支店	普通	8765432	12,000,000	後見人
		後見信託			
	現　金			31,169	後見人
	合　計			16,265,736	
	前回との差額				（増・減）

（2から7までの各項目についての記載方法）
・初回報告の場合→すべて右の□をチェックし、別紙も作成してください。
・定期報告の場合→財産の内容に変化がない場合→左の□にチェックしてください。該当財産がない場合には、（ ）内の□にもチェックしてください。
　　財産の内容に変化がある場合→右の□にチェックした上、前回までに報告したものも含め、該当する項目の現在の財産内容すべてを別紙にお書きください。

2　有価証券（株式，投資信託，国債など）
　　□ 前回報告から変わりありません（□該当財産なし）　　☑ 前回報告から変わりました（別紙のとおり）

3　不動産（土地）
　　□ 前回報告から変わりありません（□該当財産なし）　　☑ 前回報告から変わりました（別紙のとおり）

4　不動産（建物）
　　□ 前回報告から変わりありません（□該当財産なし）　　☑ 前回報告から変わりました（別紙のとおり）

5　保険契約（本人が契約者又は受取人になっているもの）
　　□ 前回報告から変わりありません（□該当財産なし）　　☑ 前回報告から変わりました（別紙のとおり）

6　その他の資産（貸金債権，出資金など）
　　□ 前回報告から変わりありません（□該当財産なし）　　☑ 前回報告から変わりました（別紙のとおり）

7　負債（立替金など）
　　□ 前回報告から変わりありません（□該当なし）　　☑ 前回報告から変わりました（別紙のとおり）

30.4版

（東京家庭裁判所ウェブサイト掲載の書式を基に執筆者が独自に作成）

(別紙)

2 有価証券（株式，投資信託，国債など）

種類	銘柄等	数量（口数，株数，額面等）	評価額（円）
国債		5,000,000	5,000,000
株式	○○電力（株）	1,000	391,000
	合計		5,391,000

3 不動産（土地）

所在	地番	地目	地積（㎡）	備考
○県○市○町○丁目	○番○	山林	365	別荘地 共有持分1/2

4 不動産（建物）

所在	家屋番号	種類	床面積（㎡）	備考
○区○町○丁目○番地	○番○号	居宅	延126.38	敷地は借地権

5 保険契約（本人が契約者又は受取人になっているもの）

保険会社の名称	保険の種類	証書番号	保険金額（受取額）（円）	受取人
なし				

6 その他の資産（貸金債権，出資金など）

種類	債務者等	数量（債権額，額面等）
なし		

7 負債（立替金など）

債権者名（支払先）	負債の内容	残額（円）	返済月額・清算予定
○○開発（株）	管理費	64,800	初回報告後全額清算予定
	合計	64,800	

（東京家庭裁判所ウェブサイト掲載の書式を基に執筆者が独自に作成）

後見人が被後見人の財産を調査する方法としては、まず、後見開始審判申立書に添付された財産目録を入手し、その内容を参考にすることが考えられます。後見人による申立書等の申立記録の閲覧・謄写は、後見開始審判確定後、利害関係人として裁判所の許可を得て、裁判所書記官に請求を行うことになります（家事47①）。利害関係人からの閲覧等許可の申立ては、相当と認めるときに許可されますが（家事47⑤）、通常、後見人からの申立ては許可されます。

　もっとも、申立記録の財産目録に記載された財産が正確でなかったり、不十分である場合もあります。そこで、財産目録以外にも、被後見人の親族や支援者から聞き取りをしたり、被後見人の自宅内の金庫や郵便物等から調査をすることも有益です。金融機関に貸金庫が存在することもあります。

　財産目録には、該当する財産に応じて資料（不動産であれば登記事項証明書、預貯金であれば通帳のコピーなど）を添付する必要があります。

第7章 成年後見の申立て

◎年間収支予定表

平成 ○ 年（家）第 ○○ 号

年間収支予定表
（**年額**で書いてください。）

1 本人の収入（年金額通知書，確定申告書等を見ながら書いてください。）

種　別	名称・支給者等	金　額（円）	入金先通帳・頻度等
年　金	厚生年金 国民年金（老齢基礎年金）	600,000	○○銀行○○支店，2か月に1回
配当金（目録2の株式）	○○電力（株）	450,000	○○銀行○○支店，6月と12月
親族の立替・援助	長　男	180,000	通所施設費相当分を立替 15,000／月
合　計		1,230,000	

2 本人の支出（納税通知書，領収書等を見ながら書いてください。）

費　目	支払先等	金　額（円）	月額・使用通帳等
生活費　食費など別居中の親族の生活費	二男（○○在住）	360,000 240,000	30,000／月　同居中の妻分含む 20,000／月
施 設 費		180,000	15,000／月　長男が立替払い
住 居 費　住宅ローン	○○銀行○○支店	440,000	平成○.○に終了予定
税　金	固定資産税	120,000	年4回支払い、○○銀行○○支店 年額240,000円のうち持分2分の1相当分
保 険 料	国民健康保険、介護保険	330,000	○○銀行○○支店
その他　胃の手術費用	○○病院	500,000	平成○.○頃入院、手術予定 （臨時支出）
合　計		2,170,000	

※収支が赤字となる場合は，対処方針等を記載してください。
　定期預金の解約や○○市の不動産売却で対応予定

※本人以外の第三者のための支出を予定している場合は，理由等を記載してください。
　同居中の妻は無収入であるため、本人が妻の生活費を負担している。
　二男は、大学生であり○○で単身生活しているため、本人が月2万円を援助している。

29.2版

（東京家庭裁判所ウェブサイト掲載の書式を基に執筆者が独自に作成）

年間収支予定表についても、申立記録に含まれる収支状況報告書を参考にすることが考えられますが、それに加えて、預貯金通帳での入出金や引落し状況の確認、領収書の確認、親族や支援者からの聞き取り等により収支状況を把握した上で、被後見人の身上に配慮して、年間収支予定を検討することになります。収入と支出の増減の可能性についても検討することが必要です。

　また、年間支出見込額が年間収入見込額を超える場合には、預貯金の取り崩しで対応が可能か、預貯金以外の財産がある場合にその利用・処分が必要かつ可能かを検討し、いずれの財産もない場合には生活保護申請等の検討が必要なこともあります。

〈定期報告〉

　初回報告以後は、後見人は、通常、概ね1年ごとに、家庭裁判所に対して後見事務の報告を行います。これを、定期報告と呼んでいます（家庭裁判所から報告時期を指定されることがありますが、その場合はその時期を遵守しなければなりません。）。

　定期報告は、後見等事務報告書、財産目録の提出により行うのが東京家庭裁判所の取扱いです。

　後見監督人が選任されている場合、後見監督人は、監督事務報告書を家庭裁判所に提出することになります。

◎後見等事務報告書

開始事件 事件番号 平成〇年(家)第〇〇号 【本人氏名：〇〇〇〇 】

後見等事務報告書

(報告期間：平成〇年〇月〇日～平成〇年〇月〇日)

平成 〇 年 〇 月 〇 日
住　所　東京都〇区〇町〇丁目〇番〇号
☑成年後見人
□保佐人　　〇〇〇〇　　　　印
□補助人
日中連絡のつく電話番号 〇〇－〇〇〇〇－〇〇〇〇

1　本人の生活状況について　(全員回答してください。)

(1)　前回の定期報告以降，本人の住所又は居所に変化はありましたか。

　　☑ 以下のとおり変わらない　　□ 以下のとおり変わった

　　(「以下のとおり変わった」と答えた場合) 住所又は居所が変わったことが確認できる資料(住民票，入院や施設入所に関する資料等)を，この報告書と共に提出してください。

　【住民票上の住所】

　【現在，実際に住んでいる場所】(入院先，入所施設などを含みます。)

(2)　前回の定期報告以降，本人の健康状態や生活状況に変化はありましたか。

　　☑ 変わらない　　□ 以下のとおり変わった

2　本人の財産状況について
　　(財産管理に関する代理権が付与されていない保佐人・補助人は回答不要です。)

(1)　前回の定期報告以降，定期的な収入(年金，賃貸している不動産の賃料など)に変化はありましたか。

　　☑ 変わらない　　□ 変わった

　　(「変わった」と答えた場合)いつから，どのような定期的な収入が，どのような理由により，1か月当たりいくらからいくらに変わりましたか。以下にお書きください。また，額が変わったことが確認できる資料をこの報告書と共に提出してください。

変わった時期	変わった収入の種類	変わる前の額 (1か月分/円)	変わった後の額 (1か月分/円)	変わった理由	額が変わったことの分かる資料
年　　月					
年　　月					
年　　月					

※年金など2か月に1回支払われるものについても，1か月あたりの金額を記載してください。

29.2版

(東京家庭裁判所ウェブサイト掲載の書式を基に執筆者が独自に作成)

(2) 前回の定期報告以降，1回につき10万円を超える臨時の収入（保険金，不動産売却，株式売却など）がありましたか。
　　□ ない　　☑ ある
　　（「ある」と答えた場合）いつ，どのような理由により，どのような臨時収入が，いくら入金されましたか。以下にお書きください。また，臨時収入があったことが確認できる資料をこの報告書と共に提出してください。

収入があった日	臨時収入の種類	収入額（円）	収入があった理由	収入の裏付資料
○・○・○	不動産売却	20,000,000	所有不動産売却のため	売買契約書等
・・				
・・				
・・				

(3) 前回の定期報告以降，本人が得た金銭は，全額，今回コピーを提出した通帳に入金されていますか。
　　☑ はい　　□ いいえ
　　（「いいえ」と答えた場合）入金されていないお金はいくらで，現在どのように管理していますか。また，入金されていないのはなぜですか。以下にお書きください。

------

(4) 前回の定期報告以降，定期的な支出（生活費，入院費，住居費，施設費など）に変化はありましたか。
　　☑ 変わらない　　□ 変わった
　　（「変わった」と答えた場合）いつから，どのような定期的な支出が，どのような理由により，1か月当たりいくらからいくらに変わりましたか。以下にお書きください。また，額が変わったことが確認できる資料をこの報告書と共に提出してください。

変わった時期	変わった支出の種類	変わる前の額（1か月分/円）	変わった後の額（1か月分/円）	変わった理由	額が変わったことの分かる資料
年　月					
年　月					
年　月					

(5) 前回の定期報告以降，1回につき10万円を超える臨時の支出（医療費，修繕費，自動車購入，冠婚葬祭など）がありましたか。
　　☑ ない　　□ ある
　　（「ある」と答えた場合）いつ，どのような理由により，どのような臨時支出が，いくら出金されましたか。以下にお書きください。また，臨時支出があったことが確認できる資料をこの報告書と共に提出してください。

支出のあった日	臨時支出の種類	支出額（円）	支出があった理由	支出の裏付資料
・・				
・・				
・・				
・・				

（東京家庭裁判所ウェブサイト掲載の書式を基に執筆者が独自に作成）

第7章　成年後見の申立て

(6) 前回の定期報告以降，本人の財産から，本人以外の人（本人の配偶者，親族，後見人自身を含みます。）の利益となるような支出をしたことがありますか。
　　☑ ない　　□ ある
　　（「ある」と答えた場合）誰のために，いくらを，どのような目的で支出しましたか。以下にお書きください。また，これらが確認できる資料をこの報告書と共に提出してください。
　　...
　　...

3　同意権・取消権について　（保佐人，補助人のみ回答してください。）

(1) 前回の定期報告以降，同意権を行使しましたか（今後，行使する予定がありますか。）。
　　□ 行使していない（予定していない）　　□ 行使した（予定がある）
　　（「行使した（予定がある）」と答えた場合）その時期と内容はどのようなものですか。以下にお書きください。また，これらが確認できる資料をこの報告書と共に提出してください。
　　...
　　...
　　...

(2) 前回の定期報告以降，取消権を行使しましたか（今後，行使する予定がありますか。）。
　　□ 行使していない（予定していない）　　□ 行使した（予定がある）
　　（「行使した（予定がある）」と答えた場合）その時期と内容はどのようなものですか。以下にお書きください。また，これらが確認できる資料をこの報告書と共に提出してください。
　　...
　　...
　　...

4　あなたご自身について　（全員回答してください。）

次の(1)から(3)までについて，該当するものがありますか。
(1) 他の裁判所で成年後見人等を解任されたことがありますか。
　　☑ ない　　□ ある
(2) 裁判所で破産の手続をとったが，まだ免責の許可を受けていないということがありますか。
　　☑ ない　　□ ある
(3) あなた自身や，あなたの配偶者，親又は子が，本人に対して訴訟をしたことがありますか。
　　☑ ない　　□ ある

5　その他　（全員回答してください。）

上記報告以外に裁判所に報告しておきたいことはありますか。
　　☑ 特にない　　□ 以下のとおり
　　...
　　...

※　□がある箇所は，必ずどちらか一方の□をチェック（レ点）するか，又は塗りつぶしてください。
※　完成したら，裁判所に提出する前にコピーを取って，次回報告まで大切に保管してください。
※　報告内容に不明な点などがある，必要な資料が提出されないなどの場合には，詳しい調査のため調査人や監督人を選任することがあります。

29.2版

（東京家庭裁判所ウェブサイト掲載の書式を基に執筆者が独自に作成）

後見等事務報告書では、基本的に、前回の報告以降変化があったかという観点から、「変わらない」か「変わった」かを記入し、「変わった」場合には、どのように変わったかを具体的に記載し、適宜、必要な資料を添付して報告する形になっています。

◎財産目録（定期報告用）

開始事件 事件番号 平成 ○ 年（家）第 ○○ 号 【本人氏名： ○ ○ ○ ○ 】

財 産 目 録 （平成 ○ 年 3 月 31 日現在）

平成 ○ 年 4 月 10 日　　作成者氏名　○ ○ ○ ○　㊞

本人の財産の内容は以下のとおりです。

1　預貯金・現金

金融機関の名称	支店名	口座種別	口座番号	残高（円）	管理者
○○銀行	○○支店	普通	2345678	1,143,759	後見人
ゆうちょ銀行		定期	1450－2365	3,000,000	後見人
○○信託銀行		後見信託	1122333	12,000,000	後見人
		現　金		52,147	後見人
		合　計		16,195,906	
		前回との差額		69,830	㊞・減

（2から7までの各項目についての記載方法）
・初回報告の場合→すべて右の□をチェックし、別紙も作成してください。
・定期報告の場合→財産の内容に変化がない場合→左の□にチェックしてください。該当財産がない場合には、（ ）内の□にもチェックしてください。
　　　　　　　　　財産の内容に変化がある場合→右の□にチェックした上、前回までに報告したものも含め、該当する項目の現在の財産内容すべてを別紙にお書きください。

2　有価証券（株式，投資信託，国債など）
　　☑ 前回報告から変わりありません（□該当財産なし）　　□ 前回報告から変わりました（別紙のとおり）

3　不動産（土地）
　　□ 前回報告から変わりありません（□該当財産なし）　　☑ 前回報告から変わりました（別紙のとおり）

4　不動産（建物）
　　☑ 前回報告から変わりありません（□該当財産なし）　　□ 前回報告から変わりました（別紙のとおり）

5　保険契約（本人が契約者又は受取人になっているもの）
　　□ 前回報告から変わりありません（□該当財産なし）　　☑ 前回報告から変わりました（別紙のとおり）

6　その他の資産（貸金債権，出資金など）
　　☑ 前回報告から変わりありません（□該当財産なし）　　□ 前回報告から変わりました（別紙のとおり）

7　負債（立替金など）
　　□ 前回報告から変わりありません（□該当なし）　　☑ 前回報告から変わりました（別紙のとおり）

30.4版

（東京家庭裁判所ウェブサイト掲載の書式を基に執筆者が独自に作成）

（別紙）

2　有価証券（株式，投資信託，国債など）

種類	銘柄等	数量（口数，株数，額面等）	評価額（円）
合計			

3　不動産（土地）

所在	地番	地目	地積（㎡）	備考
なし				

4　不動産（建物）

所在	家屋番号	種類	床面積（㎡）	備考

5　保険契約（本人が契約者又は受取人になっているもの）

保険会社の名称	保険の種類	証書番号	保険金額（受取額）（円）	受取人
○○生命	がん保険	○○	1,000,000	本人

6　その他の資産（貸金債権，出資金など）

種類	債務者等	数量（債権額，額面等）

7　負債（立替金など）

債権者名（支払先）	負債の内容	残額（円）	返済月額・清算予定
なし			
合計			

30.4版

（東京家庭裁判所ウェブサイト掲載の書式を基に執筆者が独自に作成）

財産目録についても、定期報告においては、それ以前に報告がなされていることが前提になりますので、前回報告から変化があったか否か、変化がある場合には具体的にその内容を記載する形となっています。

　なお、預貯金・現金については、日々変化が生じることが通常ですので、定期報告時点での残高等を記載する形となっています。

◎監督事務報告書（監督人の場合）

基本事件　平成 ○ 年(家)第　○○　号　成年被後見人　○ ○ ○ ○

監 督 事 務 報 告 書

　　　平成 ○ 年 ○ 月 ○ 日
　　　報告者　(後見)・保佐・補助　監督人）　○ ○ ○ ○　　印
　　　住所　東京都○区○町○丁目○番○号　TEL ○○（○○○○）○○○○

1．後見人，保佐人，補助人（以下「後見人等」という。）が行っている事務は次のとおりである。
　(1) 本人の生活，療養看護面について，後見人等から
　　　☑ 報告を受けている。　□ 以下の点が不明である。

　(2) 本人の財産面について，後見人等から
　　　☑ 報告を受けている。　□ 報告がない。又は以下の点が不明である。

2．後見人等の事務の執行状況は，
　　　☑ 適正に執行されている。　□ 次の点に問題がある。

3．本人の生活や財産について，困っていることは，
　　　☑ 特になし。　□ 以下のことで困っている。

4．その他，後見等監督事務に関して気になっていることは，
　　　☑ 特になし。　□ 以下のことが気になっている。

（東京家庭裁判所ウェブサイト掲載の書式を基に執筆者が独自に作成）

後見人等の監督人は、監督事務報告書を家庭裁判所に提出することになります。
　監督事務報告書では、後見人等から報告を受けているかどうか、報告を受けていない場合にはその内容を具体的に明らかにした上で、後見人等の事務執行状況についての意見等を記載する形となっています。

○居住用不動産処分の許可の申立て

居住用不動産処分許可申立書（1/3）（略）

```
　　　　　　　申　立　て　の　趣　旨

申立人が   ① 被後見人         の別紙物件目録記載の不動産につき    ㋐ 別紙売買契約書（案）
           2 被保佐人                                              イ 別紙（根）抵当権設定契約書（案）
           3 被補助人                                              ウ 別紙賃貸借契約書（案）
                                                                  エ その他（　　　　　　　　　）

のとおり   ⓐ 売却       b （根）抵当権の設定
           c 賃貸       d 賃貸借の解除        をすることを許可する旨の審判を求める。
           e その他（　　　　　　　　　）
```

```
　　　　　　　申　立　て　の　理　由

　　成年被後見人は、現在、〇〇病院において入院療養中ですが、主
治医からは、今後自宅での在宅生活ができるようになる見込みはな
いとの所見を示されております。
　　他方、同病院での入院治療費は、成年被後見人の預貯金から賄っ
ておりますが、今般、預貯金の残高が減少しており、今後の治療費
を捻出するためには、成年被後見人の不動産を売却処分する必要が
あります。
　　そこで、本申立てに及んだ次第です。
　　　　　　　　　　　　　　　　　　　　　　　　　　　　以　上
```

(2/3)

（注）太枠の中だけ記入してください。

(3/3)（略）

（東京家庭裁判所ウェブサイト掲載の書式を基に執筆者が独自に作成）

成年後見人は、成年被後見人に代わって、その居住の用に供する建物又はその敷地について、売却、賃貸、賃貸借の解除又は抵当権の設定その他これらに準ずる処分をするには、家庭裁判所の許可を得なければならないとされています（民859の3）。

　成年被後見人の居住環境の変化は、その精神状況に大きな影響を与えるものであることから、居住用不動産の処分については、特に家庭裁判所の許可が必要とされたものです。

　なお、家庭裁判所の許可がない処分行為は、無効と解されています。

　居住用不動産処分の許可の申立書には、添付資料として、売却の場合であれば、買付証明書、査定書、売買契約書案等処分内容に関する資料のほか、必要に応じて、売却の必要性に関する資料等を提出することになります。

○特別代理人選任申立て

特別代理人選任申立書（1/2）（略）

申立ての趣旨
特別代理人の選任を求める。

申立ての理由

利益相反する者	利益相反行為の内容
※ ① 後見人と被後見人との間で利益相反する。 2　その他（ 　　　　　　　　　　）	※ ① 被相続人亡　〇〇〇〇　の遺産を分割するため 2　被相続人亡　　　　　　　の相続を放棄するため 3　身分関係存否確定の調停・訴訟の申立てをするため 4　被後見人の所有する物件に（根）抵当権を設定するため 5　その他（　　　　　　　　　　　　　　　　　　） （その詳細） 　今般、被相続人である〇〇〇〇が死亡しましたが、成年後見人及び成年被後見人はいずれも被相続人〇〇〇〇の相続人であり、同人の遺産分割について利益相反の関係にあります。 　そこで、成年被後見人について特別代理人を選任する必要がありますので、本申立てに及んだ次第です。

特別代理人候補者

住所	〒〇〇〇－〇〇〇〇　　　電話　〇〇（〇〇〇〇）〇〇〇〇 東京都〇区〇町〇丁目〇番〇号　　　（　　　　方）
フリガナ 氏名	〇　〇　〇　〇　　昭和／平成　〇年〇月〇日生　職業　〇〇
本人との関係	〇〇

（注）　太枠の中だけ記入してください。　※の部分については，当てはまる番号を〇で囲み，利益相反する者欄の2及び利益相反行為の内容欄の5を選んだ場合には，（　）内に具体的に記入してください。

(2/2)

（東京家庭裁判所ウェブサイト掲載の書式を基に執筆者が独自に作成）

成年後見人と成年被後見人の利益が相反する行為については、成年後見人は、成年被後見人のために特別代理人を選任することを家庭裁判所に請求しなければならないとされています（民860・826）。

　これは、成年後見人が、成年被後見人の利益を犠牲にして自らの利益を図ることを防ぎ、そのようなおそれが類型的に認められる行為について特別代理人の選任を要することで、成年被後見人の利益を保護することを目的としています。

　成年後見人と成年被後見人の利益が相反する行為とは、親権者の利益相反行為について「行為自体を外形的客観的に考察して判定すべきであって、（中略）行為をなすについての親権者の動機、意図をもって判定すべきでない」とされており（最判昭42・4・18民集21・3・671）、成年後見人の利益相反行為についても同様に解されています。

　利益相反行為の例としては、成年後見人と成年被後見人との間で不動産売買が行われる場合や、成年後見人の債務のため成年被後見人を連帯保証人とする場合、成年後見人と成年被後見人との間で遺産分割協議が行われる場合などが典型的です。

　このような成年後見人と成年被後見人の利益が相反する場合には、成年被後見人の利益を守るため、成年後見人は、家庭裁判所に対して、当該行為に関して、特別代理人の選任の申立てを行う必要があります。

　ただし、後見監督人が選任されている場合には、後見監督人が成年被後見人を代表しますので（民851四）、特別代理人の選任申立ては不要です（民860）。

〇臨時保佐人・臨時補助人の選任の申立て

　保佐人と被保佐人との利益が相反する行為については、保佐人は、臨時保佐人の選任を家庭裁判所に請求しなければならないとされています（民876の2③本文）。ただし、保佐監督人が選任されている場合は、保佐監督人が保佐人と被保佐人との利益相反行為について保佐人の権限を行使できるので、臨時保佐人の選任申立ては不要です（民876の2③ただし書）。

　補助人と被補助人との利益が相反する行為についても同様です（民876の7③本文）。

○報酬付与の申立て

指定月＿＿月

受付印	☑成年後見人 □保佐人 □補助人 □未成年後見人 □監督人（□成年後見 □保佐 □補助 □任意後見 □未成年後見）に対する報酬付与申立書
収入印紙　800円 予納郵便切手　82円	この欄に収入印紙800円分を貼る。 （貼った印紙に押印しないでください。）

準口頭　基本事件番号　平成　○　年（家　）第　○○　号

東京家庭裁判所　　御中
　　　　□立川支部
平成　○　年　○　月　○　日

申立人の記名押印　○○○○　　印

添付書類	☑報酬付与申立事情説明書　☑後見等（監督）事務報告書　☑財産目録 ☑預貯金通帳の写し等　□ ※後見登記事項に変更がある場合は□住民票写し　□戸籍謄本

申立人	住所又は事務所	〒○○○－○○○○　　電話　○○（○○○○）○○○○ 東京都○区○町○丁目○番○号 ○○法律事務所
	氏名	○○○○

※申立人欄は窓空き封筒の申立人の宛名としても使用しますので,パソコン等で書式設定する場合には、以下の書式設定によりお願いします。
（申立人欄書式設定）
上端10.4cm
下端14.5cm
左端　3.3cm
右端　5cm

本人	住所	〒　－
	氏名	

申立ての趣旨	申立人に対し，相当額の報酬を与えるとの審判を求める。
申立ての理由	別添報酬付与申立事情説明書のとおり

裁判所使用欄

1　申立人に対し｛□就職の日／□平成　年　月　日｝から｛□終了の日／□平成　年　月　日｝までの

報酬として，本人の財産の中から　　　万　〇〇〇円（内税）を与える。

2　手続費用は，申立人の負担とする。
　　平成　年　月　日
　　　東京家庭裁判所　□家事第1部　□立川支部

　　　　　裁　判　官

告　知
受告知者　申立人
告知方法　□住所又は事務所に謄本送付
　　　　　□当庁において謄本交付
年　月　日　平成　・
　　　　　　裁判所書記官

27.10版

（東京家庭裁判所ウェブサイト掲載の書式を基に執筆者が独自に作成）

家庭裁判所は、後見人及び被後見人の資力その他の事情によって、被後見人の財産の中から、相当な報酬を後見人に与えることができるとされています（民862）。

　このように、後見人の報酬は、家庭裁判所が与えることが「できる」とされているに過ぎず、後見人に当然に報酬請求権が認められるとはされていませんので、報酬を受けたいと考える後見人は、家庭裁判所に報酬付与審判の申立てをしなければならないことになります。

　後見報酬は後払いが原則ですが、実務上は、報酬付与の申立ては後見事務開始後1年経過ごとに後見事務の定期報告と併せて行われています。

　報酬付与の申立てには、申立費用として手数料800円と、その他に郵券が必要です。

　報酬付与の審判には即時抗告はできません。

○報酬付与申立事情説明書

　基本事件番号　平成＿〇＿年（家）第＿＿〇〇＿＿号　本人　〇〇〇〇

報酬付与申立事情説明書

第1　報酬付与申立時点において管理する流動資産の額（※1万円未満切り上げ）
　1　現預金（※後見制度支援信託による信託財産を含まない。）　金＿＿〇＿＿万円
　2　後見制度支援信託による信託財産　　　　　　　　　　　　　金＿＿〇＿＿万円
　3　株式，投資信託等の金融資産（時価額）　　　　　　　　　　金＿＿〇＿＿万円
　　（※保険，商品券，非上場株式等はここに含めないでください。）

第2　報酬付与申立期間（以下「申立期間」という。）**及び申立期間中の収支**

　{ ☑就職の日 / □平成　年　月　日 } から { □終了の日 / ☑平成〇年〇月〇日 } まで

　申立期間中における本人の収支は，＿＿〇＿＿万円（※1万円未満切り上げ）
の（☑黒字　□赤字）である。

第3　付加報酬の請求
　□　付加報酬は求めない。
　☑　後見人等が本人のために行った，次頁以下にチェックした行為について，付加報酬を求める。
　□　監督人が（□本人を代表した　□同意した），次頁以下にチェックした行為について，付加報酬を求める。

（次頁以下を記載する前に必ずお読みください）
1　次頁以下の行為について付加報酬を求めるときは，所定の箇所にチェックした上で，付加報酬を求める行為の内容を分かりやすく簡潔に記載してください（監督人が付加報酬を求める場合は，監督人として行った事務内容を具体的に記載してください。）。
　<u>本件申立て前に裁判所に報告済みの事情であっても，それについて付加報酬を求める場合は，必ず次頁以下に記載してください。</u>その際に，本件申立て前に裁判所に提出した報告書等を引用する場合は，作成日付及び表題によって報告書等を特定してください。
2　次頁以下の記載とは別に文書を作成し，それを別紙として引用する場合も，その文書に付加報酬を求める行為の内容を特定してください。<u>業務日誌をそのまま別紙として引用した場合は，付加報酬を求める行為が特定できないため，報酬を付加することができません。</u>
3　裏付資料を添付する場合は，付加報酬を求める行為の裏付けとなり得るものを厳選して添付してください。また，それぞれに①，②などと番号を付した上で，付加報酬を求める行為と裏付資料との対応関係が明らかになるようにしてください。
4　付加報酬を求める行為は，原則として申立期間中の行為に限られ，本人の経済的利益額も，原則として申立期間中に現に得たものに限られます。申立期間より前の行為により申立期間中に経済的利益を得た場合はその旨を明記し，申立期間中の行為につき申立期間内に経済的利益を得ていない場合は，次頁以下の1ないし6ではなく7に記載してください。

（東京家庭裁判所ウェブサイト掲載の書式を基に執筆者が独自に作成）

第7章　成年後見の申立て

☑1　訴訟手続における訴訟行為（添付資料　○○,○○,○○参照）
　　※　非訟手続等を含みます。なお、申立期間中に確定判決等を得たが支払を受けていない場合は、後記7に記載してください。
　(1)　事案の概要は、□備考欄のとおり　☑添付資料○○（訴状，判決書等）のとおり　□　　　年　　月　　日付け報告書のとおり
　(2)　訴訟行為は、☑申立人が行った　□申立人が委任した弁護士が行った
　(3)　申立期間中の、申立人による出廷や打合せの回数ないし内容、相手方の応訴姿勢、作成した書面の通数等の具体的事情は、☑備考欄のとおり　□別紙のとおり　□特筆すべき事項なし
　(4)　かかる訴訟行為の結果、申立期間中に本人が現に得た（又は減少を免れたことによる）経済的利益額（判決、和解等に基づく回収額等）は、＿＿○＿＿万円（※1万円未満切り上げ）であった
　　（備考）
　　　　出廷は2回、打合せは1回行いました。相手方は当方の請求を基本的に認め、期日間に電話で複数回和解案に関する協議を行い、2回目の期日において和解が成立しました。

□2　調停及び審判手続における対応（添付資料＿＿,＿＿,＿＿参照）
　　※　遺産分割調停及び審判を含みます。なお、相続放棄の申述は、後記7に記載してください。
　(1)　事案の概要は、□備考欄のとおり　□添付資料＿＿（調停調書，審判書等）のとおり　□　　　年　　月　　日付け報告書のとおり
　(2)　調停等対応は、□申立人が行った　□申立人が委任した弁護士が行った　□監督人が行った
　(3)　申立期間中の、申立人による出廷や打合せの回数ないし内容、相手方の対応姿勢、作成した書面の通数等の具体的事情は、□備考欄のとおり　□別紙のとおり　□特筆すべき事項なし
　(4)　かかる対応の結果、申立期間中に本人が現に得た（又は減少を免れたことによる）経済的利益額（調停、審判等に基づく回収額等）は、＿＿＿＿＿＿＿万円（※1万円未満切り上げ）であった
　　（備考）

□3　遺産分割協議、示談等の手続外合意における対応（添付資料＿＿,＿＿,＿＿参照）
　　※　単独相続による遺産の受入処理は、後記7に記載してください。
　(1)　事案の概要は、□備考欄のとおり　□添付資料＿＿（協議書等）のとおり　□　　　年　　月　　日付け報告書のとおり
　(2)　協議等の対応は、□申立人が行った　□申立人が委任した弁護士が行った　□監督人が行った
　(3)　協議等を主宰し、協議書等の案を作成したのは、□申立人である　□申立人ではない
　(4)　申立期間中の、協議等に向けて申立人が行った作業、相手方の対応姿勢、協議等の回数ないし内容等の具体的事情は、□備考欄のとおり　□別紙のとおり　□特筆すべき事項なし
　(5)　かかる対応の結果、申立期間中に本人が現に得た（又は減少を免れたことによる）経済的利益額（協議、合意等に基づく回収額等）は、＿＿＿＿＿＿＿万円（※1万円未満切り上げ）であった
　　（備考）

☑4　不動産の任意売却（添付資料　○○,○○,○○参照）
　(1)　不動産業者には、□依頼していない　☑依頼したところ、その業者は以下の作業を行った
　　　売却先候補の探索、仲介、残置物処理業者、司法書士等の手配

　(2)　申立期間中、申立人は、不動産の任意売却のために以下の作業（相手方との交渉、業者対応、現地確認、居住用不動産処分許可申立て及びそれらにおける困難事情等を含む。）を行った

- 2 -

（東京家庭裁判所ウェブサイト掲載の書式を基に執筆者が独自に作成）

　　　　売却金額、条件（現状有姿での引渡し・瑕疵担保免除）に関する交渉、対象不動産に関する情報収集（現状の管理費、〇〇税の額やその滞納額の確認等）、現地確認２回、本人希望物品の持ち出し調整等。
　(3)　不動産の任意売却により，申立期間中に本人が現に得た経済的利益額（売却による収益額等）は，_____〇_____万円（※１万円未満切り上げ）であった

□５　保険金の請求手続（添付資料____，____参照）
　(1)　申立人が請求手続のために収集した書類，資料等は，□添付資料____（請求書等）に明記されているとおり（※明記がない場合→特に収集した書類等なし）　□以下のとおり　□特になし
　　_____

　(2)　申立期間中の請求手続における困難事情等（保険会社との交渉の有無，その経過等）は，□以下のとおり　□特になし
　　_____

　(3)　保険金の請求手続により，申立期間中に本人が現に得た経済的利益額（保険金取得による収益額等）は，_____万円（※１万円未満切り上げ）であった

□６　不動産の賃貸管理（添付資料____，____参照）
　(1)　賃貸物件の概要（種類），物件数，賃借人数等は，□添付資料____のとおり　□以下のとおり
　　_____

　(2)　不動産業者には，□依頼していない　□依頼したところ，その業者は以下の作業を行った
　　_____
　　_____

　(3)　申立期間中，申立人は，不動産の賃貸管理として以下の作業（賃借人との契約手続，賃料回収，賃料入金確認，修繕手配及び確認及びそれらにおける困難事情等を含む。）を行った
　　_____
　　_____

　(4)　不動産の賃貸管理により，申立期間中に本人が現に得た経済的利益額（賃料収入による収益額等）は，_____万円（※１万円未満切り上げ）であった

□７　その他の行為（添付資料____，____参照）
　(1)　上記１ないし６以外に，申立人が後見人等の通常業務の範囲を超えて行った，本人の財産管理，身上監護に関する行為（親族や本人との対応，不正等への対応，本人死亡に伴う対応等を含む。）は，□備考欄のとおり　□別紙のとおり
　　※　別紙を用いる場合も，その別紙には通常業務の範囲を超えて行った作業を特定して記載してください。業務日誌をそのまま別紙として引用した場合は，付加報酬を求める行為が特定できないため，報酬を付加することができません。
　(2)　上記(1)の行為により，申立期間中に本人が現に得た　□経済的利益額は_____万円（※１万円未満切り上げ）であった　□経済的利益は観念できない
　　（備考）
　　_____
　　_____
　　_____
　　_____
　　_____
　　_____
　　　　　　　　　　　　　　　　　　　　　　　　　　　　　以　上

（東京家庭裁判所ウェブサイト掲載の書式を基に執筆者が独自に作成）

報酬付与申立事情説明書では、報酬付与申立時点において成年後見人等が管理する流動資産の額、報酬付与申立期間及びその期間中の収支、付加報酬の請求に関しての事情を記載します。
　付加報酬の請求に関しては、上記説明書の注意書きにもあるように、的確な説明と資料の添付が要請されていますので、作成の際には注意が必要です。

○成年後見人等の辞任許可・選任の申立て

成年後見人の辞任許可の申立・成年後見人の選任の申立（1/2）（略）

申　立　て　の　趣　旨
次の審判を求めます。 　1．申立人が成年被後見人の成年後見人を辞任することを許可する。 　2．成年被後見人の成年後見人を選任する。
申　立　て　の　理　由
1．　申立人は成年被後見人の成年後見人に選任され，これまでその職務を行ってきました。
2．　このたび次の理由により，成年後見人の職を辞任したいと考えています。 　　☑　遠隔地のため 　　□　健康を害したため 　　□　その他（裁判所と協議した結果）

成年後見人候補者				
	住　所	〒　　　　　　　　　電話　（　　　） （　　　　　方）		
	フリガナ 氏　名		昭和 平成	年　　月　　日生
	職　業		成年被後見人との関係	
☑　裁判所に一任する	勤務先	電話　（　　　）		

（注）　太わくの中だけ記入してください。

29.6 版

（2/2）

（東京家庭裁判所ウェブサイト掲載の書式を基に執筆者が独自に作成）

後見人は、正当な事由があるときは、家庭裁判所の許可を得て、その任務を辞することができるとされています（成年後見人について民844、保佐人について民876の2②、補助人について民876の7②）。

　ここでいう正当な事由とは、本人の利益保護の見地から、辞任がやむを得ないといえる事情が必要とされています。例えば、後見人が遠隔地に転居して後見事務の遂行に支障を来す場合、後見人の老齢や疾病によって後見事務の遂行に支障を来した場合、後見人と被後見人・その親族との間で不和が生じ、後見事務の遂行に支障を来した場合などが考えられます。

　辞任の許可を受けた後見人は、遅滞なく後見の計算（民870）を行い、家庭裁判所に報告を行い、新たに選任された後見人に対して管理財産を引き渡します。

　後見人が辞任したことによって新たに後見人を選任する必要が生じたときは、辞任する後見人は、遅滞なく新たな後見人の選任を家庭裁判所に請求しなければならないとされています（民845）。

　また、後見人が死亡等により欠けたときは、家庭裁判所は、被後見人若しくはその親族その他利害関係人の請求により又は職権で、後見人を選任するとされています（民843②）。

○後見等開始の審判の取消しの申立て

後見開始の審判の取消しの申立（1/2）（略）

申　立　て　の　趣　旨
成年被後見人に対してした後見開始の審判を取り消すとの審判を求めます。
申　立　て　の　理　由
①．診断書（成年後見用）記載のとおり，病状が回復した。 ２．その他の事由（具体的に）

（注）　太わくの中だけ記入してください。

（2/2）

29.6 版

（東京家庭裁判所ウェブサイト掲載の書式を基に執筆者が独自に作成）

被後見人について、精神上の障害により事理を弁識する能力を欠く常況ではなくなった場合、家庭裁判所は、本人、配偶者、四親等内の親族、後見人、後見監督人又は検察官の請求により、後見開始の審判を取り消さなければならないとされています（民10）。

　取消しの申立てには、通常、診断書を添付し、審理手続では鑑定が実施されることが考えられます。

　本人の事理弁識能力の状況が保佐か補助レベルである場合には、保佐開始ないし補助開始の審判の申立てを行うことになります。

〇代理権付与の申立て

保佐人に対する代理権の付与の申立（1/2）（略）

申　立　て　の　趣　旨
被保佐人のために，別紙代理行為目録記載の行為につき，申立人に代理権を付与する旨の審判を求めます。
申　立　て　の　理　由
被保佐人は、現在、〇〇病院にて入院療養中ですが、主治医からは今後自宅での在宅生活が可能になる見込みはないとの所見を示されています。そして、治療費は預貯金から賄ってきました。 　しかし、今般、預貯金の残高がわずかとなり、今後も現在の入院を継続するためには、被保佐人が所有する不動産を売却し、今後の治療費を捻出することが必要です。然るに、不動産の売却については、被保佐人が単独で行うには困難が伴いますので、本申立てに及んだ次第です。

（注）　太わくの中だけ記入してください。

（ 2/2 ）

29.6版

（東京家庭裁判所ウェブサイト掲載の書式を基に執筆者が独自に作成）

(別紙)【保佐・補助開始申立用】

代 理 行 為 目 録

作成者　○　○　○　○

必要な代理行為をチェック又は記入してください（包括的な代理権の付与は認められません。）。
どのような代理権を付与するかは，本人の意向（同意）を踏まえ，裁判所が判断します。

1 財産管理関係
　(1) 不動産関係
　　☑①本人の不動産に関する（☑売却，□担保権設定，□賃貸，□警備，□＿＿＿＿＿＿）契約の締結，更新，変更及び解除
　　□②他人の不動産に関する（□購入，□借地，□借家）契約の締結，更新，変更及び解除
　　□③住居等の（□新築，□増改築，□修繕（樹木の伐採を含む。），□解体，□＿＿＿＿＿＿）に関する請負契約の締結，変更及び解除
　　☑④本人の不動産内に存する動産の処分
　　□⑤本人又は他人の不動産に関する賃貸借契約から生じる債権の回収及び債務の弁済
　(2) 預貯金等金融関係
　　□①（□全ての，□別紙の口座に関する，□別紙の口座を除く全ての）預貯金及び出資金に関する金融機関等との一切の取引（解約（脱退）及び新規口座の開設を含む。）
　　□②預貯金及び出資金以外の本人と金融機関との（□貸金庫取引，□証券取引（保護預かり取引を含む。），□為替取引，□信託取引，□＿＿＿＿＿＿）
　(3) 保険に関する事項
　　□①保険契約の締結，変更及び解除
　　□②保険金及び賠償金の請求及び受領
　(4) その他
　　□①（□年金，障害手当金その他の社会保障給付，□臨時給付金その他の公的給付，□配当金，□＿＿＿＿＿＿）の受領及びこれに関する諸手続
　　□②（□公共料金，□保険料，□ローンの返済金，□管理費等，□＿＿＿＿＿＿）の支払及びこれに関する諸手続
　　□③情報通信（携帯電話，インターネット等）に関する契約の締結，変更，解除及び費用の支払
　　□④本人の負担している債務に関する弁済合意及び債務の弁済（そのための交渉を含む。）
　　□⑤本人が現に有する債権の回収（そのための交渉を含む。）
2 相続関係
　□①相続の承認又は放棄
　□②贈与又は遺贈の受諾
　□③遺産分割（協議，調停及び審判）又は単独相続に関する諸手続
　□④遺留分減殺請求（協議及び調停）に関する諸手続
3 身上監護関係
　□①介護契約その他の福祉サービス契約の締結，変更，解除及び費用の支払並びに還付金等の受領
　□②介護保険，要介護認定，健康保険等の各申請（各種給付金及び還付金の申請を含む。）及びこれらの認定に関する不服申立て
　□③福祉関係施設への入所に関する契約（有料老人ホームの入居契約等を含む。）の締結，変更，解除及び費用の支払並びに還付金等の受領
　□④医療契約及び病院への入院に関する契約の締結，変更，解除及び費用の支払並びに還付金等の受領
4 その他
　□①税金の申告，納付，更正，還付及びこれらに関する諸手続
　☑②登記，登録の申請
　□③マイナンバー関連書類の受領
　□④調停手続（2③及び④を除く。）及び訴訟手続（民事訴訟法55条2項の特別授権事項を含む。）
　　※保佐人又は補助人が申立代理人又は訴訟代理人となる資格を有する者であるときのみ付与することができる。
　□⑤調停手続（2③及び④を除く。）及び訴訟手続（民事訴訟法55条2項の特別授権事項を含む。）について，申立代理人又は訴訟代理人となる資格を有する者に対し授権をすること
　□⑥＿＿＿＿＿＿＿＿＿＿＿＿＿＿＿＿＿＿＿＿＿＿＿＿＿＿＿＿＿
5 関連手続
　☑①以上の各事務の処理に必要な費用等の支払
　☑②以上の各事務に関連する一切の事項（公的な届出，手続等を含む。）　　　以　上

29.6 版

（東京家庭裁判所ウェブサイト掲載の書式を基に執筆者が独自に作成）

同　意　書

　私は，別紙代理行為目録記載の行為について，保佐人（補助人）に代理権を付与することに同意します。

　　　　平成　〇　年　〇　月　〇　日

　　　　（〒〇〇〇－〇〇〇〇）

　　　住　所　　東京都〇区〇町〇丁目〇番〇号

　　　氏名（署名）　　〇　〇　〇　〇　　　印

29.6 版

（東京家庭裁判所ウェブサイト掲載の書式を基に執筆者が独自に作成）

保佐、補助が開始しているときに、本人の精神状態が悪化するなどした場合、保佐人等に追加的に代理権を付与する必要が生じることがあります。そのような場合は、保佐人等に代理権を付与する旨の審判を申し立てることになります（保佐人について民876の4、補助人について民876の9）。

　保佐、補助いずれの場合でも、本人以外の者の請求によって代理権付与の審判をするには、本人の同意が必要です（民876の4②・876の9②参照）。そのため、書式にも、同意書が添付されています。

○成年被後見人に宛てた郵便物等の回送嘱託の申立て

成年被後見人に宛てた郵便物等の回送嘱託申立書（1/3）（略）

申　立　て　の　趣　旨
（該当する□にチェックしたもの）

☑（郵便物の回送嘱託）日本郵便株式会社に対し，成年被後見人の（☑住所，□居所）に宛てて差し出された成年被後見人宛ての郵便物を申立人（成年後見人）に配達すべき旨を嘱託するとの審判を求める。

□（信書便物の回送嘱託）＿＿＿＿＿＿＿＿＿＿＿に対し，成年被後見人の（□住所，□居所）に宛てて差し出された成年被後見人宛ての民間事業者による信書の送達に関する法律第2条第3項に規定する信書便物を申立人（成年後見人）に配達すべき旨を嘱託するとの審判を求める。

申　立　て　の　理　由

回送嘱託の必要性は，以下の□にチェックしたとおりである。

☑1　成年後見人に選任されてから1年以内における初回申立て
　☑(1)　成年被後見人は自宅に独居しているが，自ら郵便物等を管理することができず，かつ，後記4に具体的に述べるとおり，これを管理することができる親族から，成年後見人への郵便物等の引渡しについての協力を得られない。
　□(2)　成年被後見人は施設に入所中であるが，自ら郵便物等を管理することができず，かつ，後記4に具体的に述べるとおり，これを管理することができる施設から，成年後見人への郵便物等の引渡しについての協力を得られない。
　□(3)　成年被後見人は親族と同居しているが，自ら郵便物等を管理することができず，かつ，後記4に具体的に述べるとおり，これを管理することのできる同居の親族から，成年後見人への郵便物等の引渡しについての協力を得られない。
　□(4)　その他（具体的事情は，後記4に具体的に述べるとおりである。）

□2　成年後見人に選任されてから1年以上経過した後における初回申立て
　これまでの財産・収支の管理及びその把握について生じていた支障に関する具体的事情は，後記4に具体的に述べるとおりである。

□3　再度の申立て
　前回の回送期間内に財産・収支の状況を把握できなかった具体的事情は，後記4に具体的に述べるとおりである。

☑4　具体的事情
　成年被後見人は，現在，自宅にて独居生活をしておりますが，成年後見人から成年被後見人に対して送付した郵便物について成年被後見人が受領していないとか紛失したなどと述べることが重なったため調査したところ，成年被後見人が郵便物を開封しないまま放置したり開封してもそのまま放置しており適切に管理できていないことが判明しました。なお，成年被後見人には郵便物の管理について協力を要請できる親族はおりません。

回送嘱託を行う集配郵便局等　　別添のとおり

（注）　太わくの中だけ記入してください。
＜申立ての理由の記載に関する注意事項＞
○　成年後見人に選任されてから1年以内における初回申立ての場合は1の欄に，成年後見人に選任されてから1年以上経過した後の初回申立ての場合は2の欄に，再度の申立ての場合は3の欄にそれぞれチェックした上で，いずれも4の欄に具体的事情を記載してください（ただし，後見開始申立書等に具体的事情の記載がある場合は，その書面及び記載箇所を指摘して引用しても差し支えありません。）。
○　回送の嘱託は，回送元を管轄する集配郵便局等に書面を送付して行いますので，集配郵便局等の所在地及び名称を別添の書面（集配郵便局等1か所につき1用紙）に記載してください。

(2／3)

（東京家庭裁判所ウェブサイト掲載の書式を基に執筆者が独自に作成）

〒 ○○○-○○○○

所在地　東京都○区○町○丁目○番○号

名　称　○○郵便局

※　回送嘱託を行う集配郵便局等の所在地及び名称を上記の枠内に記入してください。
（1か所につき1用紙）

（東京家庭裁判所ウェブサイト掲載の書式を基に執筆者が独自に作成）

成年被後見人宛の郵便物の管理については、その権限をめぐって様々な議論がなされていましたが、後見実務上の高い必要性から法律改正がなされ、平成28年10月13日に施行されています。

　改正により新設された民法860条の2は、家庭裁判所は、成年後見人がその事務を行うに当たって必要があると認めるときは、成年後見人の請求により、信書の送達の事業を行う者に対し、期間を定めて郵便物及び信書便物（以下「郵便物等」といいます。）を成年後見人に配達すべき旨を嘱託することができるとし、また、同じく新設された民法860条の3は、成年後見人は、成年被後見人に宛てた郵便物等を受け取ったときは、これを開いて見ることができ（民860の3①）、その受け取った郵便物等で成年後見人の事務に属しないものは、速やかに成年被後見人に交付しなければならず（民860の3②）、成年被後見人は、成年後見人に対し、成年後見人が受け取った郵便物等の閲覧を求めることができるとしています（民860の3③）。

　上記の嘱託の期間は、6か月を超えることができないとされています（民860の2②）。期間更新の規定はありませんので、さらに配達を継続したいときは、改めて申立てをすることになりますが、必要性の要件は厳しく判断されることになると考えられます。

○成年被後見人に宛てた郵便物等の回送嘱託の取消し・変更の申立て

成年被後見人に宛てた郵便物等の回送嘱託の取消し申立書（1/2）（略）

申　立　て　の　趣　旨
（該当する□にチェックしたもの）
☑（回送嘱託審判の取消し）平成＿○＿年＿○＿月＿○＿日付けでなされた，成年被後見人に宛てて差し出された郵便物等を成年後見人に配達すべき旨を嘱託する審判を取り消すことを求める。
□（回送嘱託審判の変更）平成＿＿＿年＿＿＿月＿＿＿日付けでなされた，成年被後見人に宛てて差し出された郵便物等を成年後見人に配達すべき旨を嘱託する審判について，以下のとおり変更することを求める。 　□　回送期間の終期を平成＿＿＿年＿＿＿月＿＿＿日に短縮する 　□　回送を受ける成年後見人を＿＿＿＿＿＿＿＿から＿＿＿＿＿＿＿＿に変更（交代）する 　□　成年被後見人の（□住所，□居所）の変更により，嘱託の対象を成年被後見人の新しい（□住所，□居所）に変更する 　□　成年被後見人の（□住所，□居所）を嘱託の対象として追加する 　□　複数ある嘱託の対象から，成年被後見人の（□住所，□居所）について回送の嘱託を取り止める 　□　成年後見人の住所（事務所）変更により，郵便物等の回送先を新しい住所（事務所）に変更する 　□

申　立　て　の　理　由
成年被後見人は、後見が開始された当初、成年後見人である申立人とは別居しており、成年被後見人の財産調査のため、成年被後見人に宛てた郵便物を申立人に配達すべき旨を嘱託する審判を申し立て、この申立ては平成○年○月○日に認容されました。
その後、成年被後見人は独居での生活が困難となり、平成○年○月○日以降は申立人の自宅に転居し、同居しております。
そのため、成年被後見人に宛てた郵便物を申立人の自宅に転送していただく必要はなくなりました。
よって、申立ての趣旨のとおりの申立てをします。

（注）　太わくの中だけ記入してください。
＜回送嘱託の変更申立てに関する注意事項＞
○　回送期間の終期の延長はできません。
○　申立人以外の他の成年後見人に回送先を変更する場合（成年後見人の交代）は，申立ての理由中に変更（交代）する成年後見人の住所及び氏名を記載し，その成年後見人の同意書を添付してください。
○　嘱託の対象を変更（追加，縮小）する場合は，申立ての理由中に変更の内容を記載してください。
○　成年被後見人又は成年後見人の住所変更に伴う変更申立ての場合は，住民票等を添付してください。

（東京家庭裁判所ウェブサイト掲載の書式を基に執筆者が独自に作成）

家庭裁判所は、民法860条の2第1項の審判があった後事情の変更を生じたときは、成年被後見人、成年後見人若しくは成年後見監督人の請求により又は職権で、嘱託を取り消し、又は変更することができるとされています（民860の2③本文）。

第7章 成年後見の申立て

○成年被後見人の死亡後の死体の火葬又は埋葬に関する契約の締結その他相続財産の保存に必要な行為についての許可の申立て

```
                                                          H29.2 改訂

┌─────────────────────────────────────────────────────────────────┐
│  受付印          │ 成年被後見人の死亡後の死体の火葬又は埋葬に関する │
│                  │ 契約の締結その他相続財産の保存に必要な行為につい │
│                  │ ての許可　申立書                                 │
│                  ├─────────────────────────────────────────────────┤
│                  │                                                  │
│                  │   この欄に収入印紙800円分を貼る。                │
│                  │                                                  │
│                  │     （貼った印紙に押印しないでください。）       │
│ 収入印紙 800円   │                                                  │
│ 予納郵便切手 82円│                                                  │
├──────────────────┼─────────────────────────────────────────────────┤
│ 準口頭           │ 基本事件番号　平成○年（家　）第　○○　号       │
├──────────────────┼─────────────────────────────────────────────────┤
│ 東京家庭裁判所 御中│                                                │
│    □立川支部     │ 申立人の記名押印    ○○○○          印        │
│ 平成○年○月○日  │                                                  │
├──────────────────┴─────────────────────────────────────────────────┤
│ 添付  ☑申立事情説明書          ☑死亡診断書の写し（死亡の記載のある戸籍謄本）│
│ 書類  ☑預貯金通帳の写し        □寄託契約書案                     │
│       □報告書                  □                                 │
├──────┬─────────────────────────────────────────────┬──────────────┤
│ 申    │ 住所 〒○○○－○○○○　電話 ○○（○○○○）○○○○ │※申立人欄は窓空き封筒 │
│ 立    │ 又は  東京都○区○町○丁目○番○号          │の申立人の宛先としても│
│ 人    │ 事務所  ○○法律事務所                       │使用しますので、パソコン│
│       ├─────────────────────────────────────────────┤等で書式設定する場合には│
│       │ 氏名  ○　○　○　○                         │、以下の書式設定により│
│       │                                             │お願いします。        │
├──────┼─────────────────────────────────────────────┤(申立人欄書式設定)    │
│ 成 住 │ 〒○○○－○○○○                            │上端10.4cm            │
│ 年 所 │ 東京都○区○町○丁目○番○号                 │下端14.5cm            │
│ 被    │                                             │左端 3.3cm            │
│ 後    │                                             │右端 5cm              │
│ 見 氏 │ ○　○　○　○                               │                      │
│ 人 名 │                                             │                      │
├──────┼─────────────────────────────────────────────┴──────────────┤
│       │ 申立人が                                                   │
│       │   ☑成年被後見人の（☑死体の火葬　□　　　）に関する契約を締結する│
│       │   ☑成年被後見人名義の下記の預貯金の払戻しをする           │
│ 申立て │     金融機関名　○○銀行　　支店名　○○○○              │
│ の趣旨 │     口座種別　　○○　　口座番号　○○○○○○○○        │
│       │     払戻金額　金　○万○○○○　円                         │
│       │   □[                                                    ] │
│       │ ことを許可する旨の審判を求める。                           │
├──────┼────────────────────────────────────────────────────────────┤
│申立ての理由│ 別添申立事情説明書のとおり                            │
└──────┴────────────────────────────────────────────────────────────┘
              裁判所使用欄
  1 本件申立てを許可する。
  2 手続費用は、申立人の負担とする。              ┌─────告　知──────┐
    平成　年　月　日                              │受告知者　申立人      │
        東京家庭裁判所　□家事第1部　□立川支部   │告知方法　□住所又は事務所に謄本送付│
                                                  │          □当庁において謄本交付│
        裁判官                                    │年月日　平成　・　・   │
                                                  │       裁判所書記官   │
                                                  └──────────────────────┘
```

（東京家庭裁判所ウェブサイト掲載の書式を基に執筆者が独自に作成）

H29.2改訂

基本事件番号　平成___○___年（家）第___○○___号　成年被後見人亡　○○○○

申立事情説明書

1 申立ての理由・必要性等について

　　成年被後見人は、平成○年○月○日、○○病院で亡くなりました（別添死亡診断書参照）。
　　成年被後見人の相続人には、甥の○○○○氏がいますが、相続人とは連絡がとれておらず、他に、親族はおりません。
　　そこで、成年後見人において火葬に関する契約を締結する必要があります。
　　また、成年被後見人のご遺体は、○○病院が委託した葬儀業者が保管していますが、同業者から得た火葬費用の見積金額は○○万円となっています（別添資料参照）。この支払をするためには、成年被後見人の預貯金口座から預貯金の払戻しを受ける必要があります。
　　そこで、相続財産の保存に必要な行為として、成年後見人において、申立ての趣旨に記載した行為を行う必要があります。

※　申立ての理由・必要性等を裏付ける資料がある場合には、資料を添付してください。

2 本件申立てにかかる行為についての相続人の意思について

　□　相続人の存在が明らかではないため、意思の確認がとれない。

　□　相続人が所在不明のため、意思の確認がとれない。

　☑　相続人が疎遠であり、意思の確認がとれない。

　□　反対している相続人はいない。

　☑　その他

　　　　相続人が成年後見人に対し、反対の意思表示をしたことはない。

（東京家庭裁判所ウェブサイト掲載の書式を基に執筆者が独自に作成）

民法の一部改正（平成28年法律27号（平成28年10月13日施行））により、成年後見人は、成年被後見人が死亡した場合において、必要があるときは、成年被後見人の相続人の意思に反することが明らかなときを除き、相続人が相続財産を管理することができるに至るまで、家庭裁判所の許可を得て、死体の火葬又は埋葬に関する契約の締結その他相続財産の保存に必要な行為をすることができるようになりました（民873の2三）。

　火葬とは、死体を葬るため焼くことであり、埋葬とは、死体を土中に葬ることすなわち土葬をいい（墓地2）、一定の儀式を伴ういわゆる葬儀のことではありませんので、注意が必要です。

　その他相続財産の保存に必要な行為とは、例えば、電気、ガス、水道等の供給契約の解約、未払賃金の受領等が考えられます。

○引継書

事件番号　平成　○　年（家）第　○○　号（本人　○○○○　　　　）

　　　　　　　　　　　　　　　　　　　　　平成　○　年　○　月　○　日

☑　東京家庭裁判所　後見センター　御中
☐　東京家庭裁判所　立川支部後見係　御中

　　　　　　　　　　　　　住所　東京都○区○町○丁目○番○号
　　　　　　　　　　　　　氏名　　○　○　○　○　　　　　　　印
　　　　　　　　　　　　　　　（相続人の方が署名・押印してください。）

　　　　　　　　　　　引　継　書

　亡　○　○　○　○　　の後見人等であった　○　○　○　○　から，遺産の引継ぎを受けました。

（東京家庭裁判所ウェブサイト掲載の書式を基に執筆者が独自に作成）

成年被後見人の死亡によって成年後見人の職務は当然に終了し、後見の計算（民870）を経て、成年後見人は、相続人に対し管理財産を引き渡さなければなりません。

　成年後見人が成年被後見人に返還すべき金額には、後見の計算が終了した時から利息を付さなければならないとされている（民873①）のは、成年後見人の成年被後見人に対する財産引渡義務を当然の前提としているものといえます。

　相続財産の引渡しは、後見の計算が完了し、最後の報酬を受領した後に行うのが一般的です。

付　録

ライフプランノート

1　ライフプランノートとは

　ライフプランノートとは、「ホームロイヤーとして高齢者を支援するための各種メニュー（財産管理、生活支援、リビング・ウィル、死後事務、遺言、親亡き後の財産管理、事業承継など）を検討するに当たり確認する必要のある情報を一覧にしたもの」（日本弁護士連合会高齢社会対策本部編『超高齢社会におけるホームロイヤーマニュアル〔改訂〕』58頁（日本加除出版、2015））です。

　ライフプランノートを作成することにより、依頼者の生活設計上の問題点や、依頼者の老後の希望を把握し、依頼者の状況に適した助言や財産管理を行うことができます。例えば、依頼者がホームロイヤー契約（見守り）を締結した目的が、健康状態が悪化したときに備えて財産管理契約の準備を始めたい、というものである場合は、ホームロイヤー契約（見守り）の見守り活動の中で、依頼者の基礎情報に関するライフプランノートに加えて、財産管理に関するライフプランノートを作成しておくと、その後、財産管理契約を締結するときに、委任事務上の留意点を契約書の内容に反映することができます。

2　ライフプランノートの使用方法

　このライフプランノートは、依頼を受けた弁護士が、依頼者等から、依頼者に関する基礎情報、依頼者の意向等の事情を聴取する際、情報を整理するために使用するものです。

　各項目ごとに、該当するものについて、□にレ印を付し、記入欄に記入する方法にて使用します。

　本書で扱うライフプランノートは、①依頼者に関する基礎的な情報に関するもの、②財産管理に関するもの、③生活支援、リビングウィル、死後の事務等に関するもの、④遺言に関するもののほか、⑤親亡き後の子のための財産管理等に関するものの五つがありますが、②～⑤については、①のライフプランノートにより依頼者の基礎情報を取得した上で、依頼者の相談の趣旨に従い、使い分けます。

　また、依頼者の記憶の状況、裏付け資料の有無、個人情報の開示についての依頼者の意向の問題がありますので、できる項目から、情報を埋めていくことを心がけます。

　なお、ここで掲載しているライフプランノートは、日本弁護士連合会高齢社会対策本部が作成したもの（前掲『超高齢社会におけるホームロイヤーマニュアル〔改訂〕』）から引用又は加工したものです。

○基礎情報に関するライフプランノート

○基礎情報に関するライフプランノート

第1　依頼者についての基本情報について
1　依頼者の基本情報について
　　依頼者の性別・本籍地・住所・氏名・生年月日・職業について
　　性別　　☑男　　□女
　　本籍　（　○県○市○町○丁目○番○号　　　　　　）
　　住所　（　東京都○区○町○丁目○番○号　　　　　）
　　_{ふりがな}（　　　　　　　　　　　　　　）
　　氏名　（　○　○　○　○　　　　）
　　生年月日　□明治　□大正　☑昭和　□平成　○年　○月　○日（満　○歳）
　　職業　（　無職　　　　　　　　　）
　　趣味　（　○○○○　　　　　　　）
　　信仰している宗教・宗派等（　○○教○○宗　　　　　　）

2　依頼者の身上関係について
　(1)　依頼者の居住状態について
　　☑在宅（□家族らと同居　☑独居）
　　□施設入所
　　　　（入所先施設名　　　　　　　　　　　　　　）
　　　　（連絡先　　　　　　　　　　　　　　　　　）
　　□入院
　　　　（入院先病院名　　　　病院　　　科　　　　）
　　　　（連絡先　　　　　　　　　　　　　　　　　）
　(2)　傷病について
　　①　かかりつけ医について
　　　　□　有
　　　　　ⅰ　担当医の氏名・連絡先等
　　　　　　　（　　　　病院　　　科　　　医師　　　　　）
　　　　　ⅱ　担当医の氏名・連絡先等
　　　　　　　（　　　　病院　　　科　　　医師　　　　　）
　　　　☑　無
　　②　定期的な治療が必要となっている疾病、生活機能を低下させる原因となっている傷病について

付　録　　329

　　　　□ある
　　　　　　傷病名（　　　　　　　　　）
　　　　　　発症年月日（□昭和□平成　　年　月　日）
　　　　　　担当医の氏名・連絡先等
　　　　　　　（　　　　病院　　　科　　　医師　　　　　）
　　　　　　連絡先（電話　　　　　　　　　　　　）
　　　　☑ない
　③　②で「ある」とした場合、「傷病」の状況、治療内容について
　　　ⅰ　傷病の状況

　　　　┌─────────────────────────────┐
　　　　│   │
　　　　│   │
　　　　│   │
　　　　└─────────────────────────────┘

　　　ⅱ　具体的な治療内容

　　　　┌─────────────────────────────┐
　　　　│   │
　　　　│   │
　　　　│   │
　　　　└─────────────────────────────┘

(3)　要介護認定の有無について
　①　依頼者が介護保険の申請をしているかについて
　　　□している　　☑していない
　②　①で「している」の項目にチェックをした場合、認定日、及び、認定の結果、どの区分に該当するかについて
　　　ⅰ　認定日　平成　年　月　日
　　　ⅱ　区分　　□自立　□要支援1　□要支援2
　　　　　　　　　□要介護1　□要介護2　□要介護3　□要介護4　□要介護5
(4)　生活機能の状況について
　①　食事　□胃ろう・腸ろう　　□経管栄養
　　　　　　□全介助　　□部分介助　　☑介助不要
　②　移動　□寝たきり　□車椅子で可能　□介助あれば歩行可　☑自立歩行可
　③　着替え　□要全介助　　□介助あれば可　　☑自力で可
　④　排泄　□要全介助　　□介助あれば可　　☑自力で可
　⑤　入浴　□要全介助　　□介助あれば可　　☑自力で可
(5)　福祉サービス利用の有無について
　①　担当をしているケアマネジャーについて
　　　□　有
　　　　　事業所名（　　　　　　　　　　　　　　　　　　　　）

住所・連絡先（　　　　　　　　　　　　　　　）
担当ケアマネジャーの氏名（　　　　　　　　　　　）
☑　無
② 現在、利用している福祉サービスがあればその内容について

```
┌─────────────────────────────────────┐
│                                     │
│                                     │
│                                     │
└─────────────────────────────────────┘
```

(6) 手帳交付等の有無
① 障害者手帳の取得の有無について
　　☐　あり
　　　　☐精神障害者手帳（　　　級）（傷病名　　　　　　　）
　　　　☐身体障害者手帳（　　　級）（傷病名　　　　　　　）
　　　　☐療育手帳（判定区分　　　　　　　　）
　　☑　なし
② その他、健康保険証等の取得の有無について
　　☑　あり
　　　　☑　健康保険被保険者証（種別：○○　　　　　）
　　　　☐　後期高齢者医療被保険者証
　　　　☐　福祉給付金受給者証
　　　　☐　その他（　　　　　　　　　　　）
　　☐　なし

(7) 依頼者の略歴（学歴、婚姻歴・職歴、病歴等）について
　　依頼者の略歴について

年月日	出来事	年月日	出来事
○・○・○	○○中学校入学	○・○・○	長男出生
○・○・○	○○高等学校入学	○・○・○	退　職
○・○・○	○○大学○○学部入学	○・○・○	妻死亡
○・○・○	○○株式会社入社		
○・○・○	結婚		

(8) 依頼者の社会的支援者について
① 依頼者のご親族について
　　依頼者のご親族について、下記親族一覧表に記入する。（※）

親族一覧表

番号	氏　名	年齢	続柄	住　　　所	電話番号	死亡年月日	同居の有無
1	○○○○	○	長男	○県○市○町○丁目○番○号	○○○(○○○)○○○○		無
2	○○○○		父			○・○・○	
3	○○○○		母			○・○・○	
4	○○○○		妻			○・○・○	
5							
6							
7							

(※) 1　依頼者の法定相続人となる方については、全て記入する。
　　 2　依頼者の配偶者、父母、子供については、既に死亡されている場合にも記入し、死亡年月日を併せて記入する。
　　 3　依頼者の兄弟姉妹、甥・姪、その他の方のうち、法定相続人とならない方については、
　　　　ⅰ　依頼者の支援に当たっている方
　　　　ⅱ　同居している方
　　　　ⅲ　依頼者が遺贈等をしたく考えている方
　　　　ⅳ　その他、依頼者の相談内容に深く関わる方
　　　　についてのみ記入する。
　② 依頼者の社会的支援者について
　　　依頼者が、親族以外で頼りにしている方、相談をしている方がいれば、下記一覧表に記入する。

社会的支援者一覧表

	氏　名	住　所	連絡先	続　柄	備考(相談内容等)
1					
2					
3					

3　依頼者の財産関係について
　(1)　依頼者の収支状況について、別紙「収支表」に記入する。
　(2)　依頼者の資産・負債について、別紙「資産・負債目録」に記入する。

4 依頼者の意向
 (1) 居住先についての希望
    ☑ 依頼者は在宅生活をしている
    ☐ 依頼者は、施設・病院に入所・入院をしている
   今後の居住先についての希望（在宅生活や施設の利用、利用時期など）

   > 周りに迷惑が掛からない限り、在宅で生活したい。

 (2) 同居者についての希望
    ☐ 依頼者は、現在、家族等と同居している
    ☑ 依頼者は、現在、独居生活をしている
   今後の同居者についての希望（同居や同居解消の希望、その時期など）

   > 将来的には遠方で暮らす長男に戻ってきてほしいが、長男に戻る意思はないもよう。

 (3) 医療についての希望
   ① 依頼者は、自身が癌等に罹患した場合、病名の告知を希望しているか。
      ☑ 希望している　☐ 希望していない
   ② 余命の告知を希望しているか。
      ☑ 希望している　☐ 希望していない
   ③ 依頼者が、終末期に連絡を取ることを希望する方を記入する。

	氏　名	住　所	連絡先	続　柄	備　考
1	○○○○	○県○市○町○丁目○番○号	○○○（○○○）○○○○	長男	
2					
3					

   ④ 依頼者が、特に、終末期に連絡を取って欲しくないと考えている方がいれば、下記に記入する。

	氏　名	住　所	連絡先	続　柄	備　考
1					
2					
3					

(4) 葬儀・祭祀についての意向
　① 葬儀について
　　ⅰ　依頼者の葬儀についての具体的な希望の有無について
　　　☑　ない
　　　□　ある
　　　　具体的な内容

　　　┌─────────────────────────────────┐
　　　│   │
　　　│   │
　　　│   │
　　　└─────────────────────────────────┘

　　ⅱ　依頼者の葬儀費用等の準備状況（互助会への積立てや葬儀会社との生前葬儀契約の締結の有無など）

　　　┌─────────────────────────────────┐
　　　│特に準備はしていないが、家族に迷惑のかからぬよう、必要な準備をし│
　　　│ておきたい。   │
　　　└─────────────────────────────────┘

　② 祭祀について
　　ⅰ　依頼者は、お墓への埋葬を希望しているかについて
　　　□　希望していない
　　　　（理由　　　　　　　　　　　　　　　　　　　　　　　　　　　）
　　　☑　希望している
　　　　a　依頼者が、埋葬を希望するお墓の種類について
　　　　　□　公営墓地　☑　宗教法人営墓地　□　共同墓地　□　私営墓地
　　　　　経営者　　住所　　東京都○区○町○丁目○番○号
　　　　　　　　　　名称　　○○○○
　　　　　　　　　　連絡先　○○－○○○○－○○○○
　　　　　使用料　□　月額　☑　年額（　　○　　）円
　　　　　　　　　□　全額納付済み
　　　　b　aのお墓の管理者（使用許可を得ている方）について
　　　　　☑　依頼者
　　　　　　＊死亡後は、（氏名○○○○、続柄　長男）が管理者に就任することを希望している。
　　　　　□　依頼者以外
　　　　　　氏名　　　　　　　　続柄
　　　　c　清掃・供花等を委託している業者について

　　　　　　□　ある
　　　　　　　　業者　　　住所
　　　　　　　　　　　　　名称
　　　　　　　　　　　　　連絡先
　　　　　　　　委託料　□　月額　□　年額（　　　　　　　）円
　　　　　　　　　　　　□　全額納金済み
　　　　　☑　ない
　　　ⅱ　その他、死後の祭祀についての依頼者の希望について
　　　　　☑　親族等（氏名〇〇〇〇、続柄　長男）に一任する。
　　　　　□　その他

　　　┌─────────────────────────────────┐
　　　│   │
　　　│   │
　　　└─────────────────────────────────┘

第2　相談内容について
　　依頼者が現在、どのようなことについて相談をしたいと考えているかについて（複数回答あり）
　☑　財産管理
　☑　生活支援
　　　□　介護・医療サービスを受けるにあたって相談をしたい。
　　　□　その他（　　　　　　　　　　　　）
　☑　遺言
　□　リビングウィル
　□　死後の事務
　　　□　葬儀
　　　□　墳墓への埋葬・祭祀等
　　　□　その他（　　　　　　　　　　　　）
　□　事業承継
　□　その他

　　　┌─────────────────────────────────┐
　　　│   │
　　　│   │
　　　└─────────────────────────────────┘

　　　　　　　　　　　　　　　　　　　　　　　　　　　以　上

別紙　〔省略〕

○財産管理に関するライフプランノート

○財産管理に関するライフプランノート

第1　基礎情報について
　　この「財産管理に関するライフプランノート」を使用する上では、事前に、「基礎情報に関するライフプランノート」を使用し、依頼者の基礎情報を取得してください。

第2　依頼者の現在の収支状況について
　1　依頼者の定期的な収入について
　　　□　収入なし
　　　☑　収入あり
　＜内　訳＞

種　別	公的年金	私的年金	公的給付	給　与	役員報酬
月額(円)	○	○			○
支払元	○○	○○			○○

種　別	自営収入	不動産収入	婚姻費用分担金	親族からの扶養	その他
月額(円)					
支払元					

特記事項（支払元の連絡先や今後の支払期間などを記入）

> ○年に同族会社の役員を退任予定。その後の収入は公的年金と私的年金のみとなる見込み。

　2　依頼者の定期的な支出について
　　　☑　生活費　月額相当額小計　○　円

＜内　訳＞

種　別	賃　料	医療費	福祉サービス
月額(円)	○	○	
支払先	○○（地主）	○○	

種　別	生活費	生命保険料	損害保険料
月額(円)	○	○	
支払先	○○	○○	

種　別	借入金等の返済	婚姻費用分担金・扶養料	その他
月額(円)			
支払先			

特記事項（支払先の連絡先や今後の支払期間、居宅不動産が賃貸物件の場合は賃貸期間や更新条項の有無などを記入）

> 賃貸人（地主）連絡先　○○－○○○○－○○○○
> 賃貸期間　○年○月まで、○年毎更新
> 通院先病院　○○病院　主治医○○医師

☑　税金・社会保険料等　月額相当額小計　○　円
　　（内訳・昨年度実績からの月額相当額を記入）

種　別	所得税	固定資産税	住民税
月額(円)	○	○	

種　別	消費税	社会保険料	その他
月額(円)		○	

第3　依頼者の意向について
　1　依頼者が財産管理を希望される理由について
　　　☑　将来、判断能力が低下した際に財産を管理して欲しい。
　　　☐　心身の状態の低下により、現時点で自分で財産を管理することに不安があるの

で財産管理をして欲しい。
　□　自分が判断能力が低下したり、亡くなった場合に下記の者のために財産を管理して欲しい。
　　　□配偶者　□子（氏名　　　　　　、続柄　　　　　　）
　　　□父　□母　□兄弟姉妹（氏名　　　　　、続柄　　　　　　）
　　　□その他（氏名　　　　　　、続柄　　　　　　　）

2　財産管理の状況について
　　依頼者の現時点での財産の管理状況について
　☑　自分で管理している。
　□　下記の者に事実上管理してもらっている。
　　　住所
　　　氏名
　　　連絡先
　　　続柄
　□　その他（　　　　　　　　　　　　　　　　　　　　）

3　依頼者の財産管理の開始時期についての意向について
　☑　判断能力があるうちは自分で管理したい。
　□　現時点で財産管理に不安があるので管理を開始して欲しい。
　□　その他（　　　　　　　　　　　　　　　　　　　　）

4　依頼者が、現時点で管理を希望される財産について前記資産・負債目録にそってチェック（記入）する。
　①　流動資産
　　前記資産・負債目録中の
　　　□　現金
　　　☑　預貯金（目録中の番号：○○　　　　　　　　）
　　　☑　保険（目録中の番号：○○　　　　　　　　）
　　　□　有価証券（目録中の番号：　　　　　　　　）
　　　□　その他の資産（目録中の番号：　　　　　　　　）
　②　不動産
　　前記資産・負債目録中の
　　　☑　土地（目録中の番号：○○（借地権）　　　　　）
　　　☑　居宅（目録中の番号：○○　　　　　　　　）

5　依頼者が、管理行為として何処までの事務を希望されているのかについて
　　☑　現金、預貯金の通帳の保管、証書類の保管、賃料の収受等管理の対象となる財産の保存、管理（財産の改良及び財産の同一性を害さない範囲における変更を含む）
　　☑　管理の対象となる財産についての変更及び処分

6　財産を管理するにあたり、依頼者が特に留意して欲しいと考えている事項（将来売却を希望されている財産の有無等）があれば記入する。

> 自宅での独居生活が困難になったときは、眺めのよい老人ホームに入居したい。その場合、自宅建物及び借地権は、地主に買い取ってもらうか、第三者に譲渡してよい。

以　上

○生活支援、リビングウィル、死後の事務等に関するライフプランノート

○生活支援、リビングウィル、死後の事務等に関するライフプランノート

第1 基礎情報について
　この「生活支援、リビングウィル、死後の事務等に関するライフプランノート」を作成する場合は、事前に、「基礎情報に関するライフプランノート」を使用し、依頼者の基礎情報を取得してください。
　なお、第3・リビングウィルに関する依頼者の希望については、医師等による十分な説明・情報提供に基づく必要があること、また希望内容は作成時点のものに過ぎず、本人の意思は変化し得ることに注意してください。厚生労働省による「人生の最終段階における医療・ケアの決定プロセスに関するガイドライン」(https://www.mhlw.go.jp/stf/houdou/0000197665.html（2018.7.30））もあわせてご参照ください。

第2　生活支援
　依頼者が希望する生活支援の内容について
　　☑　介護・医療サービスを受けるに当たって相談をしたい。
　　☑　その他（　　　　　　　　　　　　　　）
　【具体的な内容】

> 身寄りがいないので、今後、老人ホームに入居することになった場合でも、身元保証人を用意できない。入居することになった際には、身元保証人がいなくても入居できるように、話をすすめてほしい。

第3　リビングウィル
　1　依頼者は、日本尊厳死協会に加盟しているかについて
　　　□　加盟している　　☑　加盟していない

　2　依頼者が、既に、かかりつけ医等の医療機関に説明を受けた上で、終末期における事前指定書等を作成・提出しているかについて
　　　□　している　　☑　していない

　3　依頼者が、終末期における治療行為についてどのような希望を有しているかについて

状　態	治療内容	希望の有無
呼吸状態が悪化したとき	酸素マスク	☑する　□しない
	気管切開	□する　☑しない
	気管内挿管	□する　☑しない
	人工呼吸器の装着	☑する　□しない
血圧が低下したとき（出血したときを含めて）	血圧を上げる薬（昇圧剤）の投与・輸血	☑する　□しない
心臓が止まったとき（止まりかけたとき）	心臓マッサージ	☑する　□しない
	電気ショック	☑する　□しない
食事が摂取できないとき	人工栄養	☑する　□しない
	水分補給	☑する　□しない
	ＩＶＨ	□する　☑しない
	経鼻経管栄養	□する　☑しない
	胃瘻の増設	□する　☑しない
尿が出ないとき（少ないとき）	尿を出す薬を投与	☑する　□しない
	カテーテル処置	☑する　□しない
その他		

4　依頼者の入院時に、依頼者の身元引受人に就任していただける方が存在するかについて
　　□　存在する。
　　　　住所
　　　　氏名
　　　　連絡先
　　　　続柄
　　☑　存在しない。

第4　死後の事務
1　依頼者の意向について
　(1)　「葬儀」に関する事務を相談されている場合、依頼者が希望する事務の内容に

付　録　　341

　　ついて
　　　□　生前に葬儀方法を定めておきたい。
　　　☑　生前に葬儀費用への手当をしておきたい。
　　　□　その他

　　┌─────────────────────────────────┐
　　│   │
　　│   │
　　│   │
　　└─────────────────────────────────┘

(2)　墳墓への埋葬・祭祀等を相談されている場合、依頼者が希望される事務の内容
　　について
　　　□　依頼者が死亡した後のお墓の維持・管理
　　　☑　入るお墓がないので、永代供養等をしておきたい
　　　□　その他

　　┌─────────────────────────────────┐
　　│   │
　　│   │
　　│   │
　　└─────────────────────────────────┘

2　基礎情報について
(1)　1(1)の「生前に葬儀方法を定めておきたい」にチェックした場合
　　【依頼者が希望する葬儀方法の具体的内容】

　　┌─────────────────────────────────┐
　　│   │
　　│   │
　　└─────────────────────────────────┘

(2)　依頼者が、葬儀費用等について、既に何らかの手当をしているかについて
　　　☑　していない
　　　□　してある
　　　　　□　互助会に積立てをしてある。
　　　　　□　葬儀会社と生前葬儀契約を締結してある。
　　　　　□　その他（　　　　　　　　　　　　　　　　　　　　　）
(3)　1(2)の「依頼者が死亡した後のお墓の維持・管理」にチェックした場合
　　　□　配偶者、直系卑属等、依頼者の死後、お墓の管理者（使用許可を得ている方）
　　　　となるべき、配偶者、直系卑属が存在しない。
　　　□　お墓の管理者となるべき親族は存在するが、依頼者の死後、継続的に墓の管
　　　　理を全うして貰えるか不安である。

☐ その他

```
[                                              ]
```

(4) 1(2)の「入るお墓がないので、永代供養等をしておきたい」をチェックした
   場合、希望する申込先、及び、永代供養等の具体的な内容
    希望する申込先　住所
             名称（氏名）
             連絡先
【永代供養等の具体的な内容】

```
[ これからじっくり考えて決めたい。              ]
```

第5　その他
　相談内容が、財産管理、生活支援、遺言、リビングウィル、死後の事務、事業承継
以外の「その他」の項目にあたる場合、その具体的な内容

```
[                                              ]
```

以　上

○遺言に関するライフプランノート

○遺言に関するライフプランノート

第1 基礎情報について
　この「遺言に関するライフプランノート」を作成する場合は、事前に、「基礎情報に関するライフプランノート」を使用し、依頼者の基礎情報を取得してください。

第2 依頼者が「遺言」を希望する理由について
　☑ 親族間紛争の防止
　☐ 特定の親族等（氏名　　　、続柄　　　　　）に感謝の意を伝えるため
　☐ 特定の親族等（氏名　　　、続柄　　　　　）が生活を維持できるようにするため
　☐ 特定の親族の相続人からの廃除（氏名　　　、続柄　　　　　）
　☑ その他（　絶縁状態の次男には遺産を渡したくない。　）

第3 依頼者が希望される遺言事項及びその具体的内容について
　☐ ① 相続人の廃除
　　　　対象者　氏名
　　　　　　　　続柄
　【理　由】

　
　
　

　☐ ② 相続分の指定
　☑ ③ 遺産分割方法の指定
　☐ ④ 財産の処分に関するもの（☐ 遺贈　☐ 寄付行為　☐ 信託）
　　　（②〜④をチェックした場合、その具体的な内容を下記回答欄に記載）
　【具体的な内容】

　遺産の全てを長男に相続させたい。次男の遺留分に対する配慮については、現預金で対応できるようにしておく。

☐　⑤　認知
　　　対象者　住所
　　　　　　　氏名
【具体的な内容】

```
┌─────────────────────────────────────┐
│                                     │
│                                     │
│                                     │
└─────────────────────────────────────┘
```

☑　⑥　祭祀承継
　　　承継者　住所　東京都〇区〇町〇丁目〇番〇号
　　　　　　　氏名　〇〇〇〇
　　　　　　　続柄　長男
【具体的な内容】

```
┌─────────────────────────────────────┐
│                                     │
│                                     │
│                                     │
└─────────────────────────────────────┘
```

☑　⑦　遺言執行者の選任
　　　候補者　住所
　　　　　　　氏名
　　　　　　　続柄
【具体的な内容】

```
┌─────────────────────────────────────┐
│ 次男と紛争になることを懸念し、当職が遺言執行者となる予定。 │
│                                     │
└─────────────────────────────────────┘
```

☐　⑧　その他

```
┌─────────────────────────────────────┐
│                                     │
│                                     │
└─────────────────────────────────────┘
```

以　上

○親なき後の財産管理等に関するライフプランノート

○親なき後の財産管理等に関するライフプランノート

第1　基礎情報について
　　この「親なき後の財産管理等に関するライフプランノート」を作成する場合は、事前に、「基礎情報に関するライフプランノート」を使用し、依頼者の基礎情報を取得してください。

第2　依頼者が、今後の生活に懸念を有する対象者（以下「対象者」）について
　　　ふりがな（　○○○○　○○○○　）
　　　氏　名（　○　○　○　○　）
　　　生年月日　□昭和　☑平成　○年　○月　○日　　性別　☑男　□女
　　　依頼者との関係（　次男　　　）
　　　住所（東京都○区○町○丁目○番○号　　　）
　　　連絡先（○○－○○○○－○○○○　　　）
　　　　☑依頼者と同居
　　　　□施設・病院に入所・入院
　　　　　名称（　　　　　　　　　　　　　）
　　　　□グループホーム・ケアホームに入居
　　　　　名称（　　　　　　　　　　　　　）
　　　　□独居
　　　　□依頼者以外と同居
　　　　　同居者名（　　　　　　　）対象者との関係（　　　　　）
　　　　　連絡先（　　　　　　　　　）
　　　　□その他（　　　　　　　　　　　　　　　　　）
　　　障がいの内容
　　　　　□身体　□知的　☑精神　□その他（　　　　　　　　　　　）
　　　　具体的状況・留意事項等

　　　　日常的な金銭管理はできるが、多額の預貯金や不動産の管理は困難。

手帳の有無
 ☑ 有　（☐身障　☐療育　☑精神）
    区　分（　　○　　級）
 ☐　無

第3　対象者の生活状況について
1　身上監護について
 ☑　依頼者が監護
 ☐　その他の者が監護　　監護者名（　　　　　　　　　　）
          住　所（　　　　　　　　　　）
          連絡先（　　　　　　　　　　）
          対象者との関係（　　　　　）

2　財産管理について
 ☑　依頼者が管理
 ☐　その他の者が管理　　管理者名（　　　　　　　　　　）
          住所（　　　　　　　　　　）
          連絡先（　　　　　　　　　　）
          対象者との関係（　　　　　）

3　就業について
 ☑　就業している（※福祉作業所含む）
  事業者名（　次項に記載　　　　　）
  所在地（　　　　　　　　　　）連絡先（　　　　　　　　　　）
 ☐　就業していない

4　福祉サービスについて
 ☐　利用していない
 ☑　利用している
  サービス事業者名（　社会福祉法人○○　　　）
  所在地（　○県○市○町○丁目○番○号　　）
  連絡先（　○○○－○○○－○○○○　　）
  サービス内容

就労継続支援A型を利用。

5　社会的支援者について
　　依頼者以外の対象者に対する社会的支援者について
☑いない
☐いる
　　氏名（　　　　　　　　　　　）　対象者との関係（　　　　　　）
　　住所（　　　　　　　　　　　）
　　連絡先（　　　　　　　　　　）

第4　対象者の財産について
　　☑　預貯金のみ

金融機関名・支店名	預金種別	口座番号	現在額	管理者
○○銀行　○○支店	普通	○○○○○○○○	○円	○○○○

　　☐　その他

財産の種類 （不動産、生命保険等）	具体的内容	現在額	管理者	備考

第5　対象者の健康について
　　☐　特になし
　　☑　通院を要する病気がある。
　　　　病名（　○○　　　　　　　）
　　　　必要な医療・通院機関
　　　　病院名（　　○○病院　　　　　）
　　　　所在地（　○県○市○町○丁目○番○号　）

連絡先（　〇〇〇－〇〇〇－〇〇〇〇　）
　　　□　通院は必要ないが気をつけるべき状態がある。
　　　　　状態（　　　　　　　　　　　　　　　）

第6　依頼者が希望する対象者への支援の内容について
　　　□　依頼者が関われなくなったときに対象者の財産管理・身上監護をお願いしたい。
　　　□　対象者のために成年後見制度を利用したい。
　　　☑　信託制度を利用したい。
　　　□　遺言を作成したい。
　　　□　その他（　　　　　　　　　　）
　　【具体的な内容】

> 長男を受託者として、依頼者が所有している賃貸マンションを信託財産とし、賃料収入を生活費として次男に定期交付したい。もっとも、次男の世話の全てを長男が引き受けるのは負担が大きいので、専門職に後見人等になってもらいたい。

　　　　　　　　　　　　　　　　　　　　　　　　　　　　　以　上

高齢者の財産管理　モデル契約書式集
―ホームロイヤー契約
　　・家族信託・死後事務委任等―

平成30年8月31日　初版一刷発行
平成30年10月5日　　　二刷発行

編　集	第二東京弁護士会 高齢者・障がい者総合 支援センター 運営委員会
発行者	新日本法規出版株式会社 代表者　服　部　昭　三

発行所	新日本法規出版株式会社
本　　社 総轄本部	(460-8455)　名古屋市中区栄1－23－20 電話　代表　052(211)1525
東京本社	(162-8407)　東京都新宿区市谷砂土原町2－6 電話　代表　03(3269)2220
支　　社	札幌・仙台・東京・関東・名古屋・大阪・広島 高松・福岡
ホームページ	http://www.sn-hoki.co.jp/

※本書の無断転載・複製は、著作権法上の例外を除き禁じられています。☆
※落丁・乱丁本はお取替えします。　　　　　　　ISBN978-4-7882-8453-1
5100027　高齢財産契約　　　Ⓒ第二東京弁護士会 2018 Printed in Japan